雄山閣出版案内

# 近代日本の戦争遺跡研究
―地域史研究の新視点―

B5判　435頁
本体20,000円

菊池　実 著

群馬県の戦争遺跡の調査・研究を中心に、近代化遺産や近代遺跡の発掘調査、保存のあり方について、地域史研究の発展と絡めて見つめ直す。

■ 主 な 内 容 ■

序章　近代日本の戦争遺跡研究のために
　第1節　本研究の課題と方法／第2節　戦争遺跡の調査・研究そして保存・活用を考えるために／第3節　戦争遺跡調査の視点／第4節　戦争遺跡を調査研究するための史資料
第1章　陸軍岩鼻火薬製造所の研究
　第1節　製造所の跡地、県立公園「群馬の森」周辺を踏査する／第2節　明治・大正期の陸軍岩鼻火薬製造所／第3節　明治・大正期の災害／第4節　昭和期における敷地・建物の変遷／第5節　陸軍軍需動員下の岩鼻火薬製造所 ―1937年～40年の動向―／第6節　写真偵察―陸軍岩鼻火薬製造所／第7節　製造所跡地採集の遺物と地下壕出土のダイナマイト
第2章　陸軍前橋飛行場の研究
　第1節　発掘調査と史料から判明した飛行場設定前後の状況 ―景観復元の試み―／第2節　発掘された飛行場関連の遺構と遺物／第3節　飛行場設定と米軍艦上機空襲／第4節　陸軍特別攻撃隊―誠第36・37・38飛行隊の足跡を追って―
第3章　群馬県内の戦争遺跡群研究
　第1節　歩兵第15連隊兵営跡の調査／第2節　陸軍特殊演習場の研究 その一―赤城演習場跡採集の迫撃砲弾と東部第41部隊（迫撃第1連隊）―／第3節　陸軍特殊演習場の研究 その二 ―化学戦部隊としての迫撃第1連隊―／第4節　戦時地下工場の研究 ―強制連行・強制労働によって構築された地下工場など―／第5節　本土決戦下の研究 その一 ―1944年からの群馬県内駐屯部隊を追って―／第6節　本土決戦下の研究 その二 ―青葉兵団（陸軍第202師団）の群馬県移駐―
第4章　空襲研究―群馬県下空襲の実像を追って―
　第1節　中島飛行機太田製作所に対する米軍艦上機空襲／第2節　二つの碑から―館林上空の空戦を追って―／第3節　中島飛行機小泉製作所に対する米軍艦上機空襲／第4節　1945年8月5-6日の前橋空襲を検証する
終章　近代日本の戦争遺跡調査における諸問題
　第1節　各章における研究の総括／第2節　戦争遺跡をとおして考える遺構と遺物／第3節　戦争遺跡調査の問題点／第4節　戦争遺跡の調査研究を考える

別冊・季刊考古学22

# 中期古墳とその時代

B5判　159頁
本体2,600円

広瀬和雄 編

前方後円墳を中心とした考古資料と、『日本書紀』や金石文などの文字史料とから、5世紀の王権の実像を探る。＜中期古墳時代像の再構築＞のための多角的検討をとおして、古墳時代政治構造の一端を追究する。

■ 主 な 内 容 ■

総論　古墳時代中期の前方後円墳………広瀬和雄
第一章　古墳時代中期の日本列島
　九　州…………………………重藤輝行
　四国・山陰・山陽―大形前方後円墳の築造
　　動向から―…………………大久保徹也
　畿内とその周辺地域…………細川修平
　東海・中部・北陸……………中井正幸
　東　国…………………………広瀬和雄
第二章　中期古墳と東アジアの動向
　倭の五王の時代の国際交流…東　潮
　兵庫県市川流域における渡来文化……朴　天秀
　中期古墳と鏡…………………上野祥史
　古墳時代中期の武器・武具生産………橋本達也
　祭祀の意味と管掌者―五世紀の祭祀遺跡と
　　『古語拾遺』「秦氏・大蔵」伝承……笹生　衛
　前方後円墳の巨大性―日本列島の墳墓はなぜ
　　大きいのか？―……………松木武彦
第三章　文字史料から描く五世紀の大和政権
　倭王武上表文の真意―いわゆる「高句麗征討
　　計画」を中心に―…………熊谷公男
　「治天下大王」の支配観……仁藤敦史
　倭王権の渡来人政策…………田中史生

季刊考古学・別冊 23

# アジアの戦争遺跡と活用　目次

## アジアの戦争遺跡調査と保存の現状
　　　　　　　　　　　　　　　　　　　　　　菊池　実・菊池誠一 12

## 第Ⅰ章　日本の戦争遺跡とその活用

茨城県内の戦争遺跡調査とその活用 …………… 伊藤純郎 18

調布飛行場周辺の戦争遺跡の保存と活用………… 金井安子 28

陸軍登戸研究所の調査とその活用 ……………… 山田　朗 38

愛知県の戦争遺跡調査
　―本土決戦陣地調査の新たな展開― ………………… 伊藤厚史 48

京都の戦争遺跡調査とその活用 ………… 帖地真穂・木立雅朗 55

四国地方の戦争遺跡調査とその活用 …………… 出原恵三 63

鹿児島　本土最南端の戦跡群
　―知覧飛行場跡の三角兵舎跡・掩体壕跡の調査とその活用― … 上田　耕 71

沖縄県の戦争遺跡調査とその課題
　―沖縄県戦争遺跡詳細分布調査以降の動向から読み解く― … 山本正昭 77

慰霊の考古学 …………………………………… 時枝　務 82

## 第Ⅱ章　東アジア・太平洋諸島の戦争遺跡とその活用

中国に残る日本の戦争遺跡とその活用 …………… 歩　　平 93

韓国に残る日本の戦争遺跡とその活用 …………… 辛　珠柏 103

台湾の戦争遺跡の現状とその活用 ……………………… 趙　金　勇 110

太平洋諸島に残る戦争遺跡とその活用
　　―遺骨収集問題について― ………………………… 楢崎修一郎 115

## 第Ⅲ章　東南アジアの戦争遺跡とその活用

日本・フランス共同支配下におけるベトナム
　　……………………………………………………………… Vo Minh Vu 120

ベトナムの戦争遺跡とその活用 …………… 菊池（阿部）百里子 125

カンボジアの戦争遺跡とその活用 ………………… 丸井雅子 132

インドネシアの戦争遺跡とその活用 ……………… 坂井　隆 137

フィリピンの戦争遺跡とその活用 ………………… 田中和彦 143

## 【コラム】日本の戦争遺跡

| 北海道の戦争遺跡 | 室　蘭 | 工藤洋三 | 87 |
| 青森県の戦争遺跡 | 旧陸軍山田野演習場 | 稲垣森太 | 88 |
| 長野県の戦争遺跡 | 松代大本営地下壕群 | 幅　国洋 | 89 |
| 山口県の戦争遺跡 | 周　南 | 工藤洋三 | 90 |
| 沖縄県の戦争遺跡 | 北山の陣地壕跡群 | 瀬戸哲也 | 91 |
| 沖縄県の戦争遺跡 | 留魂壕 | 新垣　力 | 92 |

## 【コラム】アジアの戦争遺跡

| フィリピンの戦争遺跡 | コレヒドール島 | 深山絵実梨 | 149 |
| タイ・ミャンマーの戦争遺跡 | 泰緬鉄道 | 坂井　隆 | 150 |

■表紙写真■沖縄県那覇市留魂壕（沖縄県立埋蔵文化財センター提供）
上：留魂壕全景（上方は首里城の城壁）
下：左上　御真影安置所（推定）　右上　坑道内部
　　左下　西側出入り口　　　　　右下　出土活字

# 雄山閣出版案内

## 別冊・季刊考古学21
### 縄文の資源利用と社会

B5判 174頁　本体2,600円

阿部芳郎 編

縄文時代の資源利用と人類社会の関係について、
さまざまな分析手法の有効性とその研究が映し出す歴史的事実を紹介する。

■ 主 な 内 容 ■

- 資源利用からみる縄文社会……………………………阿部芳郎
- 第Ⅰ章　道具製作にみる技術と地域性
  - 多様な石器を生み出す石材・頁岩の多目的利用―東北前期と中期末～後期前葉の事例を中心に―……吉川耕太郎
  - 縄文時代における黒曜石の利用と特質…………阿部芳郎
  - 異なる生産過程をもつ道具・磨製石斧の製作と利用
    ―北陸地方における磨製石斧生産の様相―…………渡邊裕之
  - 土器の胎土分析からみた資源利用…………………河西 学
  - 縄文漆工芸にみる技術と多様性………………………宮腰哲雄
- 第Ⅱ章　道具と技術からみた資源利用
  - 製塩活動の展開と技術………………………………高橋 満
  - 居住形態と食料資源の選択と構成…………………須賀博子
  - 関東地方縄文時代後・晩期の集落と木組遺構……宮内慶介
- 第Ⅲ章　装身の技術と社会
  - 貴石利用からみた縄文社会―ヒスイ・コハク製大珠が製作された意味―……………………………………………栗島義明
  - 土製耳飾りのサイズと着装…………………………吉岡卓真
  - 貝輪の生産と流通―着装習俗の変革と社会構造―……阿部芳郎
- 第Ⅳ章　植物資源の獲得技術史
  - 植生と植物資源利用の地域性………………………佐々木由香
  - 栽培植物利用の多様性と展開………………………中沢道彦
  - 縄文時代におけるクリ材の利用―富山県桜町遺跡・新潟県青田遺跡・奈良県観音寺本馬遺跡の出土材の分析から―
    ……………………………………………………………大野淳也
- 第Ⅴ章　動物資源の獲得技術史
  - 海洋資源の利用と縄文文化―縄文後期東京湾岸・印旛沼周辺貝塚の魚貝類利用にみる資源認識の多様性―……樋泉岳二
  - 骨塚の形成からみた大型獣狩猟と縄文文化………植月 学
  - 化石貝と微小貝からみた資源利用…………………黒住耐二
- 第Ⅵ章　生業活動と食性・人体形成
  - 土器付着物・土器のおこげからみた内容物と資源利用
    ……………………………………………………………吉田邦夫
  - 炭素・窒素同位体でみた縄文時代の食資源利用―京葉地区における中期から後期への変遷―………………米田 穣
  - 骨病変から見る縄文社会の多様性…………………谷畑美帆

## 別冊・季刊考古学20
### 近世大名墓の世界

B5判 175頁　本体2,600円

坂詰秀一・松原典明 編

近世の墓については、最近では考古学的な視点からの発掘や
調査研究が進み、多くの新たな知見が得られている。
大名墓の在り方に当時の社会や思想が浮かび上がる。

■ 主 な 内 容 ■

- 「近世大名墓の世界」への誘い………………………坂詰秀一
- 第一章　近世大名家墓所を考える
  - 大名家墓所の考古学…………………………………谷川章雄
  - 権力の象徴としての大名墓…………………………関根達人
  - 近世大名墓の形成―各地の事例から―……………中井 均
  - 公家の墓所と大名の墓所……………………………藤井直正
  - 近世葬制における神・儒・仏それぞれの墓………松原典明
  - 近世大名墓の制作
    ―徳川将軍家墓標と伊豆石丁場を中心に―………金子浩之
- 第二章　東日本の大名墓
  - 北海道…………………………………………………佐藤雄生
  - 東　北…………………………………………………小島克則
  - 関　東…………………………………………………髙山 優
  - 中　部…………………………………………………溝口彰啓
  - 東　海…………………………………………………駒田利治
- 第三章　西日本の大名墓
  - 近　畿…………………………………………………狹川真一
  - 北　陸…………………………………………………栗山雅夫
  - 中　国…………………………………………………大野哲二
  - 四　国…………………………………………………三宅良明
  - 九　州…………………………………………………豊田徹士
- 対　談　近世大名家墓所を語る………坂詰秀一・松原典明
- 第四章　近世大名墓研究の現在
  - 近世大名墓研究の展望………………………………松井一明
  - 近世大名墓調査の一視点……………………………松原典明
  - 徳川将軍家の墓所構造―階層間の比較―…………今野春樹

# 沖縄県の戦争遺跡

写真提供／山本正昭・
沖縄県立埋蔵文化財センター
構成／瀬戸哲也

竹富町西表海軍望楼跡
建物基礎の鉱滓レンガ積み（山本正昭提供）

南城市佐敷の水溜跡
中城湾海軍需品支庫関係施設

沖縄市美里小学校の奉安殿（山本正昭提供）

沖縄県立埋蔵文化財センターでは，2010～2014年度にかけて「沖縄県戦争遺跡詳細確認調査」として，沖縄県内の戦争遺跡の文化財としての保存活用を検討するために，遺構の性格や時期などについて多様な議論を行ない，または遺構図を作成する実測調査を実施した。今回の調査では，南西諸島防衛を目的に第32軍が創設された1944年3月22日を契機として，沖縄戦以前と沖縄戦の遺跡と区分した。沖縄戦以前のものでは，1896年の中城湾海軍需品支庫，1904年以降に造られたと考えられる海軍望楼，1941年以降に構築された中城湾臨時要塞の砲台跡，御真影を保管する奉安殿などがある。沖縄戦時のものとして，掩体壕などの飛行場関係，首里などの司令部壕，砲台，トーチカ，銃眼や地下壕を含めた陣地，本格化した船舶による特攻作戦のため特攻艇秘匿壕，学徒隊壕，病院壕，官公庁壕，御真影奉護壕，自然洞穴・防空壕・山間部などの住民避難地，偽陣地，被災・破壊痕跡，収容所の12ジャンルを確認した。

中城湾臨時要塞関連遺跡　うるま市伊計砲台跡
砲座の形態や史料から38式野砲が配備されたと考えられる。

同左　うるま市平敷屋砲台跡
史料からは断定できないが，砲座にある5本の溝から，88式7センチ高射砲が配備された可能性もある。

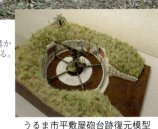
うるま市平敷屋砲台跡復元模型

石垣市白水の住民避難地跡
山間部の避難地で，川沿いにカマド跡が残っている。

南大東村万座毛銃眼跡
当初，水際作戦を想定したため，海岸にはこのような銃眼が多く造られた。下は銃眼から見える海。

名護市愛楽園の防空壕跡群
ハンセン氏病療養所の施設内に患者自身が掘らされた。命令した所長の名前をとって早田壕と呼ばれる。

渡嘉敷村北山陣地壕跡群
壕全体がカマドとされたものがあり，煙道が設けられている。

# 戦跡と遺骨収集問題

―銃殺された兵士：クェゼリン環礁エニンブル島―

構成・写真提供／楢崎修一郎

1. エニンブル島で発見された下層人骨2体
下の若い個体は両手で腹を押さえ、上の年長の個体は右腕で下の個体の頭を抱えている。

2. 1の遺骨を違う方向から撮影

3. 下層の下の遺骨　両手で腹部を押さえている。

2014年11月、マーシャル諸島のクェゼリン環礁のエニンブル島で遺骨情報を得て、発掘調査を行なった。このマーシャル諸島は、世界最大の環礁で、南部のクェゼリン島と北部のロイ（ルオット）＝ナムル島に、日本軍が飛行場を建設していた。1944年1月30日に、米軍によるフリントロック作戦が開始され、ロイ島は2月1日に、ナムル島は2月2日に占領され、クェゼリン島は2月4日に占領された。

エニンブル島は、北部のロイ＝ナムル島のナムル島から南に3番目の島である。現地では、「サントウ（三島）」と呼んでいる。当時、この島には海軍の第6通信隊に所属する通信センターが存在していた。

発掘調査の結果、人骨は、上層と下層の2層に分かれ、上層では3体・下層では2体が発見された。下層では、2体が折り重なって出土し、下の若い兵士は両手で腹部を押さえ、上の少し年配の兵士は右手で下の兵士の頭を抱えていた。銃殺直前に年配の兵士が立ちはだかり、絶命直前に右手で若い兵士の頭を抱えたのか、頭を抱えたまま銃殺されたのであろう。

上層では、3体の兵士が両手を上に挙げた状態で発見された。よく見ると、真ん中の兵士は、少し、両手が手前に動いている。後で、遺骨を観察すると、後頭部には拳銃でとどめをさされたと思われる銃痕が認められた。

発掘の順番では、上層を掘り次に下層とすすむが、現地で起きた順番は下層が先で上層が後になる。つまり、まず、下層の2体が先に銃殺され、次に上層の3体が銃殺されたことになる。上層の彼ら3名は、先に2体の銃殺を目撃したわけで、覚悟をきめて銃殺直前に「天皇陛下万歳」と叫んだのであろう。

4. 上層の銃殺された3体

# ベトナム・カンボジアの戦争遺跡

構成・写真提供／菊池誠一（ベトナム）・丸井雅子（カンボジア）

クチ・トンネルのジャングル内での戦争遺跡ツアー

ベトナムは19世紀の後半からフランスの植民地となり，1940～45年には日本軍の駐屯，支配をうけた。そして第一次インドシナ戦争（1945～54年）を経て，ベトナム戦争が1975年に終結した。この期間の多くの遺跡が保存され，公開・活用されている。

ソンミ村
手前が焼き払われた民家跡。後ろの家は復元されている。

内戦終結から四半世紀が経とうとしているカンボジアでは，近・現代史の真実を知るための模索が続いている。もの言わぬ証人としての関連遺産の保存や活用はまだ緒に就いたばかりである。

メコン（カンボジア，クラチエ州）に沈むフランシス・ガルニエ号の船体一部（三輪悟氏撮影）

ポル・ポト政権期の拷問・虐殺の実態を語り伝えるトゥール・スレン虐殺博物館（カンボジア，プノンペン）

2009年にユネスコ世界の記憶遺産に記載された。左上は博物館入口。右下は，生存者男性が館内で自身の証言集を来館者へ販売している様子。

# フィリピン・インドネシアの戦争遺跡

構成・写真提供／田中和彦（フィリピン）・坂井 隆（インドネシア）

バレテ峠に立つ戦争の碑

第二次世界大戦末期の激戦地・ルソン島のバレテ峠

バレテ峠は，ルソン島北部のカガヤン渓谷地方（第2地方）の入口となる峠で，現在，一般には，ダルトン峠の名前で親しまれている。1945年2月中旬から5月下旬までの戦闘によって日本軍の戦死者7,403名，アメリカ軍の死傷者2,365名を出した激戦地である。峠には，アメリカ軍第25師団の兵士による碑がある。

インドネシアでの植民地化と抵抗は，16世紀初頭に香料諸島で始まる。テルナテ島のカラマタ要塞は長い歴史を残す。要地ブトン島のウォリオ城は，17世紀前半にオランダの攻撃を退けた。ジャワ島バンテンでは17世紀末にオランダがスピルウィク要塞を築くが，日本軍は257年後ここに上陸してオランダの支配を破り，やがてサンギャン島に要塞を築いた。

テルナテ島カラマタ要塞
ポルトガルが築きオランダが修復
遠景左はティドーレ島

ブトン島ウォリオ城
東南アジア
最大規模の在来城塞

バンテンのオランダ・スピルウィク要塞
日本軍のジャワ島上陸地点

スンダ海峡サンギャン島
日本軍要塞の監視用掩蔽壕

# アジアの戦争遺跡と活用

# 本誌で紹介する主な戦争遺跡位置図

（関連施設を含む。☞頁数は, 掲載論考）

### アジア

- 侵華日本軍第731部隊罪証陳列館
- 東北烈士紀念館
  （☞ 93頁）
- 北門鎮陣地遺跡（黒河）
- 勝山要塞国家森林公園（霍爾莫津）
- 東寧要塞群の遺跡・東寧要塞歴史陳列館
- 虎頭要塞遺跡・侵華日本軍虎頭要塞跡博物館
- 世界反ファシズム戦争ハイラル紀念園・ハイラル要塞遺跡博物館（海拉爾）
- 阿尔山要塞遺跡
- 張子嶝砲台
- 加徳島砲陣地
- 済州戦争歴史平和博物館（☞ 103頁）
- タンロン皇城遺跡
- ホアロー刑務所跡
- ベトナム軍事歴史博物館
- ディエンビエンフー博物館
- クチ・トンネル
- 統一会堂
- 戦争証跡博物館
- ホー・チ・ミン・ルート博物館
  （☞ 125頁）
- 滬尾古戦場遺跡（☞ 110頁）
- 防空トーチカ
- 風櫃尾　オランダ要塞跡
- 広丙艦と山藤丸沈没船遺跡
- 泰面鉄道（☞ 150頁）
- 中華会館
- ソンミ村
- フランシス・ガルニエ
- チェーン・アエクの集団墓地
- トゥールスレン虐殺博物館（☞ 132頁）
- コンダオ（島）刑務所跡
- バレテ峠の戦争の碑
- 神風特別攻撃隊兵士の像
- コレヒドール島（☞ 149頁）
- マッカーサーと幕僚たち上陸の像
- 戦艦武蔵（☞ 143頁）
- 第二次大戦博物館
- カステラ要塞
- オラニェ要塞
- ベルギガ要塞
- オランダ軍将兵墓地
- マンナ　砲座
- サンギャン島　トーチカ
- スピルウィク要塞
- バンドゥン　洞窟
- ファン・デル・ウィク要塞
- フレデブルグ要塞
  （☞ 137頁）
- ウォリオ城
- ソンバー・オプー城
- ロッテルダム要塞

# 日本

旧陸軍山田野演習場
（☞ 88 頁）

室蘭（☞ 87 頁）

（☞ 82 頁）
頼政神社境内 招魂碑
高崎陸軍墓地
高崎忠霊塔

（☞ 55 頁）
立命館大学国際平和ミュージアム
伏見桃陵遺跡
旧真田山陸軍墓地
（☞ 82 頁）

松代大本営地下壕群
（☞ 89 頁）

（☞ 18 頁）
風船爆弾放球（放流）大津基地跡
水戸市内原郷土史義勇軍資料館
筑波海軍航空隊記念館
旧百里原海軍航空隊跡
旧石岡海軍航空隊跡
旧土浦海軍航空隊跡
予科練平和記念館
旧霞ヶ浦海軍航空隊跡
旧鹿島海軍航空隊跡

周南（☞ 90 頁）

板東俘虜収容所跡
空港跡地遺跡
練兵場遺跡
「陣山送信所」跡
向山戦争遺跡
前浜掩体
耐弾式通信所
上ノ村遺跡Ⅳ区交通壕

千鳥ヶ淵戦没者墓苑（☞ 82 頁）

（☞ 28 頁）
首都防衛高射砲陣地跡
大沢1号・大沢2号掩体壕
白糸台掩体壕

知覧飛行場跡
（☞ 71 頁）

小島要塞跡
由良崎防備衛所
（☞ 63 頁）

陸軍登戸研究所（☞ 38 頁）
（明治大学平和教育登戸研究所資料館）

浜屋敷陣地跡
長佐ケ谷陣地跡
郷ノ内陣地跡
道天下陣地跡
豊受陣地跡

（☞ 91 頁）
北山の陣地壕跡群

旧美里尋常高等小学校奉安殿
沖縄陸軍病院南風原壕
中城湾需品支庫
海軍望楼建物
留魂壕（☞ 92 頁）

長南陣地壕群
海軍望楼建物
船浮湾臨時要塞跡

（☞ 77 頁）

（☞ 48 頁）

ヌイ環礁
クェゼリン環礁
サイパン島
テニアン島
ペリリュー島
トラック環礁
ミリ環礁
メレヨン環礁
（☞ 115 頁：位置図も同頁参照）

特集：アジアの戦争遺跡と活用

# アジアの戦争遺跡調査と保存の現状

菊池　実・菊池　誠一

## 1　はじめに

　2015年は戦後70年の節目の年である。敗戦時，20歳の若者は90歳に，10歳の国民学校児童でさえも80歳になるという，長い歳月が経ったということである。それは必然的に戦争体験者の大幅な減少を意味する。次世代に戦争体験をどのように伝えていくのかという切実な問題が内包されているのである。そのような状況を背景として，今日，わが国では戦争にかかわる遺跡や遺物への社会的関心が高まっている。

　また，日本がかかわった戦争は，近隣のアジア諸地域に及んでいる。そのひとつであるベトナムでも，ベトナム戦争終結40周年の年を迎える。

　本特集では，アジア太平洋戦争期における日本と日本軍がかかわったアジア諸地域における戦争遺跡の調査と保存・活用の現状をおもに取り上げたい。ただし，東南アジアでは近代の植民地支配からカンボジアのように内戦が終結した20世紀末までを対象としている。この地域の特色を明らかにできると考えたからである。

　では，まず，わが国の社会的関心が高まっている背景を新聞記事から集約して見よう。

## 2　全国紙・地方紙記事から

　『月刊文化財発掘情報』（株式会社ジャパン通信情報センター）の2012年1月号から2015年1月号（2011.11～2014.11の記事）で取り上げられた戦争遺跡関連の記事は94件である。

　これを地域別に見ると，北海道・東北地方11件，関東地方9件，中部地方4件，近畿地方6件，中国・四国地方13件，九州・沖縄地方42件，海外6件，戦争遺跡全般の問題を扱ったもの3件となる。

　時期別に見ると幕末期5件，明治期2件，明治から昭和前半期3件，残りがアジア太平洋戦争期に該当するが，戦後に及ぶものも3件ある。調査の対象となった遺構としては，幕末期で台場や砲台，戊辰戦争に関連するもの，明治期は要塞，明治から昭和前半期は連隊や陸軍墓地など，アジア太平洋戦争期で圧倒的に多いのが地下壕や防空壕である。さらに広島や長崎の原爆遺跡が続く。このほかには防空監視哨，奉安殿，掩体（壕），軍需工場などがある。海外では，香港・中国・サイパンなどの事例がある。

　また内容別で見ると，戦没者遺骨に関するも

の24件（大阪1件，沖縄17件，海外3件），この中には強制連行・強制労働に関するもの3件（北海道）が含まれている。九州・沖縄地方で取り上げられた事例42件中20件は沖縄の事例であり，那覇市・浦添市・豊見城市・八重瀬町・西原町で見つかった沖縄戦の戦没者遺骨に関するものであった。

行政によって調査された戦争遺跡等は37件，民間・個人による調査等は42件，行政と民間共同によるもの1件（沖縄），遺跡破壊に関するもの5件となっている。

次に新聞記事の見出しを掲げる。2012年と13年は沖縄戦の終結した6月から敗戦までの8月の見出しを，2014年は1月から11月までの見出し

○新聞記事見出し

2014年（1月～11月）
知覧の掩体壕，公園化「南日本新聞14.1.30」／完全遺骨，日本兵か「琉球新報14.2.25」／戦死の兄，消息期待「琉球新報14.3.12」／国，西原の遺骨鑑定へ「沖縄タイムス14.3.13」／戦没者遺骨身元が判明「琉球新報14.3.13」／赤松隊壕 戦争遺跡に「琉球新報14.3.21」／戦争遺跡どう取得・管理「中日・名古屋14.5.6」／戦没者遺骨に切断痕「琉球新報14.5.12」／満鉄の跡 語る鉄道史「日経・東京14.6.1」／浦添市，開発で取り壊し（激戦の跡 消失進む）「琉球新報14.6.2」／実相伝える場に（留魂壕 保存へ）「琉球新報14.6.3」／留魂壕入り口18年公開「沖縄タイムス14.6.4」／構造の詳細判明（八重瀬・第一野戦病院本部壕）「琉球新報14.6.4」／元学徒「地獄の様相」（八重瀬・第一野戦病院本部壕）「琉球新報14.6.5」／道内遺族とDNA照合「北海道・札幌14.6.21」／兵士の出撃口 確認「琉球新報14.6.27」／似島で石積み・石畳出土「中国新聞14.6.24」／戦利品 持ち出し可能か「沖縄タイムス14.6.30」／似島旧馬匹検疫所跡から石畳「毎日・広島14.7.16」／守れ無言の証人（消えゆく戦争遺跡）「日経・東京14.7.30」／原爆ドームどう耐震？「東京新聞14.7.30」／南風原の病院壕ドア壊し荒らす「沖縄タイムス14.8.1」／「戦跡」の大半 放置・開発「東京新聞14.8.13」／民家の下に地下壕「東京・神奈川14.8.29」／原爆遺跡 国史跡へ試掘「長崎新聞14.8.29」／城山北校舎の基礎発見「長崎新聞14.9.2」／特攻艇格納壕を初確認「南海日日14.10.15」／遺骨収集と連携「琉球新報14.10.16」／旧城山国民学校 北校舎試掘調査「長崎新聞14.10.21」／人吉航空隊 新たな遺構確認「熊本日日14.10.21」／サイパンで初の合同調査「室蘭民報14.10.25」／消えゆく戦争遺跡「読売・大阪14.11.15夕」／「赤碕台場」発掘進む「日本海新聞14.11.25」

2012年（6月～8月）
遺骨代わりにサンゴや砂（旧真田山陸軍墓地）「産経・大阪12.6.2」／八重瀬の遺骨望み託す家族「沖縄タイムス12.6.15」／沖縄戦識者入れず（第32軍壕保存検討）「琉球新報12.7.6」／遺骨、放置できない「琉球新報12.7.6」／八重瀬遺骨鑑定へ「琉球新報12.7.13」／芦別で来月遺骨調査「北海道・札幌12.7.15」／新たに戦没遺骨3体「琉球新報12.7.27」／埋没壕から遺骨4体「沖縄タイムス12.8.2」／新たに11遺品発見「沖縄タイムス12.8.10」／未確認の戦争遺跡続々「南日本新聞12.8.13」／旧日本軍毒ガス演習場発見「東京新聞12.8.13」／B29残骸 平和願う遺産「中日・名古屋12.8.15」／戦禍物語る穴あき梵鐘「京都・滋賀12.8.16」／B29墜落遺品収集25年「宮崎日日12.8.17」／戦友の遺骨集め26年「埼玉新聞12.8.17」／無線機 硫黄島で発見「東京新聞12.8.20」／敗戦地獄持ち帰れず（北の「残留遺骨」2万柱）「東京新聞12.8.22」

2013年（6月～8月）
朝鮮人遺骨 美瑛で調査「北海道・旭川13.6.5」／猿島崩落巨石を分解「神奈川新聞13.7.24」／池田で「奉安殿」発掘「十勝毎日13.7.2」／昭和天皇用の防空壕公開「神奈川新聞13.7.13」／日本兵の全身骨発見「琉球新報13.7.29」／第五台場の遺構確認「読売・東京13.7.31」／戦争語る旧変電室 保存を「東京新聞13.7.24夕」／旧海軍通信所の構造確認「高知新聞13.8.2」／消えゆく旧海軍地下壕「北海道・札幌13.8.12夕」／強制連行の遺骨発掘「北海道・旭川13.8.20」

である。

　94件の記事から，いくつかの注目点を挙げてみる。

　調査や保存の対象時期は圧倒的にアジア太平洋戦争期であるが，連合国軍占領下から戦後の日本にまで及びつつある。進駐軍の基地跡「キャンプ・チッカマウガ」の跡地から地下壕の発見（別府市），内灘闘争（1952-57年）に係る米軍射撃指揮所跡と着弾地観測所跡の町文化財指定の協議（石川県内灘町）などがそれである。民間調査が行政調査をやや上回るが遺跡調査からさらに進んで平和学習に活用するための公園化（南九州市知覧），海軍工廠跡地に検討されている平和資料館を備えた公園整備計画（豊川市）などは，行政による今後の保存・活用に明るい展望を与えるものであろう。変わったところでは，陸上自衛隊によるキャンプ座間にある「昭和天皇用の防空壕」が報道陣に公開されたことである。どのような意図のもとに公開したのか不明であるが，一般公開には至っていない。沖縄では戦没者遺骨の問題が大きい。宜野座村では村博物館による戦跡の記録調査と遺骨収集作業の連携が実施されている。一方で，検出された遺骨のDNA鑑定は遅々として捗っていない。さらに海底に残されている戦跡も新たな問題として浮上した。

### 3　日本考古学協会年報から

　では，日本の考古学会での動向はどうであろうか。

　『日本考古学年報』では，その1997年度版から近世研究の動向欄中に近現代遺跡の問題が取り上げられるようになった。そして2000年度以降では次の指摘が見られる。「従来ともすれば近現代を対象とした考古学は，「産業考古学」や「戦跡考古学」のように，特定の主題に限定される（中略）しかし近年，近現代遺跡の調査が蓄積するに従い，近現代史研究のひとつの方法として認知されつつある。」（関根達人2002年度），引き続き「戦跡考古学の進展は近現代考古学の核として重要」（石神裕之2007年度）であると，研究者間に一定の理解が得られてきたことがわかる。

　もちろん，問題点がないわけではない。例えば「既往の近代史研究との関係が，ともすれば対立的に捉えられていることである。（中略）資料としての限界性を踏まえながら既存研究との間にどのような方法上の緊張関係を構築できるかが問われるべきであろう。」という指摘，さらに「同時代・同一地域における他者との関係がさほど追求されていない点である。反面，戦前の「遺跡」や建造物のあらゆるものを戦争に関連付け，対象を無制限に拡大しようとする傾向が見られること」（佐藤竜馬2005年度）などである。これらの指摘については，今後全国各地で調査の対象となった戦争遺跡の種類や遺物を集成分類する必要があり，その過程で近現代考古学研究や近現代史研究の中での再度の位置付けを考えていかければならないと思う。

　現在，戦争遺跡に限らず「近現代の遺跡についても，調査を実施することで記録を残すという段階から，その歴史的価値を社会へ伝えていく段階へと大きく一歩を踏み出した」（追川吉生2010年度）とされるまでに研究の裾野が広がった。そして「調査研究の事例が蓄積されてきた今，過去の成果を再検証しながら未来へ活かしていく視点も，さらに研究を進めていくうえでは必要不可欠」（高島裕之2012度）なのであろう。

　都道府県別の動向の中では，2003年度の東京，09年度の神奈川，11年度の沖縄，12年度の高知の報告などがかなり詳細に伝えており特筆される。

### 4　日本人類学会シンポジウム

　戦没者遺骨収集の高まりをうけて2012年11月，第66回日本人類学会（於：慶応大学日吉校舎）において「戦没者遺骨収集事業と人類学」のシ

ンポジウムが開催された。

企画趣旨・内容は次のようなものである。「太平洋戦争における我が国の戦没者数は約310万人を数えるが，その内の約240万人が海外で戦没したと推定（中略）これまでに，厚生労働省及び民間団体によって約127万人が収集された。（中略）2010年，厚生労働省は日本人類学会にこの遺骨収集の協力を求め同省社会援護局援護企画課外事室の人類学専門員として委嘱関係を結んだ。その業務は日本人戦没者と思われる遺骨を人類学的に鑑定」，この制度以前の事例と制度発足後の事例が報告されたものである。国内の遺骨収集事例（沖縄），制度前の海外遺骨収集事例（マーシャルとキリバス），制度後の海外遺骨収集事例（マーシャル・キリバス・パラオ・サイパン・フィリピン），そしてDNA鑑定による戦没者遺骨の身元確認であった。しかし沖縄戦没者遺骨のDNA鑑定による身元の判明した事例は，これまでにわずかに3例である。

なお，遺骨収集と慰霊の問題については，本冊収録の楢崎修一郎，時枝務論考を参照願いたい。

## 5　軍事史学会座談会

軍事史学会編集の『軍事史学』第48巻第4号が2013年3月に発行された。この中で「近代軍事遺産と史跡」座談会の特集が組まれている。

「近年，軍事遺産への社会的関心と公共財としての保護・保存の動きが高まっている。その背景には，文化庁による近代遺跡保存の動きや，近現代を扱う考古学の活発化などがある。」として，「今後，各地に残されている軍事遺産の把握，研究が積極的に進められ，軍事史資料として活用される契機となることを期待したい。」としている。座談会の出席者は司会者を含めて8名。その所属は陸上自衛隊幹部学校1名，防衛大学校2名，日本大学1名，かながわ考古学財団1名，東京産業考古学会1名，靖国偕行文庫1名，軍事史学会顧問1名である。

戦争遺跡ではなくて軍事遺跡・軍事遺産と呼称するのは，「軍事遺跡というのは戦争遺跡とも言われるけれど，私は戦争遺跡というと，どうも戦いというものが常に結びつくでしょう。じゃあ，平時の時の軍事関係施設はどうなのだという問題がある。ですから，私は軍事遺跡という呼び方のほうがいいのではないか（原・軍事史学会顧問）」，また「軍事遺産」という場合は広く「軍隊・軍備・戦争等について人々が残した遺産（吉田・東京産業考古学会）」としている。その価値については，「我々にとりまして作戦史の実証的な研究に不可欠であるばかりでなく，リーダーとしての精神的な修養においても価値を持っている（葛原・陸自幹部学校）」として，硫黄島，沖縄南部の壕，九十九里浜の本土決戦陣地跡の三つの遺跡がその目的のために活用されている。同様に「近代軍事遺産は大東亜戦争において，私たちの祖先・先輩たちが自分の出せる叡智・力を振り絞って日本を守ろうとした形あるものである（濱田・防衛大学校）」，「一部では「反戦平和教材」の側面が強調されるという形が見られます。（吉田氏）」としている。

そして「自治体が，戦跡の存在をそれぞれの歴史的遺産として肯定的に受け止め，積極的に保存に努めて頂けたら（葛原氏）」，「歴史を歩んできた一つの物証としてきちっと残すべきだ。（原氏）」と保存に向けて積極的である。

戦争遺跡は戦場だけでなく，戦争に関連するあらゆる遺跡を包含する。このために国内の遺跡を見る限りでは，明治以降の師団や連隊にかかわる遺跡，沿岸要塞（砲台）などの海峡や軍港・要港の防御施設，陸海軍の工廠跡などの遺跡がその主体となってしまう（本冊収録の伊藤純郎，金井安子，山田朗，伊藤厚史，出原恵三，上田耕，工藤洋三，稲垣森太，幅国洋各論考）。このことから戦争遺跡に対して「国内での平時戦時を問わない軍事

活動の全ての面の遺跡を含むという点で，軍事遺跡という言葉を用いる方が適する」，あるいは「負の遺産という前提で捉えたくないために」敢えて「軍事遺跡」とし対象を限定するなどの指摘がある。

しかしこれでは沖縄の戦争遺跡（本冊収録の山本正昭，瀬戸哲也，新垣力各論考）や空襲・戦災跡のように非軍事施設が戦災を受けて戦争の歴史的経緯を伝える遺跡（帖地・木立論考）となっていること，さらに敗戦時にそのほとんどが未完成で強制連行や強制労働の場となっていた地下工場跡，国民に玉砕を強いる本土決戦用陣地跡などの遺跡に対する視点，植民地を含むアジア太平洋全域にまで及ぶ調査研究の視点は欠落してしまう。本冊収録の中国・歩平論考，韓国・辛珠柏論考などは，そうした点からも参考とするべきであろう。軍事遺跡の視点からでは国内外に残されている遺跡を正確に理解することはできない。

あらためて戦争遺跡から何を学ぶのか，昨今の政治状況（右傾化・軍事化）ともあわせてその意味が問われている。

## 6 文化庁の近代遺跡の保護に関する取組みについて

文化庁は『近代遺跡調査報告書（9）政治・軍事』の調査報告書を2012年度中に刊行することを明言していたが，今もって刊行されていない。

2013年1月25日付で，文化庁文化財部記念物課から「近代遺跡の保護に関する取組みについて（周知）」が各都道府県教育委員会文化財行政主管課宛にだされた。その中で「近代の遺跡について，近世までの時代の遺跡に比べて保護が十分に進められておらず，その保護を一層進めることが重要である」，「近代遺跡の指定や登録に向けては，調査研究等を進めていただくことが適切」であるとしている。各自治体では国の動向を様子見するのではなくて積極的な取り組みが求められている。

2014年8月現在，国指定文化財23件，県指定13件，市町村指定95件，国登録文化財70件，市区町村登録文化財13件，道遺産・市民文化資産3件の計217件が指定されている。地域別に見ると，北海道・東北地方32件のうち北海道の屯田兵関連17件，関東地方62件では空襲・戦災関連と要塞群，中部地方19件では師団関連，近畿地方20件では舞鶴の鎮守府関連，中国・四国地方23件では原爆と呉の鎮守府関連，九州・沖縄地方61件では長崎の原爆関連，熊本の西南戦争関連，鹿児島の知覧特攻関連と奄美大島の奉安殿，そして沖縄では人工壕・ガマ・集団自決跡地・特攻艇秘匿壕が含まれ，地域的特色が認められる。

## 7 東南アジアの戦争遺跡の調査と活用

東南アジアは欧米列強によって植民地化され，台湾は日清戦争の結果，日本の植民地となった歴史がある。東南アジア大陸部のインドシナ三国（ベトナム・カンボジア・ラオス）はフランス，マラヤ（マレーシア・シンガポール）・ミャンマー（ビルマ）はイギリス，島嶼部のインドネシアはオランダ，そしてフィリピンは，当初はスペイン，その後はアメリカの植民地となった。

それぞれの国は，植民地化の過程で生じた抵抗運動，戦争の遺跡をもち，また日本軍がかかわったアジア太平洋戦争期の遺跡がある。さらに，ベトナムやインドネシアのように，その後の宗主国との独立闘争にかかわる遺跡や1975年までつづいたベトナム戦争，カンボジアでは1993年のカンボジア国民議会選挙で民主政権が誕生するまでの内戦にかかわる遺跡があり，その調査・活用が行なわれている。

ベトナムで刊行された歴史書の多くは，「民族解放史観」とよばれる史観で記述されている。これは，一千年に及ぶ中国支配期からの独立闘争，

元寇，近代になりフランス植民地時代，日本軍支配，そしてアメリカとの闘争をへて，勝ち取った民族自決権，「独立と自由ほど尊いものはない」，という思想を背景としている。そのため，その闘争を記録する戦争遺跡が多く保存され，それにかかわる博物館があり，活用がなされている。

1940年に日本軍は北部仏印（フランス領インドシナ北部）進駐，翌年に南部仏印進駐を敢行し，日仏共同支配体制を実施し，その支配期に200万にも及ぶ餓死者が発生し，その記念碑がある（本冊収録のVo Minh Vu論考）。しかし，この事実は日本にはあまり知られていない。1968年にアメリカ軍がクアンガイ省のソンミ村で非武装のベトナム人住民を虐殺する事件があり，アメリカ国内外における反戦運動の大きな分岐点になった。今，この村は史跡として保存され，隣接して博物館があり，事件の概要と残虐性を記録している。近年，この作戦に参加した元アメリカ軍兵士が慰霊に訪れ，史跡が住民との和解の場になっている（菊池（阿部）百里子論考）。

こうした事例は，ベトナムだけではなく，東南アジア・台湾各地にみられる（坂井隆，田中和彦，丸井雅子，趙金勇，深山絵実梨論考）。また，カンボジアでは，沖縄の博物館などと「平和文化」想像の博物館づくり協力がJICAの草の根技術協力事業として取り組まれている（丸井雅子論考）。これは，戦争遺跡の調査・保存と博物館展示などを通して，アジアの平和構築のあり方を考えるうえで参考となる活動であろう。

## 8　おわりに―今後の課題

戦争遺跡の伝える意義はきわめて大きい。戦争遺跡は日本の侵略戦争や植民地支配にかかわる歴史的事実を伝える。さらには地域が戦争で失った貴重なもの（生命・財産，自然・文化），地域が戦災のあと不戦の誓い（憲法第九条）のもと，復興し生きてきた歴史を考えるうえでも重要である。

また，近現代の戦争遺跡は残念ながら地球上どこでもみられる。21世紀の人類にとって，問題を解決する手段としての愚かしい戦争を放棄することが叡智だと思う。そうした意味からも負の遺産としての戦争遺跡の調査研究，そして保存活用は必要である。

以下に今後の課題を箇条書きにする。

①戦争の記憶継承と戦争遺跡の保存，その目的の明確化
②戦争遺跡の調査研究と保存・普及の推進
③文化財指定・登録の推進
④ダークツーリズムとしての活用
（ダークツーリズムとは，戦争の跡地や災害被災跡地などをたどりつつ，人類の死や悲しみを対象にした学びの手段としての観光の新しい考え方。悲しみのツーリズムとも呼ばれる。日本では沖縄の戦跡や広島の原爆ドームへの修学旅行などに代表される。）
⑤戦争遺跡調査と博物館活動を通したアジア間交流と平和構築の推進

※本特集の原稿を執筆された諸先生にあらためて感謝申し上げます。
中国の歩平先生は中日歴史共同研究の中国側座長を，韓国の辛珠柏先生は日韓歴史共同研究の韓国側委員を務められた，それぞれの国の第一人者です。また，Vo Minh Vu先生はベトナム国家大学ハノイ校の専任講師であり，東京大学で博士号を取得した新進気鋭の研究者です。趙金勇先生は台湾中央研究院の研究者で台湾における戦争遺跡研究の開拓者であります。お忙しい中での玉稿，誠にありがとうございました。

# 第Ⅰ章　日本の戦争遺跡とその活用

# 茨城県内の戦争遺跡調査とその活用

伊藤純郎

## 1　茨城県内の戦争遺跡

茨城県内における昭和戦前期の戦争遺跡は，図1「試製基地要図第三（関東地方）」に示された（1）海軍航空隊・航空基地，（2）陸軍航空基地・飛行学校・飛行場，および（3）軍事飛行場となった民間飛行場，（4）満蒙開拓青少年義勇軍内原訓練所，（5）風船爆弾放球（放流）大津基地，（6）空襲・戦災地，（7）模擬原爆投下地，（8）高角砲・防空砲台（海軍），高射砲陣地（陸軍），掩体（「掩体壕」と表記されることが多い），防空壕，防空監視哨，各部隊関連施設など，幅広くかつ数多く存在する[1]。

### (1) 海軍航空隊・航空基地

横須賀海軍航空隊，佐世保海軍航空隊についで1922（大正11）年11月1日付で稲敷郡阿見村（現阿見町）に開隊した霞ヶ浦海軍航空隊をはじめ，アジア・太平洋戦争終戦時までに表1に示すように8つの海軍航空隊が開隊した。

また，内地飛行場に対する整備と防空強化が全国的に展開されると，さらに6つの航空基地（飛行場）が新たに建設され，あわせて14の航空隊・航空基地が存在した（表2）。

### (2) 陸軍航空基地・飛行学校・飛行場

1943（昭和18）年4月時点の陸軍航空基地をまとめた『陸軍航空基地資料 第1 本州・九州』によると，表3の5つが記載されている。

その後作成された『本土における陸軍飛行場要覧』には，この5つの飛行場（「鉾田陸軍飛行場」は「豊鹿島陸軍飛行場」と表記されている）に加え，1944年2月に建設が開始された「水戸北陸軍飛行場」（那珂郡戸多村，現那珂市）が記載され，さらに図1『試製基地要図第三（関東地方）』には陸軍特攻機専用の秘匿飛行場である「龍ヶ崎陸軍飛行場」が掲載されている。

表1　8つの海軍航空隊

```
❶霞ヶ浦海軍航空隊（1922年11月1日開隊，稲敷郡阿見村，現阿見町）
  ▶霞ヶ浦海軍航空隊友部分遣隊（1934年8月15日設置）▶❸筑波海軍航空隊（1938年12月15日
    開隊，西茨城郡宍戸町，現笠間市）▶筑波海軍航空隊百里原分遣隊（1938年12月15日設置）
    ▶❺百里原海軍航空隊（1939年12月1日開隊，東茨城郡小川町，現小美玉市）
  ▶霞ヶ浦海軍航空隊谷田部分遣隊（1938年12月15日設置）▶❹谷田部海軍航空隊（1939年12
    月1日開隊，筑波郡谷田部町，現つくば市）
  ▶❻土浦海軍航空隊（1940年11月15日開隊，稲敷郡阿見村，現阿見町）
❷鹿島海軍航空隊（1938年12月15日開隊，稲敷郡安中村，現美浦村）
  ┗鹿島海軍航空隊北浦分遣隊（1941年10月14日設置）▶❼北浦海軍航空隊（1942年4月1日開
    隊，行方郡大生原村，現潮来市）
❽神ノ池海軍航空隊（1944年2月11日開隊，鹿島郡高松村，現鹿嶋市）
```

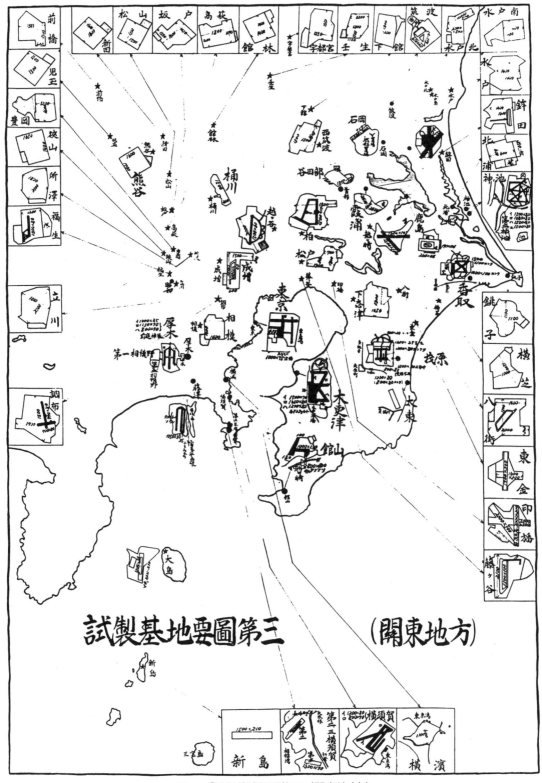

図1 『試製基地要図第三（関東地方）』

表2 海軍航空基地請元調査票 横須賀鎮守府所管航空基地関係（1945年8月調）

| 位置 | 基地名 | 最寄駅 距離 km ヨリ方位 | 建設 年 | 飛行場 長×幅 米 | 用地面積 （除飛行場） | 格納庫 | 収容施設 | 工場倉庫 | 教育施設 | 船渠 | 隊外通信 | 標的場 射撃場 | 射空 | 引込線 送信所 方位測定所 | 施設所 要経費 | 主要機 体数 | 主任務 | 隊還設立二地下施設 （居住、燃料、爆薬工業、燃料、爆薬工場等） | 機体 | 其ノ他記事 |
|---|---|---|---|---|---|---|---|---|---|---|---|---|---|---|---|---|---|---|---|---|
| 西茨城郡 宍戸町 | 筑波 | 常磐線 友部駅 E2 | 1935 | 526,731 200×40 混 | 415×40 575×40 610×40 | | 3,000名 | | | | 六戸町 建物 349坪 価 47,107円 | | 土地 14,716坪 価 6,222円 | 送 | 2,825,582 | 小型(14) 3,000名分 | 教育 | W兵舎工事中 土地下兵舎 1,800平米 | 小型 70 小型 40 | |
| 新治郡 石岡町 | 石岡 | 常磐線 石岡駅 E1 | 1945-8 | 1,200×300 芝張 | | | 3,000名 | 講堂 着陸 演習機 | | | | | | | | | | | | |
| 新治郡 上大津村 | 土浦 | 常磐線 神立駅 E4 | 1945-6 | 800×400 芝張 | | | | | | | | | | | | | | | | |
| 東茨城郡 梅村 | 百里原 | 参宮線 神立駅 NNE6 | 1936 | 1,600×1,300 芝張 | 560,861坪 | 小型 200機分 | | 小建物 23,147坪 | 小川町 建物 1,818坪 価 46,716円 | | | SW1混 WNW1 原野 | | 2,945,997 | 小型機 計5.0 | 教育 | 魚雷同時調整8本 同時格納72本 | 中型(10)3 小型 142 | |
| 行方郡 大生原村 | 北浦 (水) | 鹿武本線 佐原駅 N14 | 1941 | 550×45 混 | 96,477坪 | 小型 5.5隊分 | 隊員 100名 | 17,305坪 | | | | | | | 3,205,722 | 小型機 5.0 | 整備 空戦 指 | 半地下兵舎 1,370平米 分散兵舎(仮) 3,000名分 | | 未使用 |
| 稲敷郡 安中村 | 稲敷 (水) | 稲武本線 土浦駅 E15 | 1940 | 770×46 300×45 100×45 混 | 77,606坪 | 小型 4.0隊分 | 士官 100名 兵員 1,300名 | 22,596坪 | | | | | | 航空下共用 | 4,078,060 | 小型 5.0 | 教育 | 居住 1,500平米 燃ハ山林内ニ分散 | | |
| 鹿島郡 高松村 | 鹿島 (水) | 常磐本線 佐原駅 ENE17 | 1944 | 1,750×120 1,500×120 ×2本 混 | 854,888坪 | 中機 12隊分 | 士官 210名 兵員 1,300名 学生 330名 | 58,337坪 | 銚子 工事中 | | | | | 工事中 | 475,501 | 中型 3.0 小型 3.0 | 教育 作戦 | 居住 4,900平米 予科練 倉、爆、| 中型(4)45 小型10(33) | 工事中 |
| 稲敷郡 阿見村 | 土浦 (水) | 常磐線 土浦沖駅 ENE17 | 1940 | 208,618 100×46 55×46 混 | 6,747坪 5,190㎡ | 陸錬 8隊 航空機用 2隊 | 士官 300名 兵員 1,800名 学生 1,300名 | 58,337坪 | 隊内 | | 鹿島 工事中 | | 荒川 第一、第二、三鳥山 第三、下記共用 | 10,844,072 | 小型 | 教育 | 居住 3000平米 爆、工、| 中(20)20 小(30)10 | |
| 稲敷郡 谷田部町 | 霞ヶ浦 | 常磐線 荒川沖駅 土浦沖駅 W7 | 1919 | 2,100×1,300 1,009,132 | 陸錬 8隊 体錬 2隊 | 士官 200名 兵員 1,800名 学生 600名 | 49,344坪 | 隊内 | | | | | | 2,470,910 円 | 小型 | 教育 | 居住 1172坪 価48,777円 | 中型 土地道路 321坪 木造土地 | |
| 真壁郡 海老ヶ島 | 海老ヶ島 | 常磐線 上大島駅 NW4 | 1945 | 1,800×1,300 | 430,822坪 | 中機 9隊 | 兵員 3,400名 | 15,117坪 | | | | | | 8,444,677 | 小型 | 教育 | 居住 338坪 価42,462円 | | 退避場 工事中 |
| 新治郡 大穂 | 大穂 | 筑波線 藤沼駅 NE2 | 1945 | 800×60 | | | | | | | | | | | 小型 | | | | 退避場 工事中 |
| 筑波郡 筑城 | 筑城 | 筑波線 藤沼駅 NW8 | 1945 | 800×60 | | | | | | | | | | | 小型 | | | | 退避場 工事中 |
| 新治郡 岡部 | 岡部 | 常磐線 | 1945 | 800×60 | | | | | | | | | | | 小型 | | | | 退避場 工事中 |
| 朝日村 | 朝日村 | 荒川沖駅 SE7 | | | | | | | | | | | | | | | | | 工事中 |

（備）：水上離水上両基地　混：コンクリート舗装　露：アスファルト舗装　筒：モルタル舗装　木：木造

（）：有蓋　無記号：無蓋

（大東亜戦時における航空基地一覧表）より作成）

表3 陸軍飛行場（1943年4月調）

| 名称 | 位置 | 面積 | 地面ノ状況 | 目標 | 障害物 | 離着陸特殊操縦法 | 格納設備 | 照明設備 | 通信設備 | 観測設備 | 給油設備 | 修理設備 | 宿泊設備 | 地方風 | 地方ノ特殊ノ気象 | 交通関係 | 其ノ他 |
|---|---|---|---|---|---|---|---|---|---|---|---|---|---|---|---|---|---|
| 水戸 | 那珂郡前渡村 | 南北1300m 東西1400m | 平坦ニシテ東ヨリ西方ニ向ヶ1/200ノ下リ片勾配ヲ有ス、硬度ハ普通ニシテ排水不良好ナリ | 那珂川河口、又ハ水戸市 | | 離着陸方向ハ北西又ハ東西 | 鉄骨造格納庫3棟（84×50m）木造格納庫1棟（42×45m） | | | | | | 兵舎アリ湊町及平磯町ニ旅館アリ | 10月ー翌年4月間ハ北北西風、5ー7月間ハ東風、8,9月ハ西風ナリ | 海陸風ノ影響アリ | 阿字ヶ浦駅（湊鉄道）2km 佐和駅（常磐線）7km | |
| 水戸南 | 東茨城郡吉田村 | 北西ー南東1380m 北東ー南西1370m 総面積197万㎡ | 概ネ平坦ニシテ植芝密生ス、硬度ハ普通、排水概ネ良好 | 水戸市、涸沼、陸前街道 | | 格納庫11棟 | | 陸軍対航空機無線通信所アリ | 陸軍気象観測所アリ、航空気象ヲ観測ス | 燃料補給シ得 | 応急修理可能 | 兵舎アリ | | | | |
| 鉾田 | 鹿島郡新宮村 | 北西ー南東1570m 北東ー南西1300m | 概ネ平坦ニシテ植芝密生ス、硬度ハ普通ナルモ雨季ニ至ル際ハ稍軟弱トナル | 霞ヶ浦（北浦）、鹿島灘、鉾田町 | | 離着陸方向（70×40m）3棟 格納庫木造（40×50m）3棟 | | | | 航空用燃料補給可能 | 応急修理可能 | 兵舎アリ | 11月ー翌年3月間ハ西風多ク、4ー9月間ハ西南風、10月ハ北風ナリ | 特記事項ナシ | 東方6km 下館駅（常磐鉄道）西方6km | |
| 西筑波 | 筑波郡作岡村 | 東西1500m 南北1600m | 概ネ平坦ナルモ中央部稍高ク周囲ニ向ヶ1/300小ヶ川下リ傾斜ヲ為ス、普通ニシテ排水良好雨後稍軟弱トナル | 筑波山（北東）、小貝川 | | 離着陸方向（50×50m）3棟 格納庫鉄骨造（65×41m）6棟 | | 吉沼村郵便局（電信及電話取扱）南西方2km | | 完備 | 応急修理可能 | 兵舎アリ | 年最多風向ハ北東風、次風向ハ北西風ナリ | 特記事項ナシ | 東方6km 下館駅（常総鉄道）北西6km 飛行場前駅（筑波鉄道） | |
| 下館 真壁郡黒子村 | | 南北1380m 東西1200m | 南北ニ向ヶ1/250乃至1/400ノ下リ傾斜ヲ為ス、硬度ハ普通ナルモ排水稍不良ニシテ降雨後東側ノ一部ハ軟弱トナル | | | 離着陸方向ハ南北又ハ北東可、硬度ハ | 格納庫鉄造3棟（42×50m）1棟（38×22m）格納庫木造2棟（40×30m） | | | | | | | 年最多風向ハ北西風ナリ | | 飛行場北東方1km 下館駅（水戸線）5.55km | |

（『陸軍航空基地資料 第1 本州・九州』より作成）

### (3) 民間飛行場

1941年6月に大日本飛行協会が設置した滑空機乗員養成を目的とした大日本飛行協会石岡飛行場（新治郡石岡町，現石岡市）と，1942年4月に航空局が設置した民間航空機乗員養成所（陸軍関係）である古河航空機乗員養成所飛行場（猿島郡岡郷村，現古河市）の2つが存在した。

戦局が悪化すると大日本協会石岡飛行場は，近隣の百里原海軍航空隊・航空基地から軍用機を疎開させる飛行場の一つとなるなど軍事飛行場化した。このため米軍は「基地番号№30」を付して空襲を行ない，1945年7月4日の空襲では機銃掃射により海軍飛行予備学生1人が戦死した[2]。

### (4) 満蒙開拓青少年義勇軍内原訓練所

「鍬の戦士」と称された満蒙開拓青少年義勇軍の内地訓練所で，満州移住協会が東茨城郡下中妻村（現水戸市）の日本国民高等学校の敷地や周囲の民有地に1938年3月に開設した。内原訓練所内には，訓練生が起居した建物である約450余棟の「日輪兵舎」や当時最新の設備を有した義勇軍病院が建設された。

また，近隣の河和田村・鯉渕村（現水戸市）には，河和田分所・満蒙開拓幹部訓練所・義勇軍農場などが設けられた。

### (5) 風船爆弾放球（放流）大津基地

風船爆弾を扱う気球連隊の編成にともない1944年9月，多賀郡大津町（現北茨城市）に設置された連隊本部・第一大隊の秘密基地である。敷地内の住民の家や土地は強制的に借り上げられ，砂浜も含め約130㎡の周囲は柵と鉄条網で覆われ，18個の放球台・水素ボンベ集積所・硅素鉄鉱粉砕所・兵舎などが建設された（風船爆弾放球（放流）基地は，ほかに第二大隊が設置された千葉県一宮海岸と第三大隊が設置された福島県勿来に建設された）。

また，大津基地の近くには海軍特攻艇「震洋」の訓練基地である平潟基地（多賀郡平潟町，現北茨城市）も存在した。

### (6) 空襲・戦災地

茨城県域では日立・ひたちなか・水戸の各市域をはじめとする各地で，空襲や艦砲射撃による攻撃を受けた。1945年4月12日，多賀郡大津町が空襲を受け，被災者総数520人という被害を受けた。この空襲は，B29爆撃機の本土への侵入・退去の飛行コース途中，あるいは風船爆弾放球（放流）大津基地への投弾といわれるが不明である。

中小都市空襲が本格化した6月以降は，6月10日に海軍航空基地が集中する土浦・霞ヶ浦地域と日立製作所・日立工場海岸工場がある日立地域，7月17日・18日に日立・ひたちなか市域において米英連合艦隊による艦砲射撃や艦載機の攻撃，7月19日・20日に「日立空襲」，8月2日「水戸空襲」など大規模な攻撃を受けた[3]。

このほか，P51戦闘機など小型機による軍事施設への攻撃，7月19日の磯原・高萩地区への焼夷弾攻撃，さらに7月19日・20日には，鹿島郡波崎町（現神栖市）が隣接する千葉県銚子地方への空襲の余波を受けた。

こうした空襲・戦災の痕跡や空襲・戦災の記憶を現在に伝える史料・遺構・石造物は，各地に残る[4]。例えば，日立事業所には6月10日空襲の1t爆弾の跡（「1噸爆弾弾痕」），水戸駅前銀杏坂には，「水戸空襲」の焼夷弾により黒焦げとなったものの再び芽を吹いたことで知られる「大イチョウ」がある。

### (7) 模擬原爆投下地

テニアン島の第509混成群団により，1945年7月20日から8月14日まで合計50回実施された模擬原爆投下訓練による投下地は，7月20日郡山を目標に実施された作戦任務№1の大津町と，7月26日長岡を目標に実施された作戦任務№8の日立市の2ヵ所が該当する。

このうち日立市の投下地や被害状況は判明したが[5]，大津町の投下地や被害状況は現在も不明で

ある[6]。

### (8) 高角砲・防空砲台 (海軍), 高射砲陣地 (陸軍), 掩体, 防空壕, 防空監視哨, 部隊関連施設

これらの多様な戦争遺跡は, 阿見町実穀寺子西遺跡の高角砲台跡 (南砲台)・防空指揮所跡, ひたちなか市武田西遺跡の高射砲陣地跡, 民家の敷地に残り倉庫として使用されている霞ヶ浦海軍航空隊の有蓋掩体, 「海軍の弾薬庫」「第一海軍航空廠物資倉庫」と伝えられる防空壕, 連合軍機の本土侵入を見張るため鹿島灘沿岸に数多く設置された防空監視哨など, 自治体史編纂事業や発掘調査などにより, 断片的であるが判明している。

## 2 戦争遺跡の現在と調査

陸海軍の航空基地・飛行場は, 戦後の緊急開拓事業による農地・住宅地や高度経済成長による工業用地化で多くが消滅した。また, 公共施設や民間企業, 保安隊・自衛隊・米軍基地へ転用され, 比較的保存状況が良好であった戦争遺跡も, 近年, 施設の老朽化や再開発により, 取り壊され, 消滅・隠滅するものが多い。

### (1) 旧土浦海軍航空隊・航空基地
(稲敷郡阿見村, 現阿見町)

戦後, 日本体育専門学校, 警察予備隊・陸上自衛隊武器学校 (現陸上自衛隊土浦駐屯地武器学校) に転用され, 海軍航空隊・航空基地のなかで最も保存状況が良好であったが, 武器学校は2001 (平成13) 年, 第2格納庫は2004年, 武器学校本部庁舎として利用されていた旧本部庁舎は2009年7月に取り壊された (2011年2月に新庁舎が落成した)。朝礼台として現在も使用されている号令台, 軍艦旗掲揚塔基礎, 旧上下水道施設 (現水源地), プール飛び込み台跡, ポンド跡 (船着場) などは残るものの, 医療施設として建設された医務科建物は警護所 (衛兵所跡) に面した1棟のみで, 第2士官宿舎は外来宿舎としての使用を終えた。

### (2) 旧霞ヶ浦海軍航空隊・航空基地

2011年10月に貯水量80tの貯水塔と貯水槽が解体された (所有する会社は, 「近代化遺産」としての保存を希望する阿見町の申し出を断わり解体したという)。

### (3) 旧鹿島海軍航空隊・航空基地
(稲敷郡安中村, 現美浦村)

1997年まで東京医科歯科大学霞ヶ浦分院として使用されていたが, その後の再利用・保存方針が定まらず, 司令部庁舎・燃料倉庫・食堂・煙突・滑走台・カタパルト台座跡 (航空機射出機) などが草むらのなか荒れ果てた状況で点在する「戦争廃墟」となっている。

### (4) 風船爆弾放球 (放流) 大津基地

東日本大震災により放球台の一部が大きく破損し, 1984 (昭和59) 年11月に建立された「風船爆弾放流地跡 わすれじ平和の碑」や1944年11月に基地内で起きた爆発事故の犠牲者を弔うために住民が建てた「風船爆弾犠牲者鎮魂碑」も倒壊した。平潟基地では, 基地の隣の岩の崖に大きな損傷・崩落が起きた。

こうして, 取り壊される戦争遺跡が増加するなか, 消滅・隠滅した戦争遺跡の発掘調査や復元調査も行なわれた。

### (5) 旧百里原海軍航空隊・航空基地
(東茨城郡橘村・白川村, 現小美玉市)

1966 (昭和41) 年に航空自衛隊百里基地に転用された旧百里原海軍航空基地では, 2010年3月に開港した茨城空港と関連したインフラ整備・テクノパーク開発にともなう遺跡調査が小美玉市教育委員会, 茨城県教育財団で実施された。「旧百里原海軍飛行場掩体壕群」と遺跡名が付された17基の掩体のうち, 第1～7, 第12・13の計9基の掩体の調査が行なわれ, 誘導路の検出, 掩体および誘導路の構造, 様々な出土品と爆撃痕などが確認された[7]。

現在, 17基の掩体のうち9基が消滅・隠滅し,

残された8基のうち形状を留めている掩体は6基である[8]。

### （6）旧石岡海軍航空基地
（新治郡石岡町，現石岡市）

旧百里原海軍航空隊・航空基地から西方約11kmに建設された旧石岡海軍航空基地では，米軍撮影の空中写真や発掘調査にもとづき「30基以上の掩体壕とそれらをつなぐ誘導路を復元」し，「百里原飛行場の燃料秘匿飛行場」の可能性が高いことが判明した[9]。

また，2014年2月，掩体周辺部の開発にともなう発掘調査が石岡市教育委員会により実施され，平面型がC字型に盛土して構築されている無蓋掩体の現況測量と，掩体の土堤部などを構築するための土取りで形成されたと考えられる溝である周掘部の一部が検出された。調査の結果，石岡海軍航空基地は，百里原海軍航空隊・航空基地の「飛行機置場」ではなく「燃料置場」の可能性が高く，「百里原海軍飛行場を中心とした飛行場群の分散・秘匿先の一つ」と位置付けられた[10]。

### （7）旧陸軍航空基地・飛行場

那珂市歴史民俗資料館が旧水戸陸軍飛行場の遺構調査を実施し，水戸北飛行場跡外廓・飛行場入口（土橋）・飯田下新田兵舎・国田兵舎などを地形図に復元した。

## 3 戦争遺跡と活用

近年，戦争遺跡そのものの保存，戦争遺跡調査の活用，あるいは戦争遺跡の記憶を継承する方法の一つとして，記念館・資料館の建設やそこでの戦争遺跡資料の展示，普及活動が行なわれている。

### （1）水戸市内原郷土史資料館

2003（平成15）年2月，内原に満蒙開拓青少年義勇軍の資料を収めた国内唯一の公設資料館「内原町郷土史義勇軍資料館」（現在は「水戸市内原郷土史義勇軍資料館」）が開館した。資料館は，元訓練生らが1990年頃に結成した「訓練所史跡保存会」（会員数約650人）が要望し，内原町が総事業費約3億3000万円をかけて義勇軍訓練所跡地に建設したもので，館内の「義勇軍ゾーン」では内原訓練所における訓練生の生活を実物資料・遺品やパネルで解説するコーナーや，訓練所と「満州」での義勇軍の姿を当時のフィルムや写真で紹介するコーナーなどが設けられ（「郷土史ゾーン」では出土した文化財，村絵図，農具・民具など，義勇軍関係以外の資料が展示されている），資料館の隣には，「日輪兵舎」を復元した屋外眺望展示施設も併設された。

資料館の近くには，訓練所正門跡，唯一現存する幹部用宿舎「日輪兵舎」，「満蒙開拓青少年義勇軍内原訓練所之碑」，訓練生が訓練所から内原駅に向かって歩いた「渡満道路」が残る。また，幹部訓練所と指導員養成所跡に開校した農業教育機関鯉渕学園農業栄養専門学校には，600人を収容した大講堂の基礎石，訓練所所長室，現在は倉庫として使用されている柔道場などが残るが，職員宿舎として転用された建物は近年取り壊された。

### （2）予科練平和記念館

「予科練の町」として知られる阿見町では，2010年2月，町立「予科練平和記念館」が開館した。同館は，「貴重な予科練の歴史や阿見町の戦史の記録を保存・展示するとともに，次の世代に正確に伝承し，命の尊さや平和の大切さを考えてもらうため」に建設されたもので，予科練の制服である「七つボタン」をモチーフに7つの空間から構成された常設展示室と，企画展示や講演会，研修など様々な交流活動を展開する「20世紀ホール」，図書や収蔵資料を閲覧する「情報ラウンジ」などがある。なかでも，常設展示室では，「入隊」「訓練」「心情」「飛翔」「交流」「窮迫」「特攻」の7つの展示室において，入隊の幟・第一種軍装（七つボタンの制服），学習机・教科書，日記・はがき・手紙，飛行帽（航空帽）・航空救命胴衣・腕時計・九三式中間練習機羽布，

記録帳・郵便貯金通帳，陸戦靴，遺書などが展示され，「予科練で過ごした人々の生き方，その時代とともに生きた町の人々の生き方，戦争の時代を生きた人々と向き合うことから，戦争と平和を問い直す」展示が行なわれている[11]。

2014年2月，阿見町は開館4周年を記念して，『阿見と予科練』(2002年)，『続　阿見と予科練』(2010年) に続く記念誌『海軍航空隊ものがたり―予科練平和記念館開館四周年記念特集』を発行した。同書には，予科練生の家族への手紙，人間魚雷「回天」・人間爆弾「桜花」・特攻艇「震洋」に関する資料，飛行予備学生・山本五十六・兵役に関係する諸資料，予科練・予備学生の遺詠などが収録されている[12]。

2015年3月3日から5月31日の期間に開催された第6回企画展「あかとんぼの飛んだ空―海軍の練習機」では，予科練平和記念館に寄贈・寄託された九三式中間練習機（通称「あかとんぼ」）の実物部品の展示と海軍練習機の歴史が紹介された。

予科練平和記念館の周囲には，予科練戦没者約1万9,000人の霊璽簿を収めた「予科練の碑（予科練二人像）」，予科練戦没者の遺書・遺品約1,700点を収蔵・展示した「飛翔館」と陸上自衛隊土浦駐屯地武器学校がある。

### (3) 筑波海軍航空隊記念館

現在，茨城県内の戦争遺跡調査とその活用において最も注目されているのは，筑波海軍航空隊記念館と筑波海軍航空隊プロジェクト実行委員会の活動である。

1938（昭和13）年12月15日に開隊した筑波海軍航空隊・航空基地（西茨城郡宍戸町，現笠間市）は，道路として使用されている滑走路をはじめ，司令部庁舎・号令台・隊門・筑波神社跡・無蓋掩体・地下戦闘指揮所・供養塔など多くの遺構が現存する（図2）。

司令部庁舎は，戦後，水戸高等学校・宍戸中学校・茨城青年師範学校・友部協同病院などに転用され，1960年6月，茨城県立友部病院が開院すると，管理棟として使用された（図3・4）。

2011（平成23）年4月，県立友部病院が「県立

図3　旧筑波海軍航空隊司令部庁舎

図2　筑波海軍航空隊・航空基地航空写真

図4　茨城県立友部病院管理棟
（現・筑波海軍航空隊記念館）

こころの医療センター」と改称され新病棟に移転し，旧司令部庁舎は管理棟としての役目を終え解体される予定であった。しかし，2012年6月，映画『永遠の0』のロケ地となったことを契機に，筑波海軍航空隊プロジェクト実行委員会，筑波海軍航空隊プロジェクトを支援する会が発足した。筑波海軍航空隊プロジェクト実行委員会は，茨城県にフィルムコミッション推進室が出来るきかっけとなった映画『HAZAN』や映画『桜田門外の変』の映像制作を経験した事務局スタッフが中心となり，ドキュメント映画の製作と旧司令部庁舎を記念館として公開することの2つの事業を目的に設置されたものである[13]。

こうして，旧司令部庁舎の存続・保存をめぐる声が高まり，期間限定ながら旧司令部庁舎を一般公開することが決定，2013年12月20日，「筑波海軍航空隊記念館」が開館した。

筑波海軍航空隊記念館では，旧筑波海軍航空隊・航空基地関係者や遺族の遺書・遺詠・写真などの資料の展示，戦争の記録を伝えるパネル展・企画展，映画『永遠の0』ロケ部屋の再現，ドキュメント映像の上映，各種の講演会，市町村・企業・学校と連携した社会活動が行なわれている（今夏にドキュメンタリー映画『筑波海軍航空隊』の全国公開が予定されている）。

筑波海軍航空隊記念館の開館とあわせ，筑波海軍航空隊プロジェクト実行委員会は，旧筑波海軍航空隊・航空基地の遺構調査を始め，掩体6基の調査，地下戦闘指揮所の整備と公開，地下応急治療所の整備を行なった（図5・6）。地下戦闘指揮所は，旧司令部庁舎の南1kmにある山村の地下2mを掘り下げて，1944年2月に設置したもので，東側に通路と5室，西側に通信設備，各室にケーブル孔，南北に4ヵ所の出入り口があった。

筑波海軍航空隊プロジェクト実行委員会は，筑波海軍航空隊記念館の今後について，戦争遺跡と

図5　地下戦闘指揮所（左：内部　右：通路）

図6　地下応急治療所（左：内部　右：入口）

しての文化財指定，記念館としての展示などを検討しているが，管轄・管理の問題（茨城県・笠間市），財政（保存費用）・土地所有（国有地・私有地・民有地）・建築基準法（耐震）の課題や「戦争遺跡」に対する負のイメージなどがあり，現時点では確定していない[14]。筑波海軍航空隊プロジェクト実行委員会の今後の活動が注目される。

### 註

1) 伊藤純郎 編『フィールドワーク　茨城県の戦争遺跡』平和文化，2008
2) 柏山　滋「第2章　遺跡の位置と環境」東京航業研究所 編『茨城県石岡市八軒台掩辺蔽壕』石岡市教育委員会，2014，p.5
3) 「茨城の空襲・戦災」『常陽藝文』363，常陽藝文センター，2013
4) 行方郡津澄村（現鉾田市）に設置された津澄監視哨の『勤務日誌』（1945年1月1日〜6月11日）には，「航空機ノ状況」・警戒警報・空襲警報に加え，2月16日の北浦海軍航空基地・鉾田陸軍飛行場への空襲や3月10日の東京大空襲の記事も見える（北浦町史編さん委員会 編『北浦町史』北浦町，2004，pp.563-564）。
5) 奥住喜重「御記憶の方はありませんか　日立市に原爆投下の訓練があったことを」『市民と博物館』30，日立市郷土博物館，1992，p.1，「よみがえる半世紀前の記憶—1発の爆弾の被災体験」『市民と博物館』31，日立市郷土博物館，1992，pp.1-4，『一九四五年七月二六日，日立—原爆投下訓練被災記録』日立市郷土博物館，1993
6) 「原爆訓練の記憶探しています」2010年7月20日付『朝日新聞』
7) 小玉秀成『参考展示実施計画書—百里原の戦跡遺跡』小美玉市玉里史料館，2009
8) 小美玉市教育委員会生涯学習課本田信之氏の御教示による。
9) 曽根俊雄「石岡海軍航空基地について」『婆良岐考古』33，婆良岐考古同人会，2015，p.110
10) 柏山　滋「第4章総括」前掲註2書，p.16
11) パンフレット『予科練平和記念館』
12) 『海軍航空隊ものがたり—予科練平和記念館開館四周年記念特集』阿見町予科練平和記念館，2014
13) 金澤大介「筑波海軍航空隊の保存活動と今後の課題」『第18回戦跡保存全国シンポジウム神奈川県大会　分科会提出レポート集』2014，pp.13-14
14) 矢作美佳『戦争遺跡の保存と活用の研究—筑波海軍航空隊記念館を事例に』（筑波大学人文文化学群比較文化学類卒業論文）2015

### 参考文献

伊藤純郎 編『フィールドワーク　茨城県の戦争遺跡』平和文化，2008

伊藤純郎「予科練と特攻隊の原風景—霞ヶ浦・筑波山」荒川章二 編『地域のなかの軍隊2　関東　軍都としての帝都』吉川弘文館，2015

伊藤純郎「筑波山とアジア・太平洋戦争」前川啓治 編『筑波山から学ぶ—「とき」を想像・創造する』筑波大学出版会，2015

# 調布飛行場周辺の戦争遺跡の保存と活用

金井安子

## 1 首都防衛高射砲陣地跡の碑

　東京都三鷹市大沢所在の東部軍の高射第1師団高射砲第112連隊第1大隊の陣地跡には、「太平洋戦争　首都防衛高射砲陣地跡　東部第一九〇三部隊調布隊」[1]の碑が建っている。碑文は、次のように刻まれている。

　　「戦火の本土に近ずくに及び　首都防衛のため昭和十八年九月　此の地に　東部第一九〇三部隊調布隊は　仲　午六隊長以下一八六名を以て　陣地を構築し　高射砲六門　観測器材等を設置して布陣した　数次にわたる米軍機との交戦により　戦死四名負傷者多数を数えた　其の後　戦況の推移により日本海側に残された　唯一の食糧補給港である富山湾伏木港防衛のため　昭和二十年四月末　北作健二隊長以下転進する迄　此の地で任務を遂行した　戦後鈴木平三郎氏が陣地跡を原状のまま保存しており且つ此の地を福祉法人に寄附し永久に保存して下さるので此の度　戦友一同相計り此の碑を建立し　永遠の平和を希求すると共に英霊四君の冥福を祈り続ける事にした

　　昭和五十六年二月吉日建立　調布隊戦友一同」

　高射砲第112連隊（通称晴1903部隊）は、1953（昭和28）年8月作成の「復員時における主要なる陸軍部隊調査一覧表　草案」[2]によれば、1941（昭和16）年11月8日に編成され、高射第1師団（兵団文字は晴）に隷属、1945（昭和20）年8月30日に復員した部隊である。

　陣地跡の保存に尽力した鈴木平三郎は、碑を建てるに至った経緯について、鈴木が三鷹市長だった1956、7年頃、大沢の農地委員が訪ねて来て、「近頃の若い連中が平和運動に大騒ぎしているが、私にゃ納得出来ねえ。（略）戦争で血縁を失った者や、召集を受けて悲惨な苦労をなめた者がやらなければ実を結ぶものでねえ。その人たちもその内に死んじまえば、平和運動も忘れられてしまう。戦争に供されたものも、思い出も残して置きたいと思う」。大沢の高射陣地も「売ってしまえばバラバラになって跡方も無くなってしまう。誰かあの土地を全部買って、保存してくれる人はないだろうか。」と申し出があったが、買い手を探しても無いので、鈴木が買い取って移り住み、瓦礫の山を整理して復元したと記している。

**図1　旗の掲揚台に転用された高射砲の砲座**
（著者撮影、椎の実子供の家にて）

　高射砲陣地の跡地は、野菜畑や老人クラブのベビーゴルフ場として使用された。「所々の砂利山を整理すると蛇が大バケツに三杯も出た。後から高射砲の台座が現れた。これに手を加え、原型に

戻し戦争記念に保存しようと考えた。庭にマンションを作る計画を急遽変更し、その資金と土地二千平方メートルを基本財産として社会福祉法人を設立し、保育園の経営を始めた」。保育園の開設は、1973（昭和48）年4月だった。

陣地跡の保存を鈴木から聞いた戦友会によって、1977（昭和52）年10月16日、保育園の敷地内に陣地跡の碑が建てられた。鈴木は、「私も中国の第一線で六年間生命を賭して戦って二回負傷したが、生きて還れた。」平和運動は、「戦争の恐ろしさを知っている者がやらねば実は結ばないと思う。平和を守り抜くことは、戦場で斗う勇者より、更に一層の勇気と決意が必要である。石碑の裏面に彫られた「永久の平和」を希求するため、私どもが皆さんに代わって永久に守り続ける決意である。」と記している[3]。

図2　首都防衛高射砲陣地跡の碑
（著者撮影、椎の実子供の家にて）

記念碑は、ヒビ割れが生じたため、1981（昭和56）年2月17日に園内の中央から奥に場所を移して再建され、現在に至る。

毎年2月17日と8月15日に慰霊祭が行なわれ、1989（平成元）年8月15日には、園児と卒園生（羽沢小学校の児童）が初めて参列し、戦友会員が語る戦争の話に耳を傾けた。戦友会から園児たちにお土産として文具を贈る、バス旅行に招待するなどの交流が続いた。

現在も、8月15日の慰霊祭には戦友会員（年齢は90歳を超える）や遺族が参列し、園児たちも参加する。記念碑は、軍医として中国大陸を転戦した鈴木、高射砲部隊の元隊員、地域の住民ら、戦争の記憶や体験を後世に伝えようとした人びととの思いを語る存在となっている。

図3　椎の実子供の家（保育園）の案内板
（著者撮影、椎の実子供の家にて）

## 2　国土防衛の強化

内地の高射砲部隊は、国土防衛のために編成され、地上における要地防空を任務としたが、高射砲の威力、電波兵器の精度などの問題を抱え、その任務を十分に全うすることはできなかった。空地両部隊で首都東京と京浜地区の防空に当たった調布飛行場の航空部隊と高射砲第112連隊の変遷をここで整理しておく。

### (1) 調布飛行場と飛行第244戦隊

1941（昭和16）年4月、羽田に次ぐ東京の空の玄関として、東京府下の調布町・多磨村・三鷹町にまたがる約50万坪の用地に「東京調布飛行場」が完成した。8月には東京府と陸軍の協定により、軍が調布飛行場を全面使用することになった。

同年7月20日、防空を専任とする陸軍の航空部隊が東部・中部・西部の各軍に新編された。東部軍司令官の指揮下に第17飛行団が新編され、7月30日に埼玉県の豊岡航空士官学校において、飛行第144戦隊が編成を完結した。9月、第144戦隊が調布へ移駐した。第17飛行団の司令部は調布に置かれ、東部軍作戦室（麹町区代官町）に集められ

た各監視哨からの情報をもとに，浜松以東の東日本の戦闘指揮が，調布作戦室を通じて行なわれた。11月，防空専任航空隊の改編強化により，飛行第144戦隊は第244戦隊に名称変更した[4]。

1941年1月10日に閣議決定された「国土防空強化ニ関スル件」において，国土防空の現状は，「飛行機ノ発達ニ伴ヒ直接国内ノ要衝ニ対シ絶大ナル武力戦的破壊行為ヲ恣ニスルニ至リ　他面我カ国防空態勢ノ現状ハ不備欠陥頗ル多ク　之ニ加フルニ都市ノ対空脆弱性大ナルモノアル」という認識の下，「高度国防国家態勢確立ノ為速カニ国土防空ノ強化ヲ図ル」という方針が出された[5]。

これを受けて，内地の各軍区司令官および朝鮮軍司令官，台湾軍司令官が，それぞれの担任管区において計画，実施していた防空計画を全国的な規模で統一するために，1941年7月2日採択の国策要綱で防衛総司令部が新設され，7月12日に編成を完結した。

### (2) 地上における防空戦力の配置

防空戦力の急速な向上を図るため，1941年7月1日，地上防空部隊要員を臨時召集して教育することが定められ，部隊仮編成後4週間で防空任務達成に直接必要な基礎教育を行ない，その後，大隊教練，高射砲隊と照空隊の連合訓練を行なうこととした。地上防空部隊は，訓練開始に備えて，7月19日から28日までに臨時編成を完結した。

防衛総司令部が策定した国土防衛作戦計画要綱に基づく指導要領の中で，地上防空部隊については，次のように位置付けられた。

1　国土防衛計画に基づき，地上要地防空部隊を機を失せず展開し，依然教育訓練を続行させる。
2　状況に応じ，東部，中部各軍司令官に高射砲二コ大隊，照空一コ大隊を随時防衛総司令官の使用に供しうるよう準備させる。
3　兵器行政本部等に保管中の高射砲70門を各軍に配属し，国土防衛計画外に新たに指定した防空要地の防空に当たらせる。

地上防空部隊は，陸軍廠舎などで教育訓練を続けていたが，8月14日付けで防衛総司令官より各軍司令官に対し，要地に地上防空部隊を展開するよう命令が下った。

東部軍においては，京浜要地を東・北・西・川崎・横浜地区に分け，高射砲隊，照空隊，聴測隊，防空気球隊，防衛通信隊が配置された。

要地に展開配置された地上防空部隊は，訓練を続け，兵器・資材の整備に努めたが，「訓練においては，実目標に対する射撃予行演習が必要であったが，訓練計画に応じて目標機を飛行させることは，飛行部隊兵力が僅少のためほとんどできなかった。また，高射部隊は実弾射撃演習を実施しなければならなかったが，陣地配備にあってはそれを行なうことができず，各部隊は一部ずつ交代で射場に行って実施しなければならなかった」[6]という有様であった。さらに，部隊の展開に伴う宿営や物資調達についても，予算的・法規的な問題を解決しなければならなかった。

### 3　防空戦力の強化

1941（昭和16）年11月，防空専任航空部隊の改編強化が行なわれ，また，防空隊司令部の廃止に伴い，東部・中部・西部の各軍に防空旅団司令部が新編され，防空部隊がそれぞれの旅団に編合された。また，地上防空部隊も各防空旅団に編合されて，その統率が強化された。この時，高射砲連（大）隊は防空連（大）隊に改称，独立照空大隊，聴測中隊もその編制に組み込まれた。また，民間に依存していた対空監視についても，各軍に防空監視隊が配属された。東部防空旅団には，防空連隊，独立防空大隊，独立高射砲中隊，防空気球隊，防空通信隊，防空監視隊が属していた。

88式7cm野戦高射砲（昭和3年制定，初速720m／秒，最大射高9,100m）装備の高射砲中隊に，6門の高射砲を配置することになったのは，この時か

らであった。東部軍では，政・戦略および生産要地である京浜地区に110門，太田（群馬県）に2門，仙台に4門，新潟に2門，富山に4門の高射砲を配置し，別に皇居直接掩護のため高射機関砲8門が備えられた。また，防空のための通信網の強化や電波警戒機の増強も急務であった。

### 4 東京初空襲と要地防空の増強

1942（昭和17）年4月13日，航空部隊の改編により第1航空軍の新設が命ぜられた。

4月18日，日本軍の哨戒線の外側の洋上にあった米航空母艦を発した機動部隊により東京が爆撃され（ドゥーリットル空襲），防空強化のための緊急対策を講じる必要に迫られた。

第1航空軍は5月に新編され，内地の作戦・教育の航空部隊を隷下に置いた。また，6月には飛行機の高速化，高高度に対処するため99式8cm高射砲（初速800m/秒，最大射高10,000m）の生産が始まった。続いて9月に，要地地上防空部隊も大規模な改編増強が行なわれた。この時，高射砲連隊は2個大隊2個中隊が2個大隊12個中隊に，照空大隊は1個大隊2個中隊が2個大隊6個中隊に増強された。

8月5日の防衛総司令官と陸軍航空総監（総監部は陸軍の航空教育を統括する機関）の間の協定により，空襲警報発令時には，防空専任航空部隊に加えて，航空要員の養成機関である飛行学校においても，自衛防空のために武装した戦闘機を待機させることとなった。

1943（昭和18）年8月15日，要地の地上防空兵力の増強に伴い，防空旅団司令部が防空集団司令部に格上げされた。また，3式12cm高射砲，電波標定機の生産も始まった。これらの兵器は，他に先立って東部軍に交付されることとなった[7]。

1943年春，調布飛行場は用地を拡張し，格納庫や営舎が増設された。5月には，千葉県柏飛行場から独立飛行第47中隊が移駐した。同年，飛行場周辺に高射砲部隊および照空部隊の陣地が構築され，航空部隊と地上部隊による国土防空が強化されていった。

### 5 高射砲連隊の陣地
### ―高射砲部隊と照空部隊―

#### (1) 要地地上防空兵力の増強

現在の三鷹市大沢の地に高射砲陣地が構築されたのは，要地の地上防空兵力の増強が図られた時期のことである。

東部軍の防空第2連隊〔第1大隊〕第5中隊は，1943（昭和18）年6月17日の軍令陸甲第51号により要地防衛の常設部隊として，代々木の練兵場において編成に着手し，6月21日に編成を完結した。部隊は，代々木から三鷹町大沢に通い，野川に面し，調布飛行場を眼下に見下ろす地で陣地構築に当たった。現在，三鷹市立羽沢小学校が建つ場所に第1大隊本部の建物が先行して建てられ，高射砲を設置する武蔵野段丘上には，赤松の林の中に東屋があり，その取り壊しと松の伐採から作業が始まった。

同年9月9日の軍令陸甲第51号により要地地上防空部隊を改編，第5中隊から第4中隊に名称変更した。9月中旬には中隊全員が大沢の陣地に移動を完了した。

#### (2) 大沢陣地での訓練

陣地では，通信班が内外との連絡網の整備や電波探知機（レーダー）との連動射撃姿勢の準備，監視観測班が機器の精度向上の研究や機器の開発に努め，砲隊が高射砲操作の熟達のため，仮想目標による射撃訓練と即戦態勢の完璧を期していた。訓練に励む傍ら，兵站部門は戦闘能力の維持向上のため，山林を開墾してサツマイモや野菜などを栽培し，豚や鶏を飼育して食糧の自給を図った。また，衛生班は体力の維持向上を図り，傷病者の皆無を目指した。

1943年秋，陣地から北側へ100m程離れた畑

地を半ば強制的に借り上げて，電波探知所が構築され，電波標定機タチ2号が設置された。半地下式で，周囲を掩体で囲んだ標定機は，ガソリンの発電車（タ号用電源車）で電源を得ていた。4つのアンテナを動かして，来襲機の方向に合うとブラウン管に焦点が合うようになっていた。レーダーと高射砲はケーブルで結び，測定された諸元を計算所で参考にして指示に使ったが，あまり信頼できるものではなかったという。

この頃，現在の神代植物公園の駐車場から東側一帯に照空隊の陣地（第14中隊）が，大沢の陣地の東側約200mの位置に高射砲陣地（第5中隊）が構築された。10月には，内閣総理大臣兼陸軍大臣東條英機の視察があった[8]。

(3) 空地両部隊による防空作戦

太平洋方面の戦況が急迫した1944（昭和19）年春，国内防衛を一元的に統括するために，内地各軍および防空専任航空部隊が防衛総司令官の隷下に編入され，3月8日，第17飛行団が廃止され，第10飛行師団が新編された。第10飛行師団は，第1航空軍司令官の隷下，防衛総司令官の指揮下にあって，主として京浜地区の防衛に当たることになった。

同年5月9日，防衛総司令官は皇土防衛作戦要綱を示達した。要綱では，空地の防空戦力を徹底的に集中して来襲敵機を撃墜し，重要施設を援護するために，「航空部隊及び高射部隊は特に戦闘空域を設けることなく，同一空域においても，それぞれの特性に応じ戦闘を実施する。」「東部軍は，皇居を始め主として京浜地区における政戦略及生産中枢を援護する。また，立川，太田，常陸，釜石等に一部の兵力を配置して同地区の生産施設を援護する」という方針が示された[9]。

1944年4月，防空連隊は高射砲連隊に改称され，5月，東部軍の高射砲部隊は高射砲第118連隊，照空第1連隊，独立高射砲第3大隊などが増強された。6月，防空集団は高射砲集団に改称さ

図4　京浜地区の高射砲集団配備要図
（註5文献，p.386より，防衛研究所戦史研究センター所蔵）

れ，6月1日の軍令陸甲第45号により，大沢の高射砲部隊は高射砲第112連隊第1大隊に属すこととなった（連隊本部は成城）。さらに11月には東部軍に独立高射砲第2・第4大隊が加えられた。東部高射砲集団の任務は，皇居守護と京浜地区の政戦略・生産中枢および太田付近の要地援護であった。任務遂行のため，飛行師団との密接な協力のもと，来襲する敵機を要地外周で撃墜することを方針とした。

高高度，大航速の目標機に対する射撃および照空，夜間戦闘訓練に重点を置き，飛行師団と協同して照空隊の訓練を実施し（訓練用の目標機を高高度で使用することは困難だったので，中高度で目標機を飛行させ，高度・航速を数倍で計算した），照射目標に対する高射砲の射撃訓練を行なった。また，夜間や曇天での戦闘を想定し，観測射撃を主に，電波標定機を利用する電測射撃，やむを得ない場合は聴音機を使用して目標諸元を計算する聴測射撃の訓練を行なった[10]。

第10飛行師団の参謀山本茂男の回想によれば，「要地防空というものは，情報機関，飛行部隊，高射部隊，照空部隊の一体となった有機的組織体において，その機能がじゅうぶんに行われてはじめ

て戦力を発揮するものであって，緻密な計画と周到な訓練が絶対に必要」であり，「東部防空集団（高射部隊）とは絶えず協同して夜間訓練，いわゆる照高飛（照空部隊，高射部隊と飛行部隊）の連合訓練を実施した。」[11] 首都東京への空襲は必至と想定し，「初撃完墜」を期して，訓練が続けられた。

4月3日，三重県斎宮の第7航空通信連隊において編成された第13航空通信隊（3個中隊）が，第10飛行師団の指揮下に入って調布町の隣の神代村に移駐し，各飛行場間の空地連絡に当たった。その後，通信隊は，第13航空通信連隊（16個中隊）に昇格した[12]。

5月5日，東部軍管区情報を迅速に把握し，各部隊との通信，交通連絡を迅速に行なうため，第10飛行師団司令部が調布町から麹町区代官町に移駐した。

### (4) B-29爆撃機による東京初空襲

1944（昭和19）年11月1日，1機のB-29爆撃機（以後，B-29と表記）が来襲し，勝浦，木更津，東京，多摩方面を飛行，東部軍が空襲警報を発令し，第10飛行師団長が各部隊に出動を命じた。以後，数回にわたって写真偵察のための飛行とみられるB-29の来襲があった。しかし，現用戦闘機の高高度性能には限界があるため，装備（防弾鋼板，酸素発生装置・無線装置・射撃照準器以外のすべての装備，機関砲など）を取り外してできるだけ軽くする以外に対応方法がないと判断された。

11月7日，第10飛行師団長は，防空任務達成のため，各飛行部隊に対して，敵機に体当たり攻撃する特別攻撃隊（各飛行部隊で4機）の編成を命じた。

また，戦闘機よりも航空性能に優れる司偵機を武装させて防空戦闘に当たらせるため，大本営は11月3日，飛行第28戦隊（百式司偵Ⅱ型，3個中隊）を第10飛行師団長の隷下に入れることとした。しかし，司偵隊の操縦者は，雲中の計器飛行などの航法技術に優れていたが，空中戦闘や空中射撃など，戦闘隊の基本から教育訓練が必要であった。飛行機の補給も少なく，1945年初め頃までは実働6，7機であった[13]。

1944年11月24日，B-29による東京の初空襲（中島飛行機株式会社武蔵製作所を爆撃）があり，翌日，第10飛行師団長は各部隊長を調布に集めて，戦闘の検討を行なった。高高度戦闘機の補給を望み得ない現状において，訓練強化と戦闘時における行動の徹底を図ることとし，各飛行戦隊に対して，特別攻撃隊を2個小隊（8機）に増強するよう命じた。

一方，東部高射砲集団においては，西地区の高射砲第112連隊の7cm高射砲を8cm高射砲および12cm高射砲に速やかに交換することを計画し，また第112連隊に装備予定の15cm高射砲の陣地を久我山に選定した[14]。

### (5) 大沢高射砲陣地の戦闘

1945（昭和20）年2月16，17日の両日，大沢の高射砲陣地は，米機動部隊より発進したグラマンF6F戦闘機の波状攻撃を受け，戦死者4名，多数の負傷者を出した。

戦闘の状況は，「天文台の方角から低空でグラマンの編隊が陣地を目指して突入してくる。高度をみるみる下げ一機づつ，どでかい爆音と共に機関銃・機関砲をつぎつぎと撃ち込んできた。我々も真管を零秒にして号令が叫ばれるたびに撃ちまくった。高射砲の炸裂音，グラマンの爆音，発射音，地上に立ち上がる敵弾の土埃り，砲弾の空箱を放り出す音，弾薬庫から運び揚げる者の声。煙 煙 煙，音 音 音，埃 埃 埃，大沢の風景はたちまち阿修羅の巷と化した。（略）命令しなくても砲身は，次から次へと襲いかかるグラマンを西から東へ，東から西へ，高く低く，低く高く，繰り返し追い続けた。何波にも分かれて来た。」と記されている[15]。この戦闘で戦死者が出たことが，後に陣地跡の碑が建てられることにつながった。

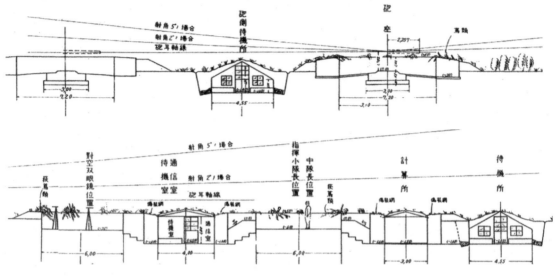

図5　7cm高射砲陣地の施設（註16より）

　その後，部隊は5月1日に編成替を行ない，5月2日，当時の食糧資源である大豆，トウモロコシなどの荷揚げ港として重要であった伏木港援護のため，丸太で作った偽の高射砲（偽砲）を設置し，富山県新湊に移動した。1945年8月26日，軍令陸甲第116号により復員を下命，同月30日に復員を完結した。

　高射砲第112連隊第1大隊の陣地は，現在の羽沢小学校の敷地に大隊本部と中隊の兵舎・倉庫など8棟の建物があり，段丘上には88式7cm野戦高射砲6門と付属舎（砲側待機所），通信所，監視所（対空双眼鏡），観測所（航速測定機，測高機），計算所（算定所）などの半地下式施設があり，段丘崖の斜面地を利用した弾薬庫があった。

### (6) 下布田遺跡の照空隊陣地

　調布市布田6丁目所在の下布田遺跡第54地点および第70地点では，照空隊陣地跡が調査されている。この陣地は，東部軍の高射第1師団高射砲第112連隊第3大隊第14中隊第5分隊の陣地と推定されている。防空壕，通信施設，焼却炉，ゴミ穴などが調査され，1,561点の遺物が出土した。陣地は，1945（昭和20）年5月25日，B-29による空襲で被災し，その後，片付けた際に出たゴミを投棄した状況を示していた。

　「主要部隊略歴表（師団の部）」（昭和20年8月15日現在）によれば，1944（昭和19）年12月22日，東部軍の第一高射砲集団を基幹として，高射第一師団（文字符「晴」）が編成を完結した。高射砲第111～第118連隊，野戦高射砲第95・86大隊，独立高射砲第1～第4大隊，独立高射砲第34中隊，照空第1連隊，機関砲第1・第4大隊，第1要地気球隊で編成され，東部軍司令官の隷下にあった。将校1,099名，下士官・兵27,483名の計28,582名であった[17]。

　戦後，高射砲第112連隊の兵器は，代々木練兵場に集められた。主な兵器として，探照灯〔照空灯〕発電車，タ号用電源車，十二高用電源車，聴音機，三〇銃剣，三八銃，八八式七高㊙，算定具，射撃板，九〇航速測定機，10糎対空双眼鏡，電波標定機，九六照観具，九四式無線機，電話機，一式探照灯，十三式双眼鏡などの記録がある[18]。

### 6　調布飛行場の掩体壕

　調布飛行場周辺には，調布飛行場の門柱，掩体

壕，外周水路などが現存し，高射砲第 112 連隊の高射砲陣地とともに，空地の防空部隊が展開した戦争遺跡群としてとらえられる。これらの遺跡群は，調布市，三鷹市，府中市にまたがって存在する。

**(1) 掩体壕の構築**

1944（昭和 19）年 6 月末，大本営から師団根拠

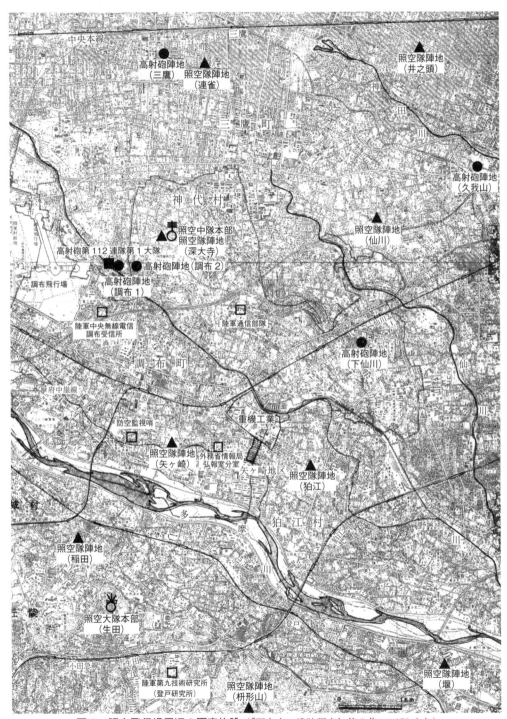

図 6　調布飛行場周辺の軍事施設（『調布市の遺跡調査』第 5 集，p.170 より）

飛行場に誘導路および掩体を早急に設置するよう指示があった。第10飛行師団参謀の山本と経理部の堀は，5日間かけて調布，成増，所沢，松戸，柏の各飛行場を踏査した。まず，地図上で誘導路，掩体のおおよその配置を決め，次に飛行機から畑，森林，集落，小流などの状況を把握し，最終的に飛行場大隊長とともに誘導路，掩体を設置する実際の位置を指示してまわった。多磨霊園の樹間も，飛行機の秘匿地区として使用された。山本は，「所沢，成増，調布の飛行場には鉄筋コンクリートの特殊掩体も構築せられた。それだけの費用と労力だけでも莫大なものであった。それが大して役立たずに終戦となった。（略）その掩体が終戦後も倉庫代わりになっているところがあるが，私には古墳のように感ぜられてならない。」と述懐している。[19]

（2）掩体壕の保存と活用

山本が「古墳のよう」と形容した掩体壕は，「調布飛行場の掩体壕を保存する会」が2002（平成14）年から続けた地道な活動が実って，戦後半世紀以上を経て，正に文化財に指定された。

調布飛行場に隣接する都立武蔵野の森公園内には，その所在地の地名を冠して大沢1号，大沢2号と呼ばれる掩体壕が保存されている。2002年4月の開園以前は，街路や公園に植樹するための樹木を植えた東京都の苗圃があり，掩体壕は倉庫代わりに使われていた。2006年6月，公園の整備，拡張に伴って，掩体壕の現状調査が行われ，その結果，大沢1号はコンクリートの劣化が著しいことがわかり，内部を樹脂材で充填して掩体壕の「形」を保存することになった。また，大沢2号は，掩体壕のすぐそばを通る都道の建設が計画されていたため，当面，そのまま残されることになった。公園の整備工事の一環として，調布飛行場の歴史や掩体壕についての説明板も設置された。

現在では，園内に掩体壕が保存されていることが，武蔵野の森公園の特長のひとつになっている。

図7　大沢1号掩体壕と掩体壕の模型
（著者撮影、武蔵野の森公園にて）

府中市白糸台所在の掩体壕は，府中市が2006年の平和都市宣言20周年を機に保存を決定した。2007年12月から掩体壕の現状を把握するために調査が行なわれ，掩体壕の規模，構造，構築方法などが明らかになった。また，鉄骨スラブの配筋状況，掩体壕の基礎部や側溝，集水枡などの排水施設，内部の床面に残る車輪の痕跡，砂利敷き，誘導路などが良好な状態で残っていることが確認できた。

戦争遺跡が，当時の様子を知る上で重要な資料として，保存への認識も高まってきたことから，戦争の記憶を今に伝える象徴でもある白糸台掩体壕は，貴重な地域の文化財と意義付けられ，2008年11月27日，「旧陸軍調布飛行場白糸台掩体壕」として市の史跡に指定された。

また，教育出版発行の教科書『小学社会6上』で，地域（東京都）に残る戦争遺跡として白糸台掩体壕と東大和市の旧日立航空機株式会社変電所（市指定文化財）が紹介され，2012年，府中・調布両市の市立小学校で使用する教科書として採択された。掩体壕を保存する会は，地域の歴史遺産を市民がいつでも見られるように整備することを府中市に要望した。

2012年3月，掩体壕の保存整備工事が竣功し，一般公開された。現在，毎年秋に，通常公開されていない掩体壕内部の特別見学会が行なわれている。

図8 白糸台掩体壕の特別見学会
(府中市ふるさと文化財課提供)

毎年10月に開催される調布飛行場まつりにおいて，2014年，初めて府中・三鷹・調布3市共催で調布飛行場の歴史や白糸台掩体壕，調布飛行場周辺で調査された戦争遺跡などの展示と解説を行なった。調布飛行場の掩体壕を保存する会は，武蔵野の森公園内の掩体壕の前で展示と現地解説を行ない，大沢2号掩体壕の内部公開に協力した。

図9 調布飛行場まつりで格納庫にて
展示解説 (著者撮影)

調布飛行場周辺の戦争遺跡は，戦争を体験した世代により1970年代から保存の取組が始められた。掩体壕の保存運動も，戦争中に学徒動員されて茨城県の下館飛行場で掩体壕をつくる作業に携わった体験を持つ元教員が中心となって進められた。保存された戦争遺跡を活用して，戦争の体験や記憶を次の世代へつなげる取組は，戦後70年を経て新たな段階を迎える。戦争遺跡は，過去の遺産ではなく，未来への遺産とすべきものである。

註

1) 陸軍の部隊名には，中部軍の歩兵第61連隊を中部第24部隊，第31航空通信連隊を中部第110部隊などの秘匿名（通称号）が使用された。1945（昭和20）年春頃からは，漢字の秘匿名を用いるようになった。浦田耕作『誰も書かなかった日本陸軍』PHP研究所，2003，p.66。高射第1師団は晴第1900部隊，高射砲第112連隊は晴第1903部隊と称した。
2) アジア歴史資料センター（JACAR）Ref.C12121117500，復員時における主要なる陸軍部隊調査一覧表 草案 昭和28年5月(防衛省防衛研究所)
3) 『記念碑の語らい』社会福祉法人楽山会，1994，pp.15-17・pp.25-26
4) JACAR：C12122420200，陸軍航空部隊略歴（その2）(防衛省防衛研究所)，第244戦隊は，その後，浜松，鹿児島，八日市などで防空および特別攻撃隊の直接掩護に当たり，1945年8月31日に復員した。
5) 防衛庁防衛研修所戦史室『戦史叢書 本土防空作戦』朝雲新聞社，1968，p.69
6) 前掲註5，p.91
7) 前掲註5，p.189
8) 本間 誠「3 太平洋戦争と大沢の高射砲陣地」『羽沢台遺跡Ⅱ』三鷹市教育委員会・三鷹市遺跡調査会，1996，pp.350-352
9) 前掲註5，pp.259-260
10) 前掲註5，p.387
11) 山本茂男「帝都防空作戦記録」『B29対陸軍戦闘隊』今日の話題社，1973，pp.32-34
12) 前掲註1，pp.654-655
13) 前掲註5，pp.405-410
14) 前掲註5，p.414
15) 前掲註3，pp.45-46
16) JACAR：Ref.A03032195600，高射砲陣地築設要領(国立公文書館)
17) 前掲註2に同じ
18) JACAR：Ref.C15010986600，1復発来翰綴（主として軍需品関係史料）昭和20.8～11（防衛省防衛県研究所）
19) 前掲註11，pp.50-54

# 陸軍登戸研究所の調査とその活用

山田　朗

## 1　はじめに

2010（平成22）年3月29日，明治大学は生田キャンパス（神奈川県川崎市多摩区東三田1-1-1）の農学部36号棟（旧陸軍登戸研究所第二科第6班の施設）を改装して明治大学平和教育登戸研究所資料館（以下，「本資料館」とする）を開設した（図1）。登戸研究所資料館は，開館以来，内外の新聞社・通信社・テレビ局・各種雑誌から多数の取材を受け，開館日が原則として週4日間（水～土）と限られているにもかかわらず，来館者は2015年3月末現在でのべ4万人を超えた。一般にはきわめて馴染みの薄かった陸軍登戸研究所（以下，「登戸研究所」とする）が，本資料館の開館によって社会的にある程度の関心を集めたことは確かである。

本稿では，登戸研究所の特徴とその保存と活用の取り組みについてふれながら，本資料館の意義についてまとめておきたい。本稿の目的とするところは3点である。まず第1に，登戸研究所とはどのような機関であったのか，一般には馴染みのないものであるので，日本における〈秘密戦〉研究の流れとともに研究所のアウトラインを示す。そして第2に，明治大学がその施設を保存・活用して資料館として開設するに至った経緯を説明する。第3は，〈戦争の記憶〉を継承するための機関としての本資料館の現代的意義がどこにあるのかを示すことである。

## 2　陸軍登戸研究所とは何か

### (1) 陸軍登戸研究所の変遷・拡充

陸軍登戸研究所あるいは登戸研究所という名称は陸軍内部における通称あるいは「秘匿名称」であり，正式名称は，陸軍科学研究所登戸実験場（1937年）から始まり，同研究所登戸出張所（1939年），さらに陸軍技術本部第9研究所（1941年），最終的には第9陸軍技術研究所（1942年）へと変化した。

登戸研究所の前身は，1919（大正8）年に勅令第110号によって新宿・戸山ヶ原に設立された陸軍科学研究所である[1]。日本陸軍は，第1次世界大戦における欧米諸国による科学動員（科学技術の戦争への応用）の実態を知り，専門研究機関の設立をはかった。設立時の陸軍科学研究所では，第1課において「物理的事項の研究」，第2課において「化学的事項の研究」がなされ，1923年には第1部「物理的事項の研究」，第2部「火薬・爆薬研究」，第3部「化学兵器研究」という構成となった。その後，1933（昭和8）年8月に

図1　明治大学平和教育登戸研究所資料館外観

第2部が造兵廠へと移管，従来の第3部が第2部となり設立当時に近い構成にもどった。この間，1927年には，研究所内に「秘密戦資材研究室」（室長：篠田鐐大尉）が設立され，これが登戸研究所のはっきりとした萌芽の部分となった。

陸軍科学研究所の電波兵器研究の関連施設が登戸実験場として登戸（生田）の地に置かれたのは，1937年11月のことである。陸地測量部が1936年に撮影した同地の航空写真にはすでに若干の建物が写っているが，これはこの地にブラジル（アマゾンでのジュート栽培）移民養成のための日本高等拓植学校があったためで，拓植学校時代の講堂などの主たる建物はそのまま登戸研究所へと，さらに後には明治大学へと引き継がれた。

登戸実験場が開設された1937年には日中戦争が始まり，日本陸軍も実戦上の必要から〈秘密戦〉（防諜・諜報・謀略・宣伝）分野の強化をせまられた。日中戦争は，欧米諸国からすれば日本による中国独占戦争と見られるもので，必然的に中国をめぐる日本と欧米諸国との間の〈秘密戦〉が激化したからである。そのため，電波兵器研究のために開設された登戸実験場は，にわかに〈秘密戦〉のための兵器・資材を研究開発する総合的な施設として拡充されることになった。

そもそも近代日本における対外的な〈秘密戦〉は，日清・日露戦争の頃から参謀本部直属の情報収集者を朝鮮半島や大陸に派遣したことに始まる。その後，第1次世界大戦を契機として，暗号・通信傍受（盗聴）・秘密撮影・戦時プロパガンダなど科学技術を応用した〈秘密戦〉が欧米で発達した。当時，日本の暗号技術などの立ち遅れは，ワシントン会議を経ることで次第に日本でも自覚されるようになった[2]。また，その後のドイツ再軍備（1935年）・軍縮条約失効（1936年12月末）にともなう軍拡競争の激化は，世界的に〈秘密戦〉（とりわけ情報戦）の活発化をもたらした。

こうした状況のなかで開始された日中戦争において，日本軍は中国だけでなく，「援蒋物資」の流入阻止を狙って中国を支援する英・米・仏・ソ連に対する防諜・諜報戦を（上海・天津租界・香港などを舞台に）展開せざるをえなくなった。そのため，大本営陸軍部（参謀本部）には1937年11月に第8課（謀略課）が設置され，〈秘密戦〉強化の体制がつくられた。それまで日本陸軍において〈秘密戦〉は，憲兵や特務機関を中心に遂行されていたが，要員の専門養成機関も〈秘密戦〉用の兵器・資材を研究開発する専門機関も存在していなかった。〈秘密戦〉要員の専門養成機関としては後方勤務要員養成所（のちの陸軍中野学校）が開設され，1938年には一般大学を卒業した予備士官が第1期生として入学し，翌年卒業した[3]。

〈秘密戦〉強化の一環として陸軍科学研究所登戸実験場は，1939年9月，「特殊電波」「特殊科学材料」などの研究施設として陸軍科学研究所登戸出張所へと改編されることになった。出張所長には，戸山ヶ原の陸軍科学研究所時代から〈秘密戦〉研究に従事してきた篠田鐐大佐（陸士26期・工学博士）が任命された。登戸出張所と改称される前の1939年4月，従来の電波兵器研究部門は第一科となり，その他に，毒物・生物化学兵器・スパイ用資材を担当する第二科，8月には偽札製造を担当する第三科が置かれた。この登戸実験場が登戸出張所に拡張された段階において，〈秘密戦〉兵器・資材の総合的な研究開発機関としての登戸研究所が成立したといえる（この頃からすでに部内では「陸軍登戸研究所」という呼称が使われていたようだが，これは最後まで通称あるいは「秘匿名称」であって正式名称ではない）。なお，中国に偽札を散布して経済混乱を惹起させようという本格的な通貨謀略戦の準備もこの1939年に始まっている[4]。

登戸研究所の機能が強化された時期は，張鼓峰事件（1938年）・ノモンハン事件（1939年）など

にともなう日ソ関係の緊張，日独伊三国同盟の締結（1940年），対英米関係の緊張が進行したため日本陸軍の〈秘密戦〉も多様化した。この時期，電波の発信源特定によるスパイ摘発技術が進歩したほか通信諜報の発達，白系ロシア人・朝鮮族をスパイとしてソ連領に潜入させたり，アジア太平洋戦争がせまると北米（ワシントンや五大湖周辺の工業地帯）・アジア・太平洋各地にスパイの配置が進んだ。そして，アジア太平洋戦争開戦にともなってインドへの工作員潜入や，アジア各地へのスパイや残置工作員の配置（ゲリラ戦を想定）が行なわれた[5]。

登戸研究所（陸軍科学研究所登戸出張所）自体は，こうした情勢のなかで1941年6月にいったん陸軍技術本部第9研究所と改称された。これは，基礎研究部門である陸軍科学研究所と実用兵器開発部門である陸軍技術本部が統合されたうえで，陸軍技術本部第1～第9研究所に専門分化されたことにともなうものであった。さらに1942年10月，陸軍省兵器局・陸軍兵器廠・陸軍技術本部が統合され，陸軍兵器行政本部が設置されたことにともない，同本部下の第9陸軍技術研究所となった。なお，陸軍兵器行政本部下の陸軍技術研究所とその研究分野は次のとおりである[6]。

**表1 陸軍技術研究所と研究分野**

| 研究所名 | 所在地 | 研究分野 |
|---|---|---|
| 第1陸軍技術研究所 | 小金井 | 銃砲・弾薬・馬具 |
| 第2陸軍技術研究所 | 小平 | 観測・指揮連絡兵器 |
| 第3陸軍技術研究所 | 小金井 | 器材・爆破用火薬具 |
| 第4陸軍技術研究所 | 相模原 | 戦車・自動車 |
| 第5陸軍技術研究所 | 小平 | 通信兵器 |
| 第6陸軍技術研究所 | 百人町 | 化学兵器 |
| 第7陸軍技術研究所 | 百人町 | 物理的基礎研究 |
| 第8陸軍技術研究所 | 小金井 | 兵器材料 |
| 第9陸軍技術研究所 | 登戸 | 秘密戦兵器・資材 |
| 第10陸軍技術研究所 | 姫路 | 海運資材 |

### (2) 陸軍登戸研究所の研究・開発項目と開発された兵器

アジア太平洋戦争の拡大につれて登戸研究所（第9陸軍技術研究所）も拡大され，1944年（最盛期）には建物約100棟，人員約1,000名に達したと推定されている。この当時，研究所は第一科～第四科に分かれていた。1944年段階におけるその組織構成と主要な研究題目は，次のとおりである[7]。

第一科（科長：草場季喜少将）
　特殊兵器・電波兵器の研究・開発
　　第1班：風船爆弾（ふ号兵器）・宣伝用自動車（せ号兵器）
　　第2班：特殊無線機・ラジオゾンデ
　　第3班：怪力電波（く号兵器）
　　第4班：人口雷（う号兵器）
第二科（科長：山田桜技術大佐）
　憲兵・スパイ器材，毒薬・生物化学兵器の研究・開発
　　第1班：科学的秘密通信法・防諜器材・謀略兵器・憲兵および遊撃部隊兵器・器材
　　第2班：毒物合成・え号剤
　　第3班：毒物謀略兵器・耐水・耐風マッチ
　　第4班：対動物謀略兵器（家畜用細菌兵器）
　　第5班：諜者用カメラ・超縮写法・複写装置
　　第6班：対植物謀略兵器（穀物用細菌兵器）
　　第7班：対動物謀略兵器
第三科（科長：山本憲藏主計大佐）
　偽札・偽査証などの製造
　　北方班：用紙製造
　　中央班：分析・鑑識・印刷インク
　　南方班：製版・印刷
第四科（科長：畑尾正央大佐）
　第一科・第二科研究品の製造・補給・使用指導
第一科は，元来，電波兵器の開発部門であり，登戸研究所に最も古くから存在したセクションであった。登戸研究所では，電波・赤外線～紫外線・X線・γ線など電磁波全般の兵器化を試

み，とりわけマイクロ波（電波）の活用に力を注いだ。一般に電波兵器とは国際的にはレーダーのことを指し，登戸研究所においてもレーダーは「ち号兵器」（ち号の「ち」は超短波をさす）として開発されていたが，登戸研究所での電波兵器研究の本命は「怪力光線」「怪力電波」とも称された「く号兵器」であった[8]。「く号兵器」は，実戦兵器としては制式化されなかったが，実験動物（猿）を近距離で殺傷するレベルにまでは達していたとされている[9]。

また第一科においては，1942年以降，「ふ号兵器」（風船爆弾）の研究・開発が行なわれた。「ふ号兵器」は，飛行機が発達した時代に水素気球を観測・阻塞（航空機の進入阻止）目的ではなく，攻撃兵器として使った世界的にもきわめて珍しい事例である。また，「ふ号兵器」は世界で初めて実用化された大陸間横断兵器（射程約1万km）であり，当初の計画では，生物兵器（牛疫ウィルス）を搭載する予定であったので，敵国（アメリカ合衆国）の食糧生産に打撃を与え，攪乱を狙った戦略的謀略兵器であったといえる（ただし，作戦実施にあたっては生物兵器ではなく通常爆弾・焼夷弾が搭載された）が，高層のジェット気流が強い冬期（11月〜4月）のみに使用が限定される兵器であった。「ふ号兵器」は，日本在来の和紙とコンニャク糊という伝統技術と高度維持装置というハイテク技術を組み合わせた兵器で，実戦にあたっては，約10,000発が生産され，1944年11月から1945年4月までに9,300発が発射（放球）され，1,000発程度が北米大陸に到達したものと推定されている（着弾地が確認できたもの361発，オレゴン州で死者6人）。

第二科は，〈秘密戦〉の中心的役割を果たす諜報・謀略用の毒物・薬物・生物化学兵器・憲兵（スパイ）資材の研究・開発を担当し，日中戦争の拡大とともに急速に分化・拡充されたセクションである。ライター型カメラや破壊工作用の時限爆弾・放火用火炎瓶をはじめとして，秘密情報の伝達・授受に必要な特殊インク，文字データの超縮小（拡大解読）技術，番犬を無力化する薬剤（「え号剤」）などのスパイ用品，さらには暗殺用の毒薬，敵国の食糧生産に打撃を与えて社会不安を醸成するための生物兵器（穀物を枯死させたり，家畜を殺傷する細菌・ウィルス）などの謀略兵器がこの科で開発された。毒薬の開発過程では南京の1644部隊（南京病院）において捕虜を使った生体実験が，生物兵器の開発過程においては占領地・植民地で散布実験が行なわれた[10]。これらの兵器・資材は，主に憲兵・特務機関員・残置工作員（中野学校出身者）などが使用した。第二科が開発した青酸ニトリル（アセトン・シアン・ヒドリン）は，謀略（暗殺）用の弱遅効性毒薬で，戦後の1948年1月「帝銀事件」で使用されたことが今日でも疑われている。

第三科は，経済謀略戦の一環として偽札の製造にあたったセクションである。中国・蒋介石政権の紙幣（法幣）の偽札（5元・10元，のちに100元・200元紙幣）を中国で散布し，偽札流通の風聞とあわせてインフレーションを惹起させて中国経済の混乱・弱体化を図ることが元々の構想であったが，現実には，軍票や儲備銀行券（日本で印刷された汪兆銘政権の貨幣）の信用失墜のゆえに，物資（資材・食糧）の買い付けのために，中国人に信頼性の高い蒋介石政権の紙幣の偽札が必要であったためと考えられている。1940年に紙幣印刷用の印刷機（イリス式四色凸版印刷機）を導入するとともに，民間製紙会社（巴川製紙・特種製紙）の技術を動員して抄紙・漉かし技術を確立した登戸研究所は，1941年に日本軍が香港の法幣印刷工場を接収したことにより，印刷機・原版などを入手，翌1942年より偽札の大量印刷を実現した。登戸研究所において法幣の偽札は総額で40億円相当が印刷され，25億円ほどが使用されたとされている。1945年日本の国家予算が200億円程

度であったことからすると，40億円分の偽札というものは決して少ない額ではなく，登戸研究所を舞台とした偽札印刷は，世界大戦中における最大規模の経済謀略であったといえる（なお，額面においては，ドイツが行なったポンド紙幣の偽造＝ベルンハルト工作の方が規模が大きい）。しかし，大戦末期（1945年春以降）には，蒋介石政権が，英米の支援を受けて1,000元・1万元・100万元・200万元といった高額紙幣を発行したためハイパーインフレーションが起こり，日本側の低額偽札はほとんど無価値になってしまった。インフレを狙った通貨謀略は，本物のインフレ（軍事インフレ）によって失敗するという皮肉な結果となったといえるが，1945年春までは日本軍は物資調達のために偽札を効果的に使用した。

1945年，本土決戦準備が進められる中で，登戸研究所は第三科（偽札製造）は，印刷機の移動が困難なため登戸（生田）に残ったものの，そのほかのセクションは，5月を期して長野（本部は駒ケ根）・北陸・関西などに移転され，そのまま敗戦を迎えた。日本の敗戦にともなって〈秘密戦〉関係の証拠物件は，陸軍中央の命令によってことごとく破壊・焼却されたが，登戸の地にあった研究所の建物群はほとんどそのまま残された（大戦末期において，登戸の研究施設は戦闘機の機銃掃射は受けたものの爆撃は受けなかった）。

占領軍は，登戸研究所の疎開先まで人員を派遣して建物を接収，関係者をGHQに召喚して事情聴取を行ない，関係者の戦犯免責とひきかえに研究成果を入手したとされている。登戸研究所関係者の中には，その後も米軍組織で働いた者も少なからず存在し，日本陸軍が開発した〈秘密戦〉技術の一部が戦後へと継承された。

## 3 登戸研究所資料館建設への道のり

敗戦後，生田の登戸研究所跡地とその建物群は，しばらく慶応義塾大学・北里研究所・巴川製紙などが使用していたが，1950（昭和25）年，明治大学がそのうち第一科・第二科・第三科が配置されていた部分の土地（31,218坪）・建物（89棟，うち鉄筋コンクリート製7棟）を977万円（1949年の申請時の価格）で取得した（1951年度より明治大学生田校舎として農学部が使用を開始した）。

生田キャンパス内にはその後も登戸研究所当時の建物が多数残されていたが，1964年に工学部（1989年に理工学部に改組）が移転してきたことを契機として，キャンパスの整備，施設の新築が相次ぎ，戦前以来の建物の取り壊しが進んだ。1980年代末には，登戸研究所第二科の鉄筋建物2棟（36号棟・44号棟）と第三科の木造建物2棟（5号棟・26号棟）と弥心神社（現・生田神社）・動物慰霊碑1基・消火栓2基・「弾薬庫」（実際には薬品などの倉庫と思われる半地下式施設）2ヵ所を残すのみとなった[11]。

登戸研究所の遺跡の調査は，1989（平成元）年頃から歴史教育者（法政大学第二高等学校・渡辺賢二教諭〔当時〕や長野県赤穂高等学校・木下健蔵教諭〔当時〕ら）によって高校生とともに行なわれるようになり，関心をもつ市民による見学会なども実施されるようになった。1989年には高校生たちが元登戸研究所所員の伴繁雄氏（元技術少佐）の証言を引き出し，それを契機に元所員・雇員らの証言が相次いで得られるようになった。

明治大学においても次第に登戸研究所遺跡の調査・保存を求める動きが広まり，1995年には，海野福寿文学部教授（当時）・森恒夫経営学部教授（当時）を代表とする人文科学研究所総合研究「旧陸軍登戸研究所の総合的研究」（〜1997年度）が始まった[12]。1998年には戸沢充則学長（当時，文学部考古学専攻教授）が初めて登戸研究所跡地の保存・活用方針を打ち出し，翌99年には農学部長を委員長とする「登戸研究所跡地の保存及び活用に関する検討委員会」が設置されるにいたった。

2005年，登戸研究所の元勤務者の有志団体である「登研会」代表・山田愿蔵氏（元技師）からの納谷廣美学長（当時，法学部教授）宛の遺跡保存を求める手紙が契機となり，以後，学内遺跡の保存・活用のための検討が具体的に進みだした。2006年には教務部長（教務担当副学長）を委員長とする「登戸研究所明治大学展示資料館（仮称）の設置に関する検討委員会」が設置された。また，同年には市民運動団体として「旧陸軍登戸研究所の保存を求める川崎市民の会」が結成され，戦争遺跡の保存・活用のあり方をめぐって明治大学と意見交換をするようになった。

　2008年，明治大学は学内の「検討委員会」（前出）での検討結果にもとづいて，「展示資料館」を生田キャンパス内の旧登戸研究所施設である36号棟を改装して2009年度のうちに開館することを正式に決定した。そして同年7月には，「登戸研究所明治大学展示資料館（仮称）設置準備室」が駿河台キャンパス研究棟内に設置されて展示方針・展示内容の検討が始まった。「展示資料館」の設計・施工には，株式会社乃村工藝社があたることになった。2009年，「展示資料館」は正式名称を「明治大学平和教育登戸研究所資料館」とすることが決まり，2010年3月29日に開館式典，4月7日から一般公開が始まった。本資料館は，明治大学平和教育登戸研究所資料館運営委員会（委員長＝館長）が運営にあたっている。

　資料館内には5つの展示室と暗室がある。

　**第一展示室**　登戸研究所の全容とその歴史が概観できる展示室である。1947年の時点で米軍によって撮影された航空写真（図2）にもとづいて作られた登戸研究所全体の地形・建物ジオラマが最初に出会う展示物である。研究所の組織図，外部機関との協力関係図とともに，戦前の4枚（参謀本部撮影）と戦後の1枚（GHQ撮影）の航空写真によって研究所の施設の拡大が示されている。

　**第二展示室**　登戸研究所第一科の兵器開発を風船爆弾を中心に展示している。実物の10分の1の風船爆弾模型がまず目をひく（図3）。この模型は，実際の風船爆弾の設計図をもとに作製したもので，高度維持装置・爆弾・バラストを積んだゴ

図2　1947年当時の登戸研究所跡地

図3　風船爆弾の1/10模型

ンドラまで精密に復元されている。また，風船爆弾が，和紙とコンニャク糊から作られたことから「おもちゃ」のように思われているイメージを一新し，当初は，牛を殺傷する牛疫ウィルスという生物兵器をアメリカに散布する目的で開発されたこと，偏西風に乗って北米大陸まで到達するための予想外なハイテク技術（夜間の気球の高度低下を気圧計で感知して自動的にバラストを投下して高度を回復する高度維持装置）についても紹介している。

**第三展示室** 第二科における〈秘密戦〉兵器の開発について展示している。戦時中，第二科に勤務していたタイピストが残した書類のファイルである『雑書綴』のコピーに直接触れることができる。また，二科に属していた所員の証言・手記などの展示によって，ここで敵国の家畜を殺傷したり，穀物を壊滅させるための生物兵器の開発が行なわれ，外地において人体実験や細菌の散布実験が行なわれていたことを紹介している。また，こうした研究の成果が東条英機陸相に認められて授与された「陸軍技術有功章」（図4）の表彰状なども展示されている。

**第四展示室** 第三科における偽札製造と，中国における偽札使用について展示している。製造途中の偽札の実物を展示している。また，偽札製造にかかわった5号棟（図5）・26号棟の60分の1模型，26号棟の部材の実物展示も行なっている。

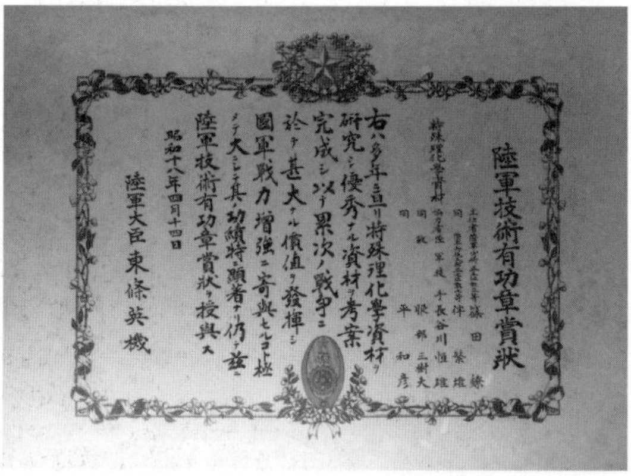

生田キャンパス内にあった木造建築物であった26号棟（偽札倉庫といわれている）は2009年に，5号棟（偽札印刷工場）は2011年に老朽化のためにやむなく解体され，それらは図面と画像・映像資料として残されている。

**暗　室** この資料館には登戸研究所時代から作りつけられていた暗室（図6）がある。写真現像や実験に使われたもので，クランク式の入り口は，この建物が最初から実験施設として，この部屋が暗室として設計・建築されたことを示している。室内は，当時の様子を再現した空間になっている。

**第五展示室** 本土決戦準備のために，研究所が長野に移転した以降について展示している。本土決戦を予期して持ち込まれたと推定され，長野県

図5　5号棟の外観

図4　「陸軍技術有功章」賞状

図6　暗室内部の流し

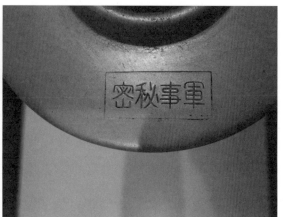

**図7 石井式濾水器濾過筒の実物展示**
左：全体　上：濾過筒のクローズアップ

伊那地区に残されていた大量の「石井式濾水器濾過筒」の実物展示（図7）、戦後、長野県に残された実験器具（フラスコなど）の実物などが展示されている。また、研究所関係者がGHQによって免責され、米軍に協力していった過程、史実の発掘にかかわった高校生たちの手記なども展示されている。

## 4　登戸研究所資料館の現代的意義

本資料館の現代的な意義・特徴は4つあるといえるだろう。まず第1は、この資料館そのものが旧日本陸軍の研究施設をそのまま保存・活用したものであるということ、第2は、〈秘密戦〉に焦点をあてたものであるということ、第3は、登戸研究所に焦点をあてて戦争と科学のあり方、戦争における〈被害〉と〈加害〉について問いかける場であること、そして第4は、〈戦争の記憶〉の継承の一つのあり方を提示するものであることである。以下、それぞれについて敷衍しておこう。

第1の意義・特徴は、本資料館が、旧日本軍の研究施設をそのまま保存・活用して資料館にした唯一の事例であるということである。資料館は、登戸研究所第二科第6班の研究棟（主として植物＝穀物を枯死させるための生物兵器の研究・開発棟）であった建物であり、建物そのものが貴重な戦争遺跡である。この建物は、鉄筋コンクリート平屋建て（敷地面積360㎡）で、すでに1941年に撮影された航空写真に写っているので、登戸研究所の機能が拡大された1939年から1941年にかけての時期に建築されたものと推定される（建物の建築年代を示すような図面などは残されていない）。この建物は、明治大学取得後は長年にわたって農学部の研究室・実験室として使用されてきたものだが、この建物の戦争遺跡としての重要性に鑑み、資料館では、建物に元来作り付けの設備（流しや作業台など）は可能なかぎりそのまま残し、廊下・部屋割り・内装・照明も戦時中の姿にできるだけ復元して展示室とした。また、室内にフレームを組んで、展示を行なうというやり方を採用し、建物内部の設備・壁面などがなるべく見られるように工夫している。

本資料館の現代的意義の第2は、戦争には必ず付随するが、歴史にはほとんど記録されていな

い〈秘密戦〉に焦点をあてた，おそらく日本では唯一の資料館であるということである。〈秘密戦〉は，防諜・諜報・謀略・宣伝の4つの要素から成る特殊な世界であり，公式の歴史においてはまったくといってよいほど記録・記憶が残されない分野である。しかし，登戸研究所には近隣の一般市民も工員・雇員などとして就労・動員されていたし，「ふ号兵器」などの兵器の生産には，全国的に多くの女学生・女子挺身隊も動員されていた。〈秘密戦〉とはいいながら，実際には一般市民・学生と多くの接点を有しており，多くの証言が残されている。本資料館は，〈秘密戦〉にかかわった軍人・技術者の記録・記憶を可能な限り収集・展示するとともに，〈秘密戦〉と接点をもった一般市民・学生たちの記憶を継承する場所となることを目的としている。開館後，元所員である技術将校の遺族から故人の日記が寄贈され，その日記の分析から登戸研究所の分散疎開（伊那移転）のプロセスが明らかになった例もある。

第3の意義は，登戸研究所の全貌と各科の活動の概要を紹介しながら，戦争と科学技術の関わり方，戦争における〈被害〉と〈加害〉について問いかける場となっていることである。登戸研究所で開発された兵器・資材には，人道上・国際法規上問題のあるものも多い。ここで開発されたモノとここで研究開発にあたった人間たちのあり方を今日から振り返れば，戦争という大義名分と研究への没入によって倫理観・人間性が次第に喪失されていく過程を確認することができる。私たちはそれらを直視し，歴史的事実として語り継ぐことことの重要性をこの資料館において提起しておきたい。またそれは，過去の戦争の時代にのみ起こった特殊な事例ではなく，科学研究・学問がつねに自戒・自省しなければならないことなのである。

本資料館の現代的意義の第4は，登戸研究所に関する史実を展示したのみならず，史実発掘過程をも展示の対象としたことである。戦争の裏側の〈秘密戦〉については，歴史の真実を知る関係者の証言が得られなければ，それは解明することが不可能な分野であるのだが，登戸研究所の実態については，一般の市民や教員・高校生らの活動が知られざる歴史，戦争の暗部を解明するきっかけをつくったという点がきわめて重要であり，現代における〈戦争の記憶〉の継承のあり方を示したともいえる事例なのである。

## 5 おわりに

明治大学平和教育登戸研究所資料館は，明治大学における歴史教育・平和教育・科学教育の発信地としての役割を担って設立されたものである。この資料館の展示は，一見すると歴史の特殊な一局面のみを切り取ったものと感じられるかもしれない。しかし，本資料館は，戦争の裏面ともいえる〈秘密戦〉を通して戦争の本質やその全体像を提示することを，さらには戦争と科学技術の関係性，戦争の〈加害〉の側面をも問い直すことを目指したものである。

〈戦争の記憶〉がヒトからヒトへと語り継がれるには，時間的な限界が存在する。私たちは，記憶継承のチャンネルとして可視化されたモノからヒトへとつなげる資料館などの設立・充実という道を選択せざるをえなくなっている。資料館ができたことで，それまで埋もれていた記憶がよみがえることもあるし，失われたと思われていた現物資料が発掘されたり，あらたな展示物となって記憶継承の重要な役割を果たすこともある。本資料館は，戦争研究の結果であると同時に，〈戦争の記憶〉の継承の出発点，あらたな戦争研究の起点としての役割を担っていくことを目指している。

註
1) 陸軍登戸研究所の組織変遷については，海野福寿・渡辺賢二・山田　朗　編『陸軍登戸研究所―隠蔽された謀略秘密兵器開発―』青木書店，2003, pp.18-20。なお，本稿においては，とくに

断らない限り事実関係の紹介，データは本書に依拠している。
2) デーヴィッド・カーン（秦　郁彦・関野英夫 訳）『暗号戦争』早川書房，1968
　　ロナルド・ルウィン（白須英子 訳）『日本の暗号を解読せよ』草思社，1987
3) 秦　郁彦 編『日本陸海軍総合事典』東京大学出版会，1991
　　加藤正夫『陸軍中野学校』光人社 NF 文庫，2006, p.16
4) 山本憲蔵『陸軍贋幣作戦―計画・実行者が明かす日中戦秘話―』徳間書店，1984, p.66
5) 前掲註 3 加藤正夫 2006, pp.41-44
6) 原　剛・安岡昭男 編『日本陸海軍事典』上（新人物往来社，2003, pp.27-28）を一部修正。なお，陸軍の技術研究施設としては，これらとは別に，陸軍航空技術研究所（1942 年に第 1- 第 8 陸軍航空技術研究所に）があり，さらに電波兵器開発部門は，1943 年 6 月，第 5・第 7・第 9 陸軍技術研究所と第 4 陸軍航空技術研究所の電波兵器に関する部門が整理統合されて，多摩陸軍技術研究所（通称「多摩研」）が設置されている。
7) 伴　繁雄『陸軍登戸研究所の真実』芙蓉書房，2001, p.34
8) 佐竹金次「電波兵器の全貌」日本兵器工業会 編『陸戦兵器総覧』図書出版社，1977, pp.594-599。なお，「ち号兵器」の「ち」は超短波，「く号兵器」の「く」は怪力（くゎいりき）光線・電波を示す秘匿呼称である。
9) 前掲註 7, p.122
10) 毒物の生体実験や生物兵器の散布実験については，『陸軍登戸研究所の真実』に伴繁雄（技術少佐）ら開発担当者自身の回想が収められている。
11) 「36 号棟」などの○○号棟という建物呼称は，登戸研究所時代のものではなく，戦後，明治大学が建物を取得した際に便宜的につけた呼称だと推定される。
12) この総合研究の成果が，前掲註 1『陸軍登戸研究所―隠蔽された謀略秘密兵器開発―』である。

**主要参考文献**（刊行順）

明治大学百年史編纂委員会 編『明治大学百年史』全 4 巻，1986～1994

斎藤充功『謀略戦　ドキュメント陸軍登研研究所』時事通信社，1987

木下健蔵『消された秘密戦研究所』信濃毎日新聞社，1994

伴　繁雄『陸軍登戸研究所の真実』芙蓉書房出版，2001（新装版 2010）

海野福寿・渡辺賢二ほか 編『陸軍登戸研究所―隠蔽された謀略秘密兵器開発―』青木書店，2003

櫻井誠子『風船爆弾秘話』光人社，2007

姫田光義 監修『フィールドワーク陸軍登戸研究所』平和文化，2009

山田　朗・渡辺賢二・齋藤一晴『登戸研究所から考える戦争と平和』芙蓉書房出版，2011

山田　朗 監修・日吉台地下壕保存の会 編『一度は訪ねてみたい戦争遺跡　本土決戦の虚像と実像』高文研，2013

山田　朗・明治大学平和教育登戸研究所資料館 編『陸軍登戸研究所〈秘密戦〉の世界』明治大学出版会，2012

渡辺賢二『陸軍登戸研究所と謀略戦』吉川弘文館，2012

# 愛知県の戦争遺跡調査
―本土決戦陣地調査の新たな展開―

伊藤厚史

## 1 はじめに

1944（昭和19）年7月上旬，水際撃滅による必勝を目論んだ「島嶼守備隊戦闘教令（案）ノ説明」による上陸防御構想に基づいて防備されていたサイパン島が失陥した。これにより水際防御戦法は，再検討を迫られることになった。また，絶対国防圏の一角が連合国軍により崩されたことは，本土への侵攻が現実味を帯びてきたことも意味していた。

同年8月19日，「島嶼守備要領」が作成され，主陣地を水際から後退し，防御しやすい場所に設定することを可とするものに変更された。さらに10月の「上陸防禦教令（案）」では，主陣地は後退配備するものとされた。1945（昭和20）年4月8日，大本営は西日本を統括する第1総軍，東日本を統括する第2総軍を創設，「決号作戦準備要綱」を指示した。上陸想定地点は，九州南部や関東の太平洋沿岸とし，このほか陽動作戦や空挺部隊など様々な上陸が想定されたため，主として北海道東岸から本州，四国，九州の太平洋沿岸地域に陣地構築が進められた[1]。

終戦後，陣地跡は山野に放置された。主な陣地遺構としては，トーチカと呼ぶコンクリート製銃砲台や観測所，山を掘り抜いた坑道式陣地（洞窟），交通壕（通路）などである。丘陵や山林の開発により失われたり，坑道式陣地（洞窟）のように安全対策上封鎖措置がとられたりしてきたが，なお多くの遺構が残っていることが明らかになっている。

本稿では，本州中央部に位置する愛知県の陣地跡ついて紹介する。

## 2 愛知県東部における作戦準備

1944年7月6日，軍令陸甲第77号により臨時動員された9個の常設師団のひとつ，第73師団が愛知県知多半島から静岡県駿河湾にかけての防備を任務として配置された[2]。同年11月に豊橋沿岸から浜名湖に至る正面を担当することになり，豊橋および渥美半島に移動し陣地構築に着手した。この師団は，第229師団到着後北方地区へ移動し，機動訓練をすることを要求されていたが，第229師団未到着のため結果的に終戦まで愛知県，静岡県に駐屯していた[3]（図1）。また，1945年2月28日には，軍令陸甲第34号により多くの部隊の臨時動員が発令された。編制人員は約32万人，馬匹約6万頭に及ぶ大動員であった（第1次兵備）。そのひとつ第153師団が伊勢神宮，伊勢湾口の防衛のために志摩半島に主力が配置された。これにより渥美半島の先端部は，第73師団から第153師団に交替した。このほか1945年4月28日，軍令陸甲第72号により，独立戦車第8旅団が，満州から静岡県浜名湖西岸から愛知県東部に移駐してきた。関東軍の教導戦車旅団を基幹として編成されたものであった。本旅団の任務は，国鉄二俣線（現在の天竜浜名湖鉄道）の防衛であった。二俣線は，東海道線が浜名湖沿岸で攻撃され不通になった際のう回路としての役割があった。

陸軍は，太平洋上の島嶼部の水際陣地が敵の砲

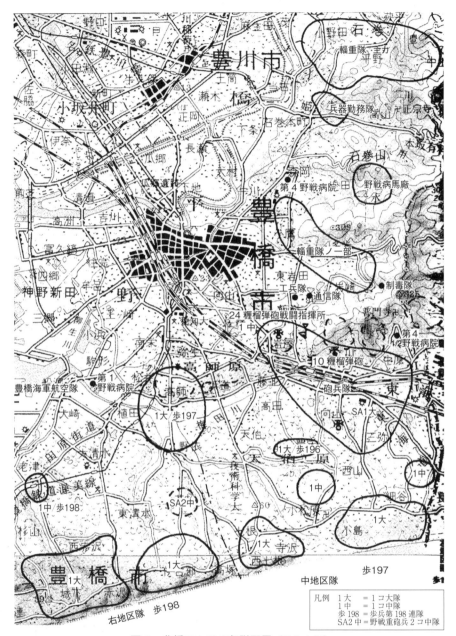

図1 豊橋における部隊配置（註9より）

火により壊滅したことから，後退配備に方針を変更したが，第73師団では，渥美半島の地形的特性から水際陣地の構築に終始固執した。渥美半島の基部は，太平洋沿岸部が海浜との比高差50mほどの絶壁となっており，北に向かってなだらかに下る丘陵地形をしている。このため，師団長は，沿岸丘陵上に敵の上陸を許せば，丘陵上から5km先の平野，山麓までが見渡せることになり，防御が困難となると判断したのである。こうして陣地構築の変更が行なわれなかったため，陣地構築は順調に進み，1945年8月3日夕方より8月6日朝に及ぶ演習は，実際に完成した洞窟陣地で行なっている[4]。

## 3 陣地の立地と構造

本土決戦準備として構築が進められた陣地に関する史料は，敗戦の混乱のなかで大半は焼却処分されたと考えられる。また，部隊編成から終戦までの期間が半年～1年程であることから，戦友会も結成されることなく，記念誌も発行されることは少ないと思われる。このように文献史料から解明することは困難な状況であるが，幸運にも山野に残る遺構は，完全に埋没することなく，地表面で観察できることから，考古学的手法を用いて立地と構造，形状から用途を推定することが可能である。

とくにコンクリート製トーチカは，形状がよく保たれており，構造や機能も特定しやすい。また，坑道式陣地は，暗く狭いことで視覚的・体感的にも当時の戦争を実感しやすい。そのため各地の陣地調査でもトーチカや坑道式陣地の調査が進んでいる。本稿ではこれまであまり注視されることがない遺構について紹介し，調査の新たな展開を促したい。

### (1) 愛知県豊橋市東赤沢町の浜屋敷陣地

愛知県豊橋市東赤沢町字浜屋敷に所在している（図2）。当地は海岸際の丘陵上に立地している。丘陵上に，円形の一人用掩体を中心とした遺構20基以上が点在している。海岸から丘陵上にのぼる蛇行した道に面しており，この道での戦闘を考えた遺構の配置を見ることができる。

一人用掩体はどの方向に射撃しようとしているのか，地形による射界の遮蔽状況から推定した。その結果，敵の上陸に対し，数次にわたり迎え撃つ構図を読み取ることができた。

第1段階　C地点より砂浜に上陸した敵を監視または狙撃する。

第2段階　C地点を突破し，道を遡上してきた敵を崖上の18号掩体より狙撃する。この狙撃場所を駆逐するため，道からはずれて谷側から背後にまわろうとする敵に対して，13号掩体，14号掩体が防衛する（図3）。

第3段階　道が急カーブする位置に敵が進んできた時，A地点の5号掩体とB地点の6号掩体がこの位置を挟むように狙撃する（点射）。この2基の掩体は，射撃方向に溝状のくぼみがついており，ほかの掩体と異なっている。

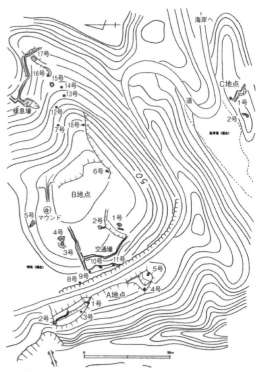

図2　浜屋敷陣地（註5より）

図3　浜屋敷陣地　14号掩体（註5より）

第4段階　カーブを抜けると道は直線となる。この道の東側切通しの崖上に構築した8号〜11号掩体から狙撃する。

第5段階　この切通しを突破し，集落域に侵攻する敵に対し，3号掩体から背射する[5]。

### (2) 愛知県豊橋市伊古部町の長佐ケ谷陣地

愛知県豊橋市伊古部町字長佐ケ谷，伊古部社境内に所在している（図4）。北に舌状に張り出した標高68mの丘陵西側緩斜面に立地している。遺構は，6基の土坑である。西に緩やかに傾斜する谷地形の北斜面と南斜面にそれぞれ2基が向かい合うように構築されている（図5）。残りの2基は南に約20m離れた位置にある。斜面の遺構は，坑道式であるが奥行き0.5〜2.3mとわずかに掘られているにすぎず，構築途中の可能性が高い。南側の1基（1号遺構）は，坑道は斜坑で長さ約3.0m，幅約1.3m，高さ約1.5m，通路は長さ約7.4m，幅1.3〜1.5mでスロープ状になっている。この遺構群は，丘陵の北側への出撃のための待機所と推定される[6]。

### (3) 愛知県豊橋市西赤沢町の郷ノ内陣地

愛知県豊橋市西赤沢町字郷ノ内，貴船神社境内や周辺山林に遺構が所在している（図6）。当地は海岸から約750m北に位置し，標高54〜66mの丘陵上に立地している。遺構は，交通壕1基，方形壕6基，円形壕3基（7・8・9遺構）である。交通壕は，境内社殿の東側丘陵斜面に直線的に掘られ，社殿近くで二又に分かれている（図7）。社殿方向は削平されていて不明である。斜面下方2ヵ所が出入口状に開放されている。北側の端は豊

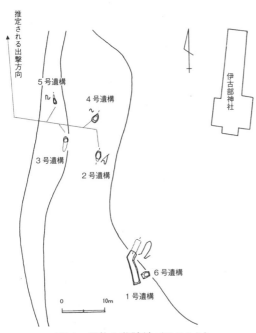

図4　長佐ケ谷陣地（註6より）

図5　長佐ケ谷陣地　2号遺構（註6より）

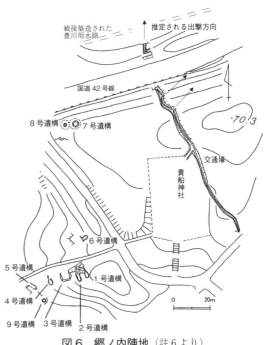

図6　郷ノ内陣地（註6より）

図7　郷ノ内陣地　交通壕（註6より）

川用水路の施設により不明となっている。壕の規模は，幅1.5～2.0m，深さ0.8～1.2mある。方形壕は，北斜面を方形に掘削したもので，1号遺構と2号遺構は出入口を共有している。方形壕は，待機所，物資保管所などと想定される。交通壕は，北方への出撃路と考えられる[7]。

(4) 愛知県豊橋市高塚町の道天下陣地

愛知県豊橋市高塚町字道天下に所在している。当地は，海岸から約1,000m北に位置し，標高60

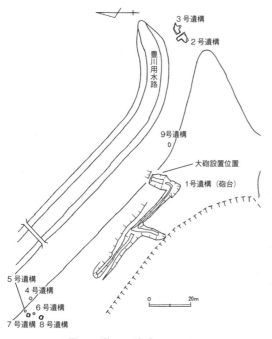

図8　道天下陣地（註6より）

～70mの丘陵北斜面に立地している。この丘陵斜面に9基の遺構が確認されている（図8）。丘陵の北側は，標高40～50mの低地で小河川高塚川が西流する。

主な遺構は，平面形がL字形を呈した溝状遺構（壕）である（1号遺構）。西側に出入口があり，スロープ状に壕内に入る。幅約3.5m，深さ約1.8m，全長約55.0m，東端で北に屈折する。屈折して約2.0m先からは，南北約6.5m，東西6.5mの方形土坑となっている。深さ約2.0mあるが，北斜面に掘られているため，北端では約0.7mである。この方形土坑が大砲設置位置である。この壕の途中に南方向にも全長約12.0m，幅約4.0mで掘削されている。現況では底面は斜面となっており，坑道が落盤している可能性が高く，砲台に付属する棲息所または弾薬置き場であったと推測される。西側に構築されている5号，6号遺構は，直径約1.0mの円形を呈し，深さ2.0～2.5mある。砲台付属の観測所と推定される。

この砲台は，海岸線と正反対の北方に射撃するために構築されたものと推定される。射撃目標は，海岸から市街地へ侵入阻止のため，約4,300m北方の県道405号（小松原小池線）・406号（東七根藤並線）三叉路と想定される[8]。

(5) 愛知県豊橋市天伯町の豊受陣地

愛知県豊橋市天伯町字豊受に所在している。海岸線から約4,300m北，起伏のある天伯原台地に立地し，天伯神社の境内の北側から西側の斜面，南側斜面に遺構が残っている（図9）。北側斜面には，交通壕，円形，方形の土坑がある。交通壕は，斜面に平行してほぼ一直線に掘られている。交通壕に小銃掩体と思われる突出部が造られている。南側斜面には南北約6.0m，東西約7.0mの土坑と南北約12.0m，東西約9.0mの土坑がある。土坑の西側に小銃掩体と考えられる突出部がある。

当地の西側250mには，海岸線から市街へ通

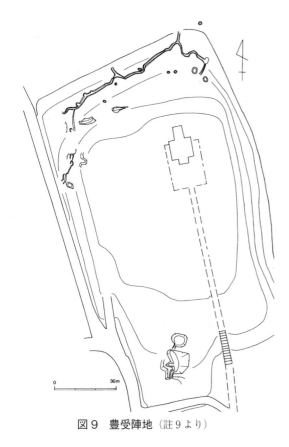

図9　豊受陣地（註9より）

じる県道405号（小松原小池線）があり、海岸から北上する敵に対して背射するために構築したと考えられる。したがって、道天下陣地からの砲撃後または同時に攻撃を加える作戦であったと思われる[9]。

## 4　今後の課題

本稿では、見過ごされがちな小規模な遺構について述べ、戦闘計画を推定した。攻撃法に関しては、機関銃や大砲を据えたトーチカ（銃砲台）の射撃方向は、海岸へ上陸してくる敵の正面を避けて上陸直後に斜めに射撃すること（斜射）―城郭でいうところの横矢掛け―が一般的でよく知られているが、ある一点に狙いを絞って射撃する点射や海岸とは反対方向に射撃する背射の施設についても構築されていたことを明らかにした。

背射陣地や施設の存在は、背後から敵に近づいていく陣地とあいまって、上陸後もなお執拗に攻撃する意図があったことを証明するものである。

一方、大本営陸軍部は、1945年6月20日参謀次長名で「本土決戦根本講義ノ徹底ニ関スル件」を通達した。沿岸配備師団を水際まで前進させて、敵との混戦状態を招き、後方兵団を突進させる水際玉砕戦法を指示したものであった[10]。

実際の決号作戦は実現されなかったため、現場の批判を無視した水際玉砕戦法は幻となった。「沿岸撃滅作戦を行うべく、陸軍は本土決戦準備に狂奔した。それでもその作戦は、少なくとも彼我の戦力を判断した上に、軍事的な整合性のなかで目的を追求するものだった。」[11]と指摘されているとおり、戦闘計画と遺構との乖離がない状態で保たれているのが現状である。このほかにも気づいた点を述べておきたい。

陣地の特色は、同時期に編成されて配備されたほかの部隊との比較を進めることでいっそう浮かび上がってくるものと考えている。第73師団では、冒頭で述べた軍令陸甲第77号で臨時動員されたほかの8コの常設師団との比較である。その8コの師団とは、近衛第3師団（東京で編成→千葉県成東、松尾、東金ほかで陣地構築　以下同様）、第44師団（大阪→茨城県鉾田、大谷、潮来ほか）、第72師団（仙台→岩沼、亘理、平ほか）、第77師団（旭川→鹿児島県加治木）、第81師団（宇都宮→茨城県真壁、岩瀬、古河ほか）、第84師団（姫路→神奈川県小田原、国府津ほか）、第86師団（久留米→鹿児島県志布志）、第93師団（金沢→千葉県佐倉、四街道、安食ほか）である。

このなかで第81師団と第93師団は「対上陸作戦の反撃戦力の中核兵団とするため、特別に考慮され、他師団の砲兵聯隊は2コ大隊であるが、両師団は3コ大隊とされた。」[12]といわれ、第73師団以上に強力な陣地構築が進められたことは想像に難くない。

第73師団の陣地は，コの字形の坑道式（洞窟）陣地を複数構築していることが明らかになっている[13]。壕口が多くあることで作業効率が良かったのではと考えている。ほかの師団ではどうであったのか。

また各地の陣地構築計画は，軍中央部の指導というよりは，師団もしくはさらに隷下部隊において独自の設計，配置が行なわれた可能性が高い。地形や地質の違いもあり陣地構築の多様性も想定される[14]。

関東平野における作戦計画では，海岸線付近に配備された沿岸配備師団が，戦闘状態にある間に，機動打撃師団である第36軍（36A）隷下部隊（第81，93，201，202，214師団，戦車第1師団ほか）が，関東平野内陸部から千葉県附近に移動して決戦を行なう2段階を想定していたことは知られている（図10）。

しかし，沿岸配備師団のなかにおいても，例えば歩兵3コ連隊のうち1コ連隊，あるいは歩兵1コ連隊のなかの3コ大隊のうち1コ大隊（または1コ中隊）がやや後退気味に配備されている場合，機動打撃師団と同じ役割をもっていた可能性がある。そうした違いを遺構から推定し証明できるのか，今後の課題である。こうした課題を克服することによって，戦争遺跡のもつ価値を引き出し，保存と活用につながっていくものと考えている。

註
1) 防衛庁防衛研修所戦史室 編『戦史叢書　本土決戦準備＜1＞―関東の防衛―』朝雲新聞社，1971，pp.105-106・139-140・293-305
2) 第73師団長河田末三郎は，工兵出身で関東軍築城部に在職中ハイラル要塞などの設計に携わった築城の専門家であった。野々山秀美『第七十三師団史』1965（防衛研究所図書館所蔵）
3) 前掲註2では第222師団とあるが，第229師団の誤記と考えられる。第229師団は8月下旬の編成完結の予定であった（前掲註1, p.232）。
4) 前掲註2に同じ
5) 伊藤厚史「愛知県の本土決戦陣地（2）」『戦史考古学研究』5，2009
6) 伊藤厚史「愛知県の本土決戦陣地（3）」『戦史考古学研究』6，2010
7) 前掲註6に同じ
8) 前掲註6に同じ
9) 伊藤厚史「豊橋市内に残る戦争遺構」『市内遺跡詳細分布調査報告書』豊橋市教育委員会，2004
10) 樋口隆晴「一撃講和に賭けた本土決戦計画」『本土決戦』学習研究社，2007, p.91
　　前掲註1，pp.501-503
11) 前掲註10，p.91
12) 前掲註1，p.112
13) 伊藤厚史「愛知県東部における本土決戦準備（3）」『三河考古』12，三河考古刊行会，1999
　　伊藤厚史「愛知県東部における本土決戦準備（7）」『三河考古』16，三河考古刊行会，2003
14) 大山　柏『北のまもり』鳳書房，1989
　　大西比呂志・栗田尚弥・小風秀雅『相模湾上陸作戦―第二次大戦終結への道』有隣堂，1995

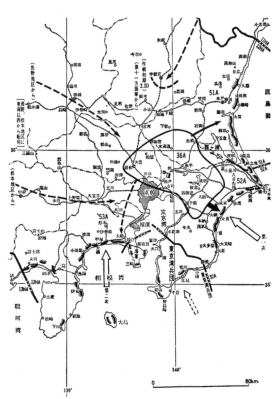

図10　関東地方における作戦計画概要図
（註1，p517より）

# 京都の戦争遺跡調査とその活用

帖地真穂・木立雅朗

## 1 はじめに

　立命館大学文学部歴史考古学ゼミでは，これまでに京都市や周辺において，陶磁器製手榴弾・陶磁器製地雷，近代兵器，防空壕の研究を行なってきた。陶磁器製手榴弾・陶磁器製地雷の調査を進めるなかで，埼玉県川越市へも調査を広げている。これらの調査は学生の戦争遺跡への関心と要望をきっかけに進めたものであり，2004（平成16）年度以来，卒業論文・修士論文のテーマとしても，定期的に選ばれている。「古都京都」であっても，近現代，とくに戦争に関わった多くの史資料が残されていることを明らかにしてきた。ここでは「戦跡考古学」を考古学研究の一部として理解するのではなく，総合的な歴史学の方法論であると考えて調査を進めてきた。

## 2 友禅図案

　京都には伝統工芸に関わる史資料が豊富に残されている。偶然に収集を開始した戦前の友禅図案（デザイン原画）の中に，「韓国併合」をはじめとする侵略を祝賀したデザインを確認した。着物は当時の女性ファッションの中心であるため，「伝統工芸」と戦争が結びついたという理解は正しくない。最先端のファッションが，侵略をも流行として消費している姿（図1）を表わしている。数々の戦争柄着物が，積極的にそのような「時代」を先取りしていたのである。また，型友禅の図案には，型彫りによって痛んだ図案を裏打ち紙で補強したものが数多く確認されたが，その中に戦前の郡役所関係の文書や軍関係の文書も確認された。これによって大正時代の徴兵忌避の実態も一部ではあるが明らかにできた。さらに花街の診療所の診療簿や犯罪記録なども確認された。現在では考えられないような個人情報が「古紙」として流通し，裏打ち紙として転用されたのであろう。貴重な紙の再利用がされたことを示すとともに，当時の社会問題を従来の史料とは異なる形で映し出すものであった。

　これらの成果は2009（平成21）年9月に『立命館大学国際平和ミュージアム第47回ミニ企画展示　友禅図案（絵摺り）に描かれた「韓国併合」』，2011年1月に『第61回ミニ企画展示　廃棄された文書からみた徴兵の実態―大正年間友禅図案裏打ち文書の発見』で紹介した。

図1　「韓国併合」を記念した友禅デザイン
（立命館大学アート・リサーチセンター所蔵）

## 3 人　形―戦前の磁器人形と伝統工芸―

　京都市五条坂の陶器商・陶点睛かわさきは，大正時代から京焼の産地で瀬戸・美濃の陶磁器を扱っていたが，戦前から戦後にかけて，五条坂で販売された磁器人形のデッド・ストックを保管していた。大半は瀬戸で製造された磁器人形であり，一部に京都産が含まれていると想定される。瀬戸市・西茨1号窯で同様の磁器人形が発掘されており，明治末～大正期にかけて生産されたものであると考えられている。これらは「インド人形」とも呼ばれた輸出用磁器人形でもあった。その中には「鎮台もの」といわれる騎乗軍人像が含まれ，当時の世相を示している。鎮台ものは伏見人形が始まりだといわれるが，瀬戸ではそうした土人形の題材を積極的に取り入れ，より安価で大量に供給することによって，伏見人形をはじめとする伝統産業を淘汰していったと推測される。近代化され，輸出産業として成長した瀬戸の「インド人形」の展開によって，各地の土人形をはじめとする伝統的な産業が衰退した。在来の伝統工芸も，近代化された磁器人形も，ともに世相に乗じた題材を生産していたことは興味深い。しかし，その瀬戸人形もアジア太平洋戦争によって重要な輸出ができなくなる。さまざまな洋風磁器人形は，当時の情勢では国内に流通させることはできなかっただろう。戦後，「オキャパイド・ジャパン」作品によって復活を果たすまでは，大きな被害を受けたはずである。これらの磁器人形は，現在の日本のフィギュアの歴史につながるものであり，近代化と侵略によって翻弄された産業の姿を示している点で興味深い。

　これらの磁器人形は前崎信也氏の協力によって一部を除いて写真画像データベースを作成し，公開する予定である。

## 4 陶磁器製兵器

### (1) 陶磁器製手榴弾

　陶磁器製手榴弾は，第二次世界大戦末期の金属不足により，鉄の代わりに陶磁器で製造された手榴弾である。1944（昭和19）年夏頃から試作が開始され，沖縄や硫黄島を中心に実際に使用された。

　京都市五条坂・藤平陶芸では，第二次世界大戦

図2　五条坂で販売された瀬戸焼磁器人形
（陶点睛かわさき所蔵）

図3　五条坂・藤平陶芸の陶器製手榴弾
（立命館大学国際平和ミュージアム所蔵）

終戦直前まで陶磁器製手榴弾を製造していた。弾体は筒型で刻み目が無いものがほとんどであった。製造中に終戦を迎えたため出荷されなかったものが, 敷地内に埋められ, その後の工房建築時に再確認された。

全国的な規模で陶磁器製手榴弾を生産していた窯業地・窯元を割り出し, 聞き取りを含めた調査を行なったところ, 京都以外にも備前・信楽・有田・波佐見・美濃といった有数の窯業地で陶磁器製手榴弾が製造されていたことがわかり, さらに産地ごとに弾体の形状・製造技法が異なること, 実際に戦地で使用されたものと, されていないものが存在することが明らかとなった。

また, 陶磁器製手榴弾の弾体に火薬を充填していた埼玉県川越市にある浅野カーリット工場跡地周辺に大量に廃棄されている陶磁器製手榴弾の破片を採集し整理を行なった結果からは, 上記の窯業地・窯元で製造されているものとは異なる形状の弾体が一定数存在し, 陶磁器製手榴弾の製造に関わっていた窯業地がほかにも存在することが示唆された[1]。

さらに, 進駐軍が接収した際に作成された「引渡目録」の検討から, 陶磁器製手榴弾が中華人民共和国・大韓民国・北海道・宮城県・千葉県・神奈川県・静岡県・愛知県・三重県・広島県・徳島県・高知県・福岡県・長崎県・宮崎県・鹿児島県といった国外・「本土」太平洋側を中心とした広い範囲の基地に配備されていたことを明らかにし, 加えて出土資料と「引渡目録」上に記述される陶磁器製手榴弾の分布が異なることから, 考古学・文献史学の双方から研究しなければ明らかにならない史実が存在することを再認識した。また, 「引渡目録」で鉄製手榴弾と陶磁器製手榴弾の個数を比較した結果, 鉄製と陶磁器製手榴弾はほぼ同程度であった。基地・戦地で出土を確認出来た実物資料が多くないことも影響し, 陶磁器製手榴弾は「鉄製の補助的な兵器であった」と考え

られることも多かったが, 鉄製と同程度確認することが出来たという点で, 補助的な役割以上に, 実戦で使用する兵器として期待されていたことがわかる。それと同時に, 多くの資料が未だに土中に眠っている可能性を示唆した[2]。

これらの調査成果に関しては, 2005 (平成17) 年に「立命館大学付属国際平和ミュージアムミニ企画展示 陶磁器製手榴弾展―焼きものでつくられた兵器―」で紹介したほか, 2012年度広島平和美術展および8.15国際平和美術展に参加して, 華道家元池坊と国際平和ミュージアムによる共同企画展示「平和の祈りを生ける」を開催するなど, 複数の展示で紹介している。

(2) 陶器製地雷

陶器製地雷は, 金属探知器に検知されないことを目的に焼き締め陶器(炻器)で製造された地雷であり, 1943年に製造が開始された。文献史料がほとんど残っていない陶磁器製手榴弾とは異なり, 軍が発注した際の史料が残っており, 規格・製造に関する事柄は明らかになっている部分が多い[3]。仕様書では「炻器」と書かれているが, 信楽の製品を確認する限り, 磁器質, もしくは半磁器質である。ここでは通例に従い「陶器製」とし

図4 信楽・国富産業有限会社採集陶器製地雷
(立命館大学文学部考古学・文化遺産専攻所蔵)

ておく。

　滋賀県甲賀市信楽町に存在した国富産業有限会社で，陶器製地雷の製造に携わっていた元工員へ聞き取り調査した結果，戦後，陶器製地雷を割って山中に廃棄したという。その証言通りの場所で破片が採集された。採集した破片から，機械轆轤を使用した陶器製地雷の製造技法や，生産体制，地雷に施される統制番号の役割，薬匡の規格などが明らかとなった[4]。

　陶器製地雷薬匡は信楽産，丹波産のものが確認されていたが，陶磁器製手榴弾と同様に「引渡目録」の集成を行なった結果，中華人民共和国・台湾・大韓民国・北海道・青森県・宮城県・福島県・千葉県・神奈川県・静岡県・愛知県・三重県・徳島県・高知県・福岡県・長崎県・宮崎県・鹿児島県の基地に配備されており，陶磁器製手榴弾とほぼ同じ分布を示した。しかし，鉄製と陶器製地雷の割合を比較したところ，鉄製のものよりも陶磁器製のもののほうが多かった。これは陶磁器製手榴弾が鉄の代用品として陶磁器で製造されたのに対し，鉄製地雷の欠点を補うために敢えて陶器で製造されていたことによるものと考えられる[5]。

　これらの研究成果については，2008年1月，において「立命館大学国際平和ミュージアムミニ企画展示　陶器製地雷展―太平洋戦争末期の信楽焼―」で紹介した。この展示では破片の状態を検討し，底部片が少なく，しかもやや薄い傾向が確認されたことを確認した。大量の製品を割って廃棄するため，主として割りやすい底部を中心に割って廃棄したと想定される。

## 5　京都市内出土近現代武器

　伏見城跡・伏見奉行所跡などの古い遺跡として認定されていた伏見桃陵遺跡は，京都師団の工兵隊が設置された跡地でもあり，その発掘調査により，廃棄された多量の武器が確認された。本来の調査目的は戦跡ではなかったが，その重要性を評価し，調査された西近畿文化財調査研究所の関係各位に敬意を表したい。ここでは意図的に折り曲げて廃棄された火炎発射器や軽機関銃が確認された。また，銃剣の鞘や部品だけが大量に出土し，偏った組み合わせが注目された[6]。

　京都市内では平安京左京六条二坊九町・平安京左馬寮・北野廃寺跡・平安京隣接地・中臣・深草寺・伏見桃陵遺跡において近代武器と思われる遺物が確認されているが，いずれも近現代の発掘調査を目的としたものではない。そのため，報告書で武器について記載しているものは伏見桃陵遺跡のみであり，それ以外の遺跡では正確な出土状況，出土点数に不明な点が多いが，複数の遺跡で武器を意図的に破壊して埋めたことが確認されている。進駐軍によって武器類が接収されたことを記す『工兵第十六大（聯）隊史』の記述を併せて

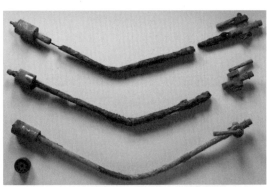

図5　折り曲げて廃棄された火炎発射器

図6　銃剣の鞘
（京都市所蔵）

推察すると，完形の武器類は米軍に接収され，不完全な武器類，もしくは不完全にした武器類が土中に投棄されたのではないかと考えられる。また，報告書に記載されていない遺跡に関しても，平安京左京六条二坊九町・平安京左馬寮・平安京隣接地はいずれも国民学校として使用された土地であること，近現代の撹乱層から武器類が出土したこと，進駐軍に発見されることを恐れて武器類を埋めたという旨の聞き取り調査を得ていることを踏まえて，伏見桃陵遺跡と似た状況で投棄された武器類ではないかと考えられる[7]。戦後処理の実態を示すものとして，廃棄された武器の出土状況や在り方は重要な証拠になるだろう。

これらの調査成果は，京都市考古資料館・京都市埋蔵文化財研究所の協力を得て，2009（平成21）年4月に「立命館大学国際平和ミュージアム第45回ミニ企画展示　発掘された京都の武器―京都師団が埋めた武器―」で紹介した。こうした調査や展示をきっかけにして，京都市内から出土した武器の認識が進み，京都市内から出土した武器類の展示貸し出しが増加し，出土遺物の新しい活用が進んだ。また，2014年8月には第13回戦争遺跡保存全国シンポジウム，2015年5月には日本考古学協会第76回総会において口頭報告を行ない，発掘調査報告書『伏見城跡・桃陵遺跡』や『季刊考古学』第116号で成果をまとめている。

## 6　京都市内に現存する家庭用「防空壕」

旧道仙化学製陶所の登り窯を発掘調査した際，かつての職人長屋の一つに素掘りの「防空壕」が現存していること確認し，それを契機に京都市内の屋内に現存する家庭用「防空壕」の研究を開始した。

なお，ここでは京都市内の町家に残された待避施設を，慣例に則して「防空壕」と呼ぶが，これらの大半は「トレンチ（塹壕）」にすぎない。当時の政府は異なる用語を用いているし，地域によっても「防空壕」のイメージはまったく異なるものであることをご了解いただきたい。

いくつかの京都市内の事例を調査した結果，素掘り，モルタルやコンクリートで製造されたもの，「防空壕」に転用された地下施設など，多種多様な「防空壕」の構造，使用形態が存在することがわかった。しかし，現存している「防空壕」の多くは，破壊するのに手間のかかる頑丈な作りのモルタル・コンクリート製のものばかりで，おそらく戦時中に最も多く作られたであろう簡易な素掘り「防空壕」は，戦後間もなく埋め戻され，大部分がすでに消失してしまったようだ。消失の原因として，埋め戻しが容易であったことが考えられる。素掘りの「防空壕」を作る際，掘りあげた土で爆風避けの土手を作るが，その盛り土が湿気を呼び，根太を腐らせることが多かった。そのため，率先して埋め戻されてきた。そのような簡易な「防空壕」と町家保存が相いれない関係にある点は，悩ましい現実である。

「防空壕」に関する発掘調査報告は，軍事施設の発掘調査に伴う軍用のものが多く，民間のものは少なかったが，近年では兵庫県の芦屋市域などを始め，民間で製造された「防空壕」の発掘・研究も見られるようになった[8]。しかし，検出された遺構を「防空壕」と判断するための明確な指標は明らかではない。『週報』などの文献に頻繁に登場する「防空壕」像は政府が製造するように示したモデルケースの場合が多く，構造について詳細に記述・図示されているものの大部分が，計画的で頑丈な作りの「防空壕」（史料中には「防護室」と記述されることが多い）であり，本土空襲開始以前の文献に多く見られる。これらは，寸法・材質など，「防空壕」の構造を詳細に記録したものであるが，あくまで政府の意図した待避施設であり，国民が実際に使用した「防空壕」の姿を示したものではない。

図7 丹定米穀店の「防空壕」入り口

図8 同上・蓋板の裏側に記載された築造年

図9 同上・「防空壕」の内部

一方，聞き取り調査の場合，「防空壕」を使用していた人々から直接証言を得ることが出来るが，「空襲」に焦点をあてた聞き取りが多いため，「防空壕」の構造について詳細に証言したものは少ない。これらのことを踏まえると，実際に作られ使用されていた「防空壕」の構造を知るためには，現存する「防空壕」を調査することは重要であり，その調査成果が考古学・文献史学・聞き取り調査の研究を補うものとなる。例えば，旧丹定米穀店のモルタル塗「防空壕」には木製の蓋裏に「昭和拾八年拾月拾五日成功　大東亜酣戦時」（図8）と書かれており，本土空襲開始以降であっても立地，経済力などの条件が揃えば素掘りではなく，モルタル塗の「防空壕」を製造できた家庭があったことを示している。

これらの調査成果については，2014（平成26）年8月の第18回戦争遺跡保存全国シンポジウム，2015年5月の日本考古学協会第81回総会において紹介した。

### 7 「埋蔵文化財」としての戦跡

京都周辺の戦跡考古学については，これ以外にもいくつかの調査例がある。ここでは限られた紹介になっていることをお許し願いたい。

なお，京都府教育委員会は戦跡をはじめとする近現代遺跡を「埋蔵文化財」として認定しないため，その調査や出土品の保存対策が著しく遅れている。京都市が行なう発掘調査では一定度の理解が得られているが，京都府が行なう発掘調査では取り扱われることがなく，舞鶴や福知山の軍隊施設の調査すら，行政発掘の俎上に上がらない。

全国的な問題ではあるが，「近現代の遺跡については，地域において特に重要なものを対象とすることができること」という文化庁次長通知[9]をマイナス面に評価した事例としてあげられるだろう。京都府文化財保護課は戦跡に対して「地域において特に重要なもの」と評価していない。そのため政令指定都市である京都市ですら，その指導を無視できず，第16師団の「遺跡」「遺物」ですら「埋蔵文化財」として認定しようとしていない。師団本部など，いくつかの建造物だけが保存

の対象となり，地下に埋もれた戦跡は放置されている。私達は近現代遺跡のなかで，なにを「地域において特に重要なもの」と判断するのか，何を伝えてゆくべきなのか，今後とも問い続けていかなければならない。

その場合，戦争遺跡だけを認定するのではなく，近現代考古学のすそ野を広げてゆく必要があるだろう。とくに観光地として発展し，軍港舞鶴を擁した京都府であればこそ，光と影の双方から歴史を照らしだす作業が必要だと考える。最近の若者の関心も，まさにそこにある。そのような文化資産を軽視するのであれば，「文化都市・京都」であっても大きな損失になる。「1200年の古都・京都」は，各時代の光と影によって，より立体的に迫ってくるはずである。

## 8 学生とともに地域から学び続ける

歴史時代の考古学研究を対象としてフィールド・ワークを行なえば，必ずと言ってよいほど「戦争」の痕跡に遭遇する。それは，いつの時代，どこの地域でも，避けることができない，深くて大きな爪痕である。一般的な考古学調査では「見ていない」か，捨てているにすぎないのではないか。しかも，それは前述したように，京都で生活する者にとって，現在の生活に直結しているにもかかわらず，私達の「京都イメージ」から除外されていたものである。そのような「近代」や「戦跡」は，学術発掘の現場においても，無視され，削平されてきた。京都においても，行政発掘の現場では近現代の地層は真っ先に削平される。しかし，本格的な空襲に合わなかった「幸運」を歴史的宿命と考え，かつ，空襲や原爆などで多様な文化遺産が消失した多くの都市を念頭におくならば，ここに残されたさまざまな戦争遺跡は，ある種の使命を帯びているように感じる。

ここで紹介した調査例は，そのような形で学生とともにフィールド・ワークを行なう過程で必然的に遭遇したものである。戦争遺跡に関心をもつ学生にとって，京都は良好なフィールドである。

## 9 おわりに

陶器製手榴弾・陶器製地雷などの遺物研究が一定程度進み，いくつかの紹介がなされた結果，遺跡破壊を引き起すほどの行為が散見されるようになった。とくに浅野カーリット工場跡地の「盗掘現場」は規模も大きく，遺跡の将来が憂慮される。ネット上のオークションでも定期的に販売が確認できることから，ある種の商品として需要があることも認めざるを得ない。いくつかの遺跡では，早急に遺跡・遺物の価値を守る必要に迫られている。各地の戦跡を調査研究している方々の大半は，考古学の専門家ではない。そうした地元研究者のためにも，資料の価値を損なわない基礎的な研究方法を確立していく必要があるだろう。

また，京都の町家に残された「防空壕」は，町家の保存にとっては害悪そのものに繋がることが多く，改修とともに失われる事例が急速に増加していると思われる。このような事例についても，ある意味での考古学的な記録や調査を心がけるべきだ。防空体制の研究が進んでいる反面[10]，「防空壕」の多様性と実態を総合的に調査・研究する事例は少ない。私達の研究もその一部にすぎないが，京都の「防空壕」は日本に残された数少ない都市型の戦争遺跡である。原爆投下目標とされたために本格的な空襲を免れた，最大都市・京都の歴史的特殊性を示すこともできる。しかし，将来的には地下室として転用された立派な遺構だけが「防空壕」として残され，歴史認識を誤る可能性も憂慮される。

今後は「戦跡考古学」という枠組みで対象を限定するのではなく，「近現代社会」のなかに戦争を位置づけ，総合的な「大考古学」としての近現代考古学を模索する必要があるだろう。より多くの分野の方々が関心をもって携わることができよ

うな，開かれた分野として展開することを望んでいる。

　ここで紹介した一連の調査研究は，京都で地道に平和運動・戦跡考古学調査を行なってきた方々の成果を参照させて頂いているが，十分に咀嚼できていない面もあると思われる。大学の活動を中心にした紹介であるため，偏りは避けられないことをお許し願いたい。戦跡考古学が近現代考古学の一部として，そして，歴史学の方法論として普遍化させるための学術的な試みを，今後とも学生とともに継続してゆきたい。

註
1) 木立雅朗・萬野翔子『陶器製手榴弾弾体の考古学的研究』立命館大学文学部学芸員課程ほか，2006
2) 帖地真穂「陶磁器製手榴弾を中心とした陶磁器製代用品の研究」(立命館大学文学研究科2014年度修士論文)，2015
3) 荻谷茂行「三式地雷薬莢の研究開発に関する考察」『瀬戸市歴史民俗資料館紀要』ⅩⅨ，瀬戸市歴史民俗資料館，2002
4) 木立雅朗「信楽焼陶器製地雷について―聞き取り調査と研究ノート―」『立命館大学考古学論集』Ⅴ，立命館大学考古学論集刊行会，2010
5) 前掲註2に同じ
6) 小林史晃「京都市内における出土武器の検討―工兵隊跡出土遺物を中心に―」『季刊考古学』116，雄山閣，2011
7) 前掲註6に同じ
8) 竹村忠弘「兵庫県蘆屋市で発掘された防空壕跡」『考古学の視点兵庫発信の考古学』間壁葭子先生喜寿記念論文集刊行会，2009
9) 1998年9月29日文化庁次長通知「埋蔵文化財の保護と発掘調査の円滑化等について」
10) 水島朝穂・大前 治『検証 防空法 空襲下で禁じられた避難』法律文化社，2014

# 四国地方の戦争遺跡調査とその活用

出原恵三

## 1 はじめに

　四国においても近年，戦争遺跡への関心は高まりつつあるが発掘調査の事例はまだ僅少である。ましてや活用という段階には程遠いというのが現状であろう。しかし高知県の南国市や香南市，徳島県の鳴門市など遺跡の保存・整備，公開を目指した積極的な取組みも見られる。また2009（平成21）年には「戦跡保存ネットワーク四国」が結成され，見学会や研究報告会も行なわれている。

　四国の戦争遺跡の大半は，「本土決戦」が現実味を帯びてきた1945（昭和20）年に作られたものであるが，明治期に属するものも見られる。戦争遺跡の形成や変遷，分布，性格などにおいて各地域それぞれ異なった有り様を示しており，それ自体に近代日本における地域と戦争の軌跡が投影されているものと言えよう。ここでは筆者がフィールドとする高知の事例を中心に，四国の動向について述べたい。

## 2 高知

### (1) 戦争遺跡の調査

　太平洋に臨み長い海岸線を有する高知は，アジア・太平洋戦争末期には米軍の上陸が想定されていた地点であることから，いわゆる「本土決戦」陣地と特攻基地が数多く作られたのである。1945年4月に第二総軍隷下に第55軍が編成され，司令部は高知平野奥の新改（香美市）におかれた。1945年8月15日現在，四国の陸軍兵力は12万345人[1]と記録されているが，その内の約7万人が高知平野に展開しており，これに海軍部隊を加えると8万人程の兵力が配備されていたのである。大本営が6月に作成した「各要域ニ於ケル一粁当リ戦力密度概見表」によれば高知正面が最大の密度を有しており，高知を重視していたことが窺える。

　これまで発掘調査の行なわれた戦争遺跡は，「陣山送信所」跡，人麻呂様城跡交通壕，上ノ村遺跡Ⅵ区交通壕，向山戦争遺跡，耐弾式通信所跡，上岡遺跡，前浜掩体，田村遺跡などを挙げることができる。このうち向山戦争遺跡と上岡遺跡，耐弾式通信所跡は最初から戦争遺跡の調査を目的としたもので，高知海軍航空隊関連遺跡である前浜掩体は史跡整備と保存活用を目的とした調査である。他は戦国期の山城や弥生時代集落跡の調査の一環として実施された。また，平和資料館・草の家研究員福井康人氏は本土決戦陣地などの調査を精力的に進めている[2]。

　**「陣山送信所」跡**（南国市陣山）　高知海軍航空隊の「陣山送信所」跡（以下送信所）であるとともに，敗戦直後には高知平野に展開していた部隊の弾薬集積所となっており，1945年11月19日に大爆発を起こしたところである。高知における戦争遺跡調査の嚆矢であった。

　送信所は37,000㎡の敷地を有し通信機械室や兵舎，炊事場などからなっていたが，現在は水田やビニルハウスとなり当時の痕跡を残すものは井戸跡と重油貯蔵庫跡のみである。発掘調査では，送信所敷地を画する側溝の一部と柱跡を検出している。側溝は調査区内で東西方向と南北方向に直

角に曲がっており，東西に29.8m，南北に20.4mまで確認できた。側溝幅と深さは1.2m前後を測り，埋土中には弾薬類（砲弾，棒状火薬，信管），レンガなどの建築廃材が詰まっていた。敷地跡からは夥しい量の砲弾類が出土しており，爆発事故後の処理がなされないまま埋め戻されていたことが判明した[3]。砲弾はほとんど自衛隊の処理班に対応を委ねざるを得なかったが，砲弾鑑定を行なった陸上自衛隊第二混成団後方支援中隊によるとその種類は，105mm榴弾（91式），70mm榴弾（90式・97式），70mm徹甲弾（1式），迫撃砲弾，手榴弾（97式・99式），20mm機関銃弾，6.5mm小銃弾（38式）などであった。砲弾の組成では徹甲弾が少なく榴弾が多いとのことであった。今回出土した砲弾類は，幅35mの道路敷設範囲からの出土であり調査区外の周辺部には現在も同様な状態で埋まっていることを指摘しておく。

**上ノ村遺跡Ⅵ区交通壕**（土佐市新居上ノ村）　仁淀川右岸に張出した戦国期の山城の山腹に所在する。標高41m，平地部との比高差は26mである。城山の南斜面から延びる痩尾根に沿って掘削された交通壕と，枝状に派生した小銃掩体と考えられる遺構からなっている。交通壕の確認延長は21.5m，幅0.8m，掘削面からの深さは1m前後で，風化礫層を垂直に掘っており断面は箱形を呈する。掘削土は両側に盛り上げ掩体を作っており，残りの良いところでは天場から床面まで1.7mを測る。交通壕の先端部には，人一人しゃがめる程の横穴がドーム状に掘られている。

この付近には第11師団隷下の歩兵第44連隊第1中隊が展開しており，近くの新居小学校（新居国民学校）には中隊本部が置かれていた。元第1中隊所属兵士の証言によれば，この交通壕は同中隊が掘削し，仁淀川沿いに前進してくる「敵」を想定していたとのことである。構築部隊が特定できた数少ない例である[4]。

**向山戦争遺跡**（南国市伊達野）　高知平野中央部の独立山塊の尾根および北側斜面を中心に作られた本土決戦陣地跡で，海岸線からの直線距離は3km程の地点にあり，東部には海軍の飛行場跡を望むことができる（図1）。また西方2kmの地点には11師団司令部跡があり，付近一帯が本土決戦陣地で覆われていると言っても過言ではない。対象面積は4,000㎡と戦争遺跡の調査規模としては県下最大のものであり，最初から戦争遺跡の調査を対象として行なった初めての事例でもある。当遺跡については本誌第116号において紹介したところでありここでは，要点のみを述べることにする。

標高65mの尾根鞍部に迫撃砲205連隊に属すると考えられる観測用竪坑が4基設けられ，それぞれ交通壕で結ばれている。周辺部からは鎹が多く出土しており，竪坑には板壁が巡らされていたものと考えられる。中腹には南北に貫通する長さ77mの坑道が掘られ，南側の開口部には野砲などの砲座と考えられる3.2m×2.5mの方形坑が設けられている。坑道内には0.9m間隔で坑木溝が見られ，一部に腐朽した坑木も残存していた。坑道脇には長さ19.5m，幅2〜2.4m，高さ2mの部屋が設けられ坑道と繋がっている。北斜面部は陥没，あるいは半ば陥没した横穴を5群19基確認することができた。遺物は少ないが，鎹，釘，ガイシ，銅線，薬莢などが出土している[5]。

**(2) 整備保存され活用にされている戦争遺跡**

**前浜掩体**（南国市前浜）　旧高知海軍航空隊や同基地の代表的な戦争遺跡である。現高知龍馬空港の西方に広がる田園地帯に残存する飛行機用掩体で，日本の敗戦が濃くなり始めた1944年春頃から建設が始まった。板や土製の簡易なものも含めて41基作られていたが，現在はコンクリート製の7基が残っている。1996年に地元で「掩体を文化財に推進する会」が結成され粘り強い保存運動が取り組まれた結果，2006年には7基すべてが南国市史跡となっている。2012年度にはその

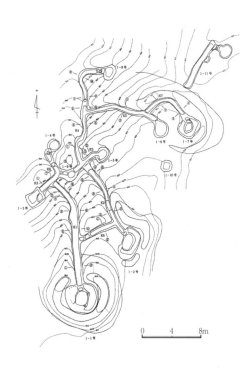

図1　向山戦争遺跡観測所と交通壕
（S=1/500）（註5より転載）

図2　整備された前浜5号掩体公園

図3　耐弾式通信所3の内部

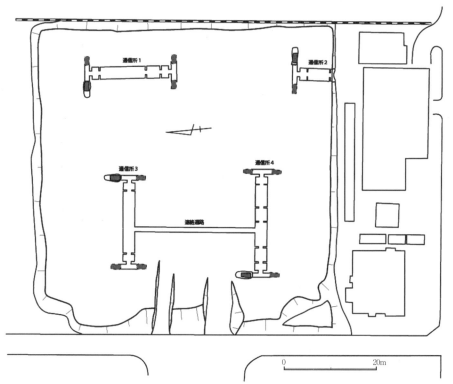

図4　耐弾式通信所跡平面図（S=1/800）（註6より転載）

内の1基（5号掩体）が，南国市教育委員会により保存整備を目的に工学と考古学の両面からの調査が実施された。コンクリートの劣化対策や「股開き」防止が必要であるとの指摘を受けてコンクリートのクラックに樹脂注入や表面の防水加工，「股開き」に対しては地下にH鋼を入れてコンクリート基礎部分を挟み込む方法がとられた。

　発掘調査は，小規模なトレンチ調査であったが，当時の掩体床面は，現状のように平坦面ではなく中央寄りの幅8m，すなわち飛行機の車輪の入る部分が地表から60cm程深い低床部を持つ半地下構造であったこと，車輪の轍，後部に作られた階段状の遺構，基礎構造などこれまでの観察ではわからなかった新たな知見を得ることができた。また，弥生時代中期の遺物包含層を切って掘削されていることも断面観察から明らかとなった。

　今回の調査では，当時，掩体建設の技術指導を行なった富田高明氏から構築方法などについて具体的な証言を数回にわたって得ることができるなど，多方面からの調査がなされている。そして2013年5月10日には「前浜5号掩体公園」としてオープンし，かつての戦争の遺産は歴史に向き合い学び平和を願うシンボルとして第二の生命を得て蘇ったのである（図2）。5号掩体の調査については，後述する通信所跡とともに油利崇氏の論考に詳しい[6]。

**耐弾式通信所**（南国市物部，高知大学農学部構内）　高知大学農学部は旧高知海軍航空隊および同基地の中枢施設跡に作られたものであり，構内にはいくつもの戦争遺跡が残存している。耐弾式通信所跡（以下通信所）は北部に位置し，周囲より1m程高く盛られた1辺65mの方形マウンド状を呈している。「引渡目録」によって4つ地下構造物のあったことが知られており，2006年2月に小規模な確認調査が行なわれた[7]。良好な残存状況が保たれていることが判明し埋蔵文化財包蔵地とされた。その後，この通信所跡に駐車場建設が持ち上がったことから，2013年に南国市教育委員会による本格的な確認調査が実施された。その結果，半分が破壊されている通信所2を除くと1基に付き4ヵ所の出入口が付けられていたことや，「引渡目録」に記載のない通信所3と4とを結ぶ長さ26mの通路が新たに発見され，内部構造についても小区画された部屋やレンガ積みの壁，通気孔の存在などが明らかとなった。（図3・4）

　確認調査の結果，地下構造物の残存状況が良好であることや通信所の歴史的重要性に鑑み，現状保存を望む声が大きく報じられるとともに署名活動もはじまった。このような中で高知大学は，駐車場の計画を大きく変更して通信所跡を完全保存することに決した。加えて大学は，地下構造物の位置を植栽で示し各構造物の出入り口には覆屋を設けて雨水などの進入を防ぎ，内部見学も可能となる保存整備を講じたのである。説明板の設置も行なわれるなど理想的な対応がなされたのである。大学の一連の英断，配慮に対して深く感謝の意を表したい。

　70年前，ここから今の学生と同世代の若者が特攻出撃し52名が還ってこなかった。その惨劇の上に現在のキャンパスがあるという歴史をしっかり胸に刻んで勉学に励んでもらいたい。

## 3　愛　媛

　愛媛県は地理的環境にも起因して，ほかの3県とは異なった多様な戦争遺跡の分布が見られる。瀬戸内の来島海峡の小島や豊後水道に突き出した佐多岬には，明治・大正期に作られた要塞地帯が存在し，南予の由良崎などには瀬戸内・豊後水道を守備する佐伯防備隊防備衛所に属する四国側の衛所，さらに本土決戦陣地や水中特攻基地跡が分布している。飛行場関係では，松山平野には松山海軍航空基地を中心に周辺部を含めて特攻機用の

秘匿飛行場跡が，陸海軍合わせて7ヵ所確認されている。発掘調査が行なわれた例は少ないが，残存遺構を中心に池田宏信氏や大成経凡氏によって詳細な調査研究が進められている。池田氏は県下に配備展開した軍部隊の一覧表や基地・施設の一覧表を作成している[8]。それによると陸海軍合わせて57の施設が置かれ，その内23施設が1945年に設けられている。

**小島要塞跡**（今治市小島）　瀬戸内海の来島海峡に浮かぶ周囲3kmの小さな島である。日清戦争後，ロシアの脅威に対し重要港湾や海峡を防衛する要塞構築が進められるが，小島要塞は中部瀬戸内へ侵入する「敵艦」を阻止する目的で作られたもので，大久野島要塞（竹原市）とともに芸予要塞を構成していた。要塞の設計・構築指導には上原勇作（後に陸軍大臣）があたり，1899（明治32）年に着工している。中部堡塁，北部砲台，南部砲台が築かれ，中部には28cm榴弾砲6門，北部には24cmカノン砲4門と9cmカノン砲4門，南部には12cmカノン砲2門が置かれていた。関連施設として兵舎，発電所，探照灯台，弾薬庫，桟橋，軍道などが設けられていた。

小島砲台は実際に使われることはなかったが，日露戦争で中部に据えられていた28cm榴弾砲の2門が取り外され旅順要塞の攻撃に用いられている。大成氏は，現在の遊歩道の大部分が砲搬出路となったことを指摘している。小島要塞はその後の軍事技術の進歩により1922年に廃止が決定している。要塞廃止に際して当時の波止浜町長原真十郎は要塞跡を公園にするべく陸軍省に「要塞設備」払い下げの陳情を行い，当時の陸軍大臣宇垣一成宛に「一般国民ニ対シ軍事思想ヲ普及スルト共ニ軍事教育ニ関スル参考資料トシ且ツ一面ニ於テハ芸予要塞ヲ永久ニ史蹟トシテ紀念保存致度」[9]とある。当要塞跡は，戦争関係の遺跡を史跡として保存しようとした最初の例であるとともに，その目的が端的に示されている点に注目しておかなければならない。

現在の小島は，瀬戸内海国立公園の中にありキャンプ場など野外施設も備えられており訪れる観光客も多い。今治市によって遊歩道や案内板も整えられ清掃や草刈りも定期的に行なわれている。この種の戦跡としては，群を抜いて整備が行き届いていると言えよう[10]。

**由良崎防備衛所**（南宇和郡愛南町）　豊後水道に突き出した由良半島の最西端に位置する。1939年に佐伯防備隊が開隊し，四国側には由良崎，高茂崎，鵜来島などに衛所が営まれ，とくに豊後水道に侵入する敵潜水艦の監視や攻撃を任務としていた。そのなかでも由良崎は中心的な存在で，1943年以降に砲台や兵舎などの建設が始まり，『引渡目録』よると14cm砲4門などが備えられていた。ここについては，池田氏が調査され詳細な報告が行なわれている。貯水池やポンプ室，発電室，聴音室，見張所，兵舎，砲台などコンクリート製構造物が配置されていた。敗戦後に爆破処理されているが，各構造物の多くは原形を留めて残存しており戦争時の状態を復元することが可能である。とくに兵舎の一棟は，内部も残存している[11]。

発掘調査によるものは多田仁氏，藤本清志氏によってまとめられている[12]。それによると，松山市内の大峰ヶ台遺跡では径8mの正八角形コンクリート製高角砲台座が，久米高畑遺跡群からは旧陸軍松山西飛行場関連と推定される溝が東西約1kmにわたって確認されている。練兵場のあった文京遺跡からは演習用塹壕跡（図5）が，御幸遺跡からは多量の模擬手榴弾や薬莢などが出土している。

## 4　香川

第11師団司令部が置かれていた善通寺市は，師団創設以来，軍都として発達して来たところであり，街全体で戦争遺跡群を構成している。偕行

社や師団司令部，兵器庫などの多くの建物が現存しており，重要文化財や国の登録有形文化財となっているものも多く，善通寺市による保存・活用策が推進されている[13]。ここでは最近の発掘調査例を紹介したい。

**練兵場遺跡**（善通寺市仙遊町）　弥生時代遺跡として有名な練兵場遺跡からは，陸軍病院関連の遺構が検出されている。日露戦争時に開設された第二分院の一部と考えられる礎石建ちの掘立柱建物，日中戦争時に開設された臨時第一分院の兵舎や，炊事場部分の調査が行なわれ軍用食器や牛乳瓶などが出土している。また，炊事場関連遺構に切られる状態で，練習用塹壕と考えられる溝状の遺構12基が2群に分かれて検出されている（図6）。さらにこの塹壕に切られた溝から蹄鉄が出土している。ドイツ式軍用蹄鉄の可能性が指摘されている（図7）[14]。

**空港跡地遺跡**（高松市林町）　四国にあった旧陸軍の唯一の正規飛行場跡で，敗戦の濃くなった1944年に建設されている。古代から続く条里型地割りや坪境溝など長きにわたって培われてきた美田や用排水施設が，飛行場建設に伴って急遽バラスなどで埋められている状況が観察されている[15]。

## 5　徳島

**板東俘虜収容所跡**（鳴門市大麻町）　第一次世界大戦で日本軍はドイツに宣戦布告し，ドイツ軍の立てこもる中国の青島要塞を攻撃し陥落させた。約4,700名のドイツ軍捕虜が日本に送られ，当初四国には松山，丸亀，徳島の3ヵ所に収容所が設けられていたが，1917（大正6）年4月に板東俘虜収容所（以下収容所）にまとめられ1920年1月までの約3年間，最大1,043名が俘虜生活を送った。

収容所の敷地面積は57,000㎡，下士官・兵の収容された8棟の廠舎（1棟の規模は72m×7.5m），将校用廠舎2棟を中心に病院，調理，酒保，製麺麹所（製パン所）などの軍管理の建物のほかに，俘虜たちによって建てられた音楽練習棟，別荘，ボーリング場，商店などが並んでいた。ベートーベンの「交響曲第九」が最初に演奏されたことで有名であるが，松江豊寿所長のもと，ここでは文化・スポーツが活発に行なわれ地元民との交流も盛況であったことが知られている。第二次大戦後は引揚げ者住宅として使われたり，県営住宅となるなど，収容所跡は改変の進んだところもあるが，廠舎の基礎や水道施設，俘虜によって建てられた慰霊碑やドイツ橋など随所にその痕跡が残されている。

鳴門市教育委員会ではこれらの歴史的重要性から，ドイツ橋と慰霊碑については2007年に県指定史跡とし，俘虜たちが収容所内で印刷した新聞などの紙資料298点を県指定有形文化財としている。

これらの保存事業と併行して，同教育委員会では収容所跡地の史跡としての歴史的評価を行なう上で，基礎となる遺構の構造や残存状況などを把握するための発掘調査を2007年から2011年に実施している。収容所では俘虜によって作成された精密な図面が残されており，発掘調査はその図面もとに調査個所を設定し，廠舎第5棟，廠舎第6棟，製パン所，第1将校廠舎など15施設跡以上の地点で行なわれている。

廠舎跡ではレンガやコンクリート基礎が除去されている部分においても，栗石帯を追うことで建物の規模が確認されている。レンガ基礎が露出している廠舎5棟では，基礎構造やレンガ積み手法の観察が詳細になされ，東西に長い廠舎を貫く通路や居室などの構造が図面復元されている。1,000人分のパンを焼いた製パン所建物は，掘立柱建物の中にパン竈や作業場が置かれていたことが発掘調査で明らかとなっている。パン竈は床面で40～85cmの厚さを持つ壁体に覆われ，内部は

図5 文京遺跡第45次調査で発見された演習用塹壕
（愛媛大学埋蔵文化財調査室提供）

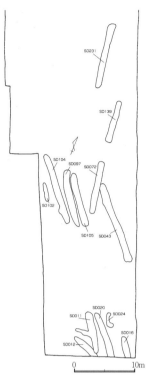

図6 練兵場遺跡演習用塹壕（註13より転載）

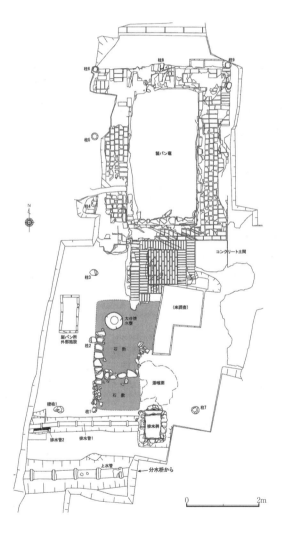

図8 坂東俘虜収容所製パン所平面図
（註15より転載）

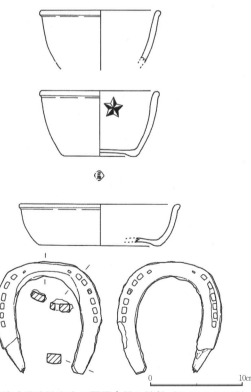

図7 練兵場遺跡出土の軍用食器と蹄鉄（註13より転載）

3.3×1.8mの長方形の焼成部が設けられている。製パン所についても，発掘調査をもとに詳細な復元図が描かれている（図8）。他の施設についても詳細な調査が実施されており，これに文字資料や写真，絵などを駆使して検討が行なわれている。加えて俘虜の生活や盛んだった文化・スポーツ活動や，地元民との交流についても詳細な調査に基づき言及されている。森清治氏は当収容所跡について，「日独戦争に関連した国内施設のなかでも後期俘虜収容所として唯一その実態が把握できる遺跡であり，日本が俘虜の取り扱いを通じて国際的に近代国家として認められて行く礎を築いた歴史を表徴する収容所跡地が残されていることの意義は大きい」とし「近代遺産として重要である」としている[16]。

## 6 まとめ

四国には，明治期から敗戦に至るまでの間のさまざまな戦争遺跡が残っている。その分布には地域性も顕著に認められるが，各地域とも敗戦の年に造られたものが断然多い。各遺跡は「富国強兵」を国是とする近代日本の歩みを刻んだ歴史そのものであり，「本土決戦」陣地跡は世界を相手に戦争した「大日本帝国」の最後の姿を示すものである。

これらの戦争遺跡は戦後長きにわたって顧みられることはなかった。しかしながら，戦争体験世代が減少して行く中で戦争の実相を伝える歴史の証人として注目されつつある。私たちは戦争遺跡を放置するのではなく調査や保存・整備を通じて，歴史に向き合い，学び平和の尊さを伝える場として活用していかなければならない。

註
1) 「四国軍管区復員関係資料綴」防衛省防衛研究所図書館蔵
2) 福井康人「南国市に残る29のトーチカ」『高知の戦争証言と調査』平和資料館・草の家，2010，pp.24-37
3) 吉成承三「陣山送信所跡遺構」『陣山遺跡・陣山北三区遺跡』㈶高知県文化財団埋蔵文化財センター，2011，pp.64-66
4) 出原恵三「第Ⅵ章 第6地点陣地跡」『上ノ村遺跡Ⅱ』㈶高知県文化財団埋蔵文化財センター，2011，pp.175-182
5) 出原恵三『向山戦争遺跡』㈶高知県文化財団埋蔵文化財センター，2012
6) 油利 崇「高知海軍航空隊関連遺跡の調査」『日本考古学』39，日本考古学協会，2015，pp.113-123
7) 出原恵三「耐弾式通信所跡の調査（高知大学物部キャンパス内）」『研究プロジェクトニュース』1，高知大学人文学部「臨海地域における戦争と海洋政策の比較研究」研究班，2005
8) 池田宏信『昭和20年8月，愛媛の本土決戦準備始末』晴耕雨読，2005
9) アジア歴史資料センター「来島砲臺備法砲下付ノ件」『大日記乙輯昭和2年』防衛省防衛研究所図書館蔵
10) 大成経凡「陸軍芸予要塞 来島要塞」『しまなみ海道の近代化遺産』創風社出版，2005，pp.273-298
11) 池田宏信「海軍佐伯防備隊由良衛所について」『新訂内海村村史』南宇和郡内海村，2004，pp.827-838
12) 多田 仁・藤本清志「近代」『紀要愛媛』9，㈶愛媛県埋蔵文化財調査センター，2010，pp.63-71
13) 出原恵三「善通寺陸軍第11師団跡」『しらべる戦争遺跡の事典』柏書房，2002，pp.232-235
14) 角南聡一郎ほか『旧練兵場遺跡』善通寺市・㈶元興寺文化財研究所，2002，pp.28-75
15) 佐藤竜馬「第5章まとめ」『空港跡地遺跡Ⅳ』第1分冊，香川県教育委員会，2000，pp.523-526
16) 森 清治・下田智隆『板東俘虜収容所跡調査報告書』鳴門市教育委員会，2012

# 鹿児島　本土最南端の戦跡群
―知覧飛行場跡の三角兵舎跡・掩体壕跡の調査とその活用―

上田　耕

　当時を知る方々の記憶による証言，写真や文字に残された資料，発掘調査で得られた施設と物の発見とが一体となって，検証可能な戦跡だが，時には証言との食い違いや記録にはない新たな発見もある。しかし，出土する歯ブラシやガラス瓶片など一点一点が，当時の様子を生々しく伝えてくれる。

　ここでは，陸軍知覧飛行場跡に付随する様々な施設の跡のなかで2013（平成25）年から南九州市が進めている整備事業に伴って実施された，三角兵舎跡と掩体壕跡の発掘調査について紹介する。

## 1　知覧飛行場跡の主な歴史

　1940（昭和15）年3月に知覧飛行場建設を公表。1941（昭和16）年7月には中学生徒らによる飛行場造成作業，勤労奉仕開始。同8月にはトロッコを用いた造成，整地が始まる。

　1942（昭和17）年，「大刀洗陸軍飛行学校知覧分教所」として少年飛行兵などの操縦訓練のための教育隊として開校。その後，戦況の悪化によって，陸軍特攻基地の中核に変貌し，滑走路は主・副2本を基軸に，特攻機には爆弾を搭載し，加速が必要なために拡張される。しかし，1945（昭和20）年知覧からの特攻隊の出撃は4月から6月までのわずか3ヵ月に過ぎなかった。

　知覧飛行場は約180万㎡の木佐貫原台地を整地し，滑走路はアスファルトやコンクリートではなく，土を突き固めただけのものであった。風の方向によって随時，離着陸していたと証言されている[1]。

表1　知覧飛行場の建設から戦後まで

| | | | |
|---|---|---|---|
| 飛行場建設まで | 昭和15年 | 3月 | 飛行場建設公表 |
| 教育隊（約3年間） | 昭和16年 | 7月 | 川辺・揖宿・日置3郡の中学生徒作業奉仕開始（〜8月） |
| | | 8月 | トロッコを用いた大規模な造成工事 |
| | | 12月 | 大刀洗陸軍飛行学校知覧分教所命名 |
| | 昭和17年 | 3月 | 大刀洗陸軍飛行学校知覧教育隊開所 |
| | | 7月 | 〃　解隊 |
| | 昭和19年 | 〃 | 第四十教育隊開隊 |
| | | 9月 | 旧制中学の勤労奉仕，第二拡張・掩体壕・誘導路などの建設 |
| | | 12月 | 第四十教育隊菊池飛行場（熊本）へ移動 |
| 特攻基地（約4ヵ月間） | 昭和20年 | 4月 | 知覧基地からの初特攻 |
| | | 6月 | 知覧基地からの特攻出撃終了 |
| | | 8月 | 終戦 |
| 戦後 | 昭和23年 | | 引揚者を中心に飛行場跡の開墾が始まる |

　飛行場の周辺域には，空爆から飛行機を守る掩体壕やツバメやハトと命名された誘導路，弾薬庫や防火水槽，給水塔，隊員たちが寝泊まりした三角兵舎などが築かれた[1]。その遺構の一部は，戦後70年を経過した今日でも残っている。

## 2　三角兵舎跡・掩体壕跡の考古学的調査

### (1) 三角兵舎跡の発掘調査

　三角兵舎は，第二次世界大戦末期の特攻隊員らの宿舎で，半地下式木造バラック建ての三角形屋根の建物の総称である。

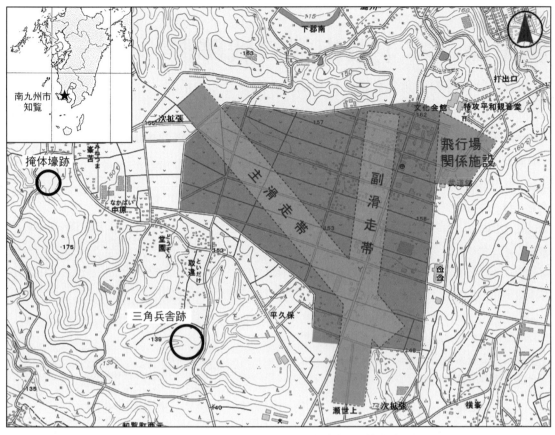

図1　知覧飛行場の範囲と調査された三角兵舎跡・掩体壕の位置図

　三角兵舎跡については，往時を知る飛行兵や「なでしこ隊」の記録[2]や証言，それに1945（昭和20）7月米軍撮影の飛行場の写真などによって場所や実態などは大方知られていた。三角兵舎は30mあまりの長屋のような建物で，内部は，中央の通路を挟んで左右にベッドがあり，ここで隊員たちは寝泊まりしていたとされる（図6）。

　そこで証言の検証など基礎資料を得るために2013年（平成25）発掘調査を実施した。

　調査の方法は，米軍機撮影による知覧飛行場の写真から建物跡が推定される場所のうち，ピンポイントで4ヵ所にトレンチを設定した。すると兵舎の4隅と半地下式の構造，出入り口の1対の柱穴を検出することができた。兵舎の遺構は，長さ約30m，幅約4m，深さ約0.70mの半地下式の建物跡である。この建物に並行して幅約40cm，深さ約70cmの溝遺構（雨水溝か）も確認することができた。しかし，発掘された三角兵舎は幅約4mである。真中を通路にして左右にベッドを配置できる状況にはないことがわかり，片面のみの寝室の可能性を指摘できるのである。

　遺構に伴って，ガイシ，銅線，ボタン，歯ブラシ，レコード盤，ガラス瓶（ビールビン・日本酒ビン……薬ビン，香水瓶，王冠），それに飛行にあたり隊員が持参する航法計算盤など意外な品々の発見もあり，一部証言とは異なるものの三角兵舎の実態が明らかになった。

　**三角兵舎跡の活用**　三角兵舎跡の考古学的な調査は，県内ではこれがはじめてのことである。戦後70年が経過した今日，戦跡の保存や研究活用

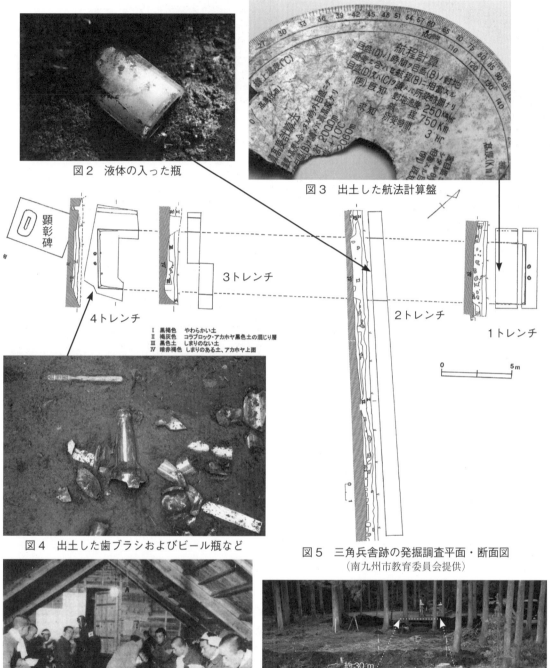

図2 液体の入った瓶

図3 出土した航法計算盤

図4 出土した歯ブラシおよびビール瓶など

図5 三角兵舎跡の発掘調査平面・断面図
（南九州市教育委員会提供）

図6 出撃前の三角兵舎内の様子
（『写真集 特別攻撃隊』国書刊行会，1980 より）

図7 発掘調査で現われた三角兵舎跡の範囲

図8　4トレンチの半地下式の三角兵舎跡
床面コーナーより発見された遺物

図9　整備された三角兵舎跡の遺構表示と休憩所

のきっかけとして，平和教育の教材に，また観光資源として戦跡ツアーなどに利用がなされているところであるが，整備された現在，今後，さらなる活用に取り組まなければならない。

### (2) 掩体壕跡の発掘調査

航空機を敵の攻撃から守るための格納庫。コンクリート製と土塁で築かれたものがあるが，知覧飛行場跡周辺の掩体壕は，削り出しと土盛りで土塁を築き，馬蹄形になったものが残っている。敵機をあざむくために，杉の葉などを覆い被せてあったといわれている。知覧飛行場跡には，約60基あまりの掩体壕が築かれていたとされる[1]。

今回発掘された掩体壕は，陸軍知覧飛行場跡の西側に位置し，三角山や猿山などの丘陵から派生した傾斜地の裾部に立地している。1945（昭和20）年7月22日に米軍が撮影した航空写真を見ると，掩体壕の部分が白く卵形に写っているのがわかる。今回調査した掩体壕の周辺には，ほかにも数基の掩体壕や誘導路が残っている。

2013（平成25）年3月，掩体壕公園整備が計画されたため，掩体壕の土塁の築き方と床面の遺構・遺物の存在を把握することを目的として，整備前に保存も併せて発掘調査を実施した。

掩体壕の平坦面および土塁斜面，壕外側の土塁

図10　○が発掘された掩体壕，蛇行した白い部分が誘導路（昭和20年7月米軍機による撮影）
（米国国立公文書館所蔵・（一財）日本地図センター提供）

裾部分にトレンチを設定し，土塁の掘削面を利用して地層の確認を行なった。調査により得られた掩体壕の立地状況や構造，付属施設の配置状況を記録するために，地形測量を行ない，25cm間隔の等高線による平面図や断面図を作成した。掩体壕には，全体に杉木が植林されており，土塁の立木は伐採し，抜根はせずに吹付けをし張芝して保存している。

掩体壕の土塁は，基本的には盛り土で構築されているが，北側土塁西端部は，開聞岳の火山灰層（コラ層）まで掘削し，その上に盛り土・造成されていた。北側および東側土塁の外側には，火砕流（アカホヤ層）の上面まで削ってから造成を

図11 掩体壕の土塁断面
（火山灰の堆積と盛土の状況，整備前）

図12 掩体壕跡の土塁とタコツボ状遺構（整備前）

図13 公園整備された掩体壕
（岸山浩之・千葉毅撮影）

図14 掩体壕跡の地形測量図と発掘調査トレンチ図（南九州市教育委員会提供）

しており，南側土塁では，旧表土の上に盛土している。旧地形を復元すると，掩体壕の北側がやや高く，南側へ傾斜している場所を意図的に選地している。そのため，掩体壕の土塁を造成するにあたり，北側付近の土を掘って盛り，土塁を構築している。土塁の高さは全体にほぼ一定しており上部の稜線も残っていることから，一部を除いて構築，当時の姿を留めているものと考えられる。

**掩体壕の付属施設** 掩体壕を取巻く3方向には段があり，山林を隔てた南側には，約30mを超える誘導路も残っている。掩体壕に付随して南側には直径約80cm，深さ約1mのタコツボ状遺構（人員用掩壕）が5基設けられている。その内の一つから終戦後にまとめて廃棄されたと考えられるガラス瓶や茶碗，歯ブラシなどが出土している。

旧制中学生による学徒動員などによって，土を盛り，何度も何度もひたすら踏み締めて，土を盛って築いたことが証言されている掩体壕，当時構築にあたった方々から大変な作業であった経験談も記録できた。

**掩体壕の活用** 掩体壕は現在，整備され公園となっている。土塁を俯瞰できるよう展望所が設けられ，周遊できる遊歩道や案内看板，駐車場も整備されている。ツアー客や地元の子供会などで史跡見学会などに活用されている。飛行場跡に残る学べる戦争遺跡の一つでもある。公園化された後の管理や，今後の利用の仕方を地域と共に考えていかなければならない。

## 3 おわりに

2014（平成26）年，ミュージアム知覧において調査速報展「三角兵舎と掩体壕」を開催した。また，神奈川県立歴史博物館の企画展「陸にあがった海軍」で，知覧飛行場跡の三角兵舎跡の出土遺物が展示された[3]。2015（平成27）年2月には，知覧飛行場跡発掘調査において，飛行場建設にあたって夥しい造成の痕跡や1940（昭和15）年当時，立ち退き前の屋敷跡などが発見され話題となった[4]。遺跡説明会では250名もの参加者があり，戦後70年の節目となる今年，戦跡への関心の高さを窺わせた。これらの活動を通じて私たちの身近な所で，実際に戦争があったという事実を記録し，また伝え，考えてもらう資料となることで，負の遺産から平和への正の遺産へ変えていく必要がある。

註

1) 八巻 聡ほか「知覧飛行場の変遷」『魂魄の記録知覧特攻基地』知覧特攻平和会館，2004
2) 知覧高等女学校の3年生などが特攻隊員らの三角兵舎の掃除などに従事した日々を綴った日記（知覧高女なでしこ会 編『群青―知覧特攻基地より』高城書房，1979）。
3) 神奈川県立歴史博物館『陸に上がった海軍連合艦隊司令部日吉地下壕からみた太平洋戦争』図録，2015
4) 読売新聞文化欄「特攻基地・知覧飛行場跡の発掘」2015年3月11日
　知覧飛行場跡の発掘調査は2014年～15年にかけて調査。三角兵舎跡および掩体壕跡共に報告書は2015年度刊行予定。

# 沖縄県の戦争遺跡調査とその課題
―沖縄県戦争遺跡詳細分布調査以降の動向から読み解く―

山本正昭

## 1 はじめに

　近年において，戦争遺跡に対する取扱いについて様々な場で議論がなされるようになってきている。それは調査された戦争遺跡についての実態解明や戦争遺跡の保存，活用まで多岐にわたっている。その一方，全国的に瞥見して，戦争遺跡を埋蔵文化財の対象として取り扱っている地方自治体は，多いとは決して言えない状況がある。沖縄県内においても，戦争遺跡の取り扱いについては地方自治体によって区々であり，取り扱いの基準が明確になっていないのが実情である。1998〜2005（平成10〜17）年度にかけて沖縄県によって県内における戦争遺跡詳細分布調査が実施されて以降，埋蔵文化財として取り扱われる機会も多くなってきている。また，調査された個々の戦争遺跡からどのように沖縄戦の全体像を見出すことができるのか，そして行政主導による戦争遺跡の発掘調査成果を総合化することで沖縄戦の全体像が見出せるのか，といった別の課題も取り上げることができる。

　以前に「モノ」として痕跡が見られない戦争の痕跡を戦争遺跡として捕捉できるのか，を中心に戦争遺跡が抱える課題について触れたことがある[1]。そして，モノとしての戦争遺跡の情報量が蓄積してきているのに相反して，戦争体験者が減少していることから実体験としての戦争遺跡の有り方について知る機会が失われている状況も，戦争遺跡が抱えている新たな課題として出てきている。このことを踏まえて今回は近年における戦争遺跡の調査，保存，活用について取り上げ，今後における戦争遺跡の課題と意義について触れていく。

## 2 記録保存される戦争遺跡について

　戦後，沖縄県内における都市開発により，多くの戦争遺跡が失われてきた。それは沖縄本島における戦災復興の歩みと共に，沖縄戦による被災の痕跡を消していく行為でもあった。加えて復興による生活水準の向上などにより，沖縄県の人口は約142万人にまで膨れ上がった[2]。これら人口の大半は沖縄本島中南部に集中していることから，開発事業件数は必然的にその地域に集中することになる。中でも浦添市前田・経塚地区82.4haを対象にした都市区画整理事業により，多くの遺跡が記録保存を目的とした発掘調査の対象となっている。勿論，この中には戦争遺跡も含まれており，それらの多くが対米軍に向けてゲリラ戦を展開させるための陣地壕や，民間人と日本兵の避難壕であることが発掘調査成果から指摘されている[3]。また，当該地区は近世期から近代にかけての古墓が集中している地区で，地下壕はこれら古墓の墓室相互を連結し，拡張するなどして構築するという特徴が見出される[4]。

　沖縄本島と異なり地上戦が展開されなかった宮古諸島地域においても戦争遺跡が記録保存の対象として，ここ近年において調査されるようになった。とくに注目されるのは宮古島市長南の圃場整備事業によって不時発見された長南陣地壕群である[5]。それは当該壕群の一つが戦後直後に入り口部分が埋没したため，壕内部の坑木が持ち出され

図1　長南の陣地壕内部

ること無く，ほぼ当時のままの状態で残存していたことが確認された（図1）。坑木は組み上がった状態で確認されており，沖縄県内では初めての事例となった。

　上記のように開発行為が要因となる戦争遺跡の発掘調査件数は過去3ヵ年において2011（平成23）年度で4件，2012（平成24）年度で2件，2013（平成25）年度は3件[6]上がっており，着実にその成果が蓄積されてきている。このことから戦争遺跡の個別具体的な実態解明において，今後も記録保存を目的とした発掘調査の成果に依るところが大きいと言える。

### 3　戦争遺跡分布調査と確認調査

　全国で初めての県域を対象とした戦争遺跡の分布調査が沖縄県で実施され，戦争遺跡を文化財として取り扱う方向性が示されたものの，各自治体や調査団体による統一した見解を明示するに至っていない状況が課題として挙げられることはすでに触れた。その課題を見据え，そして文化財指定を念頭に据えた戦争遺跡の保存活用を検討するため，より考古学的な方法を用いて調査を行なうことを目的に『沖縄県戦争遺跡詳細確認調査』が2010～2014（平成22～26）年度にかけて実施された。当該調査では地域性そして時期別，機能別に特徴的な戦争遺跡を取り

上げて詳細な実地調査を行なっており，143ヵ所の戦争遺跡が報告されている[7]。あわせて，この調査において新たに確認できた戦争遺跡も多数あり，沖縄県内の総数は1,076ヵ所に上ることも判明した。

　一方で沖縄県内市町村においては2009年度に，うるま市戦争関連遺跡調査を実施している[8]以外，戦争遺跡を網羅的に取り扱った調査は行なわれていない[9]。また，鹿児島県内になるが奄美諸島地域においても，瀬戸内町が2014年度から実施している遺跡分布調査の中で戦争遺跡も対象に含めて悉皆調査しているが，その他市町村において戦争遺跡調査は未実施である[10]。以上のように，市町村が主体となって戦争遺跡を基礎資料化しようとする動きは全体的に鈍いと言え，このことが戦争遺跡の取り扱いについて，一定の見解が未だに提示されてこない主な要因と考えられる。

### 4　史跡指定と活用の動向

　沖縄県内における市町村指定文化財の戦争遺跡は2015（平成27）年3月時点で17ヵ所（表1）を挙げることができる[11]。このうち12件が2004年以降に指定されていることから，戦争遺跡についてはここ10年のうちに，文化財としての取り扱いが大きく変化していることが看取される。その理由は各市町村の諸事情により一概には言えないが，考えられる要因の一つとして，次世代に対してどのように沖縄戦の記憶を繋いでいくのかが命題として存在していることにある。現在，戦争体験者の減少から聞き取りによる沖縄戦の実態解明が困難になっていく中，別の手法によって沖縄戦の記憶を繋いでいく必要に迫られている状況にある。そのことから，戦争遺跡の保存と活用は沖縄戦の記憶を繋ぐための有効な方法として，その文化財的な価値が見出されてきていることが文化財指定件数の増加に反映されていると言える。よって，近い将来において史跡指定の件数はさらに

表 1　沖縄県内市町村指定文化財一覧

| No | 指定年月日 | 指定名称 | 所在地 |
|---|---|---|---|
| 1 | 昭和 52 年 12 月 14 日 | 公益質屋跡 | 伊江村字東江上 75 |
| 2 | 昭和 61 年 9 月 25 日 | 元海底電線陸揚室（電信屋） | 石垣市字崎枝 574-1 |
| 3 | 平成 2 年 6 月 27 日 | 沖縄陸軍病院南風原壕 | 南風原町字喜屋武地内 |
| 4 | 平成 9 年 2 月 5 日 | 奉安殿（戦争遺跡） | 沖縄市知花 |
| 5 | 平成 9 年 2 月 5 日 | 忠魂碑（戦争遺跡） | 沖縄市知花 |
| 6 | 平成 16 年 3 月 3 日 | 新川・クボウグスク周辺の陣地壕群 | うるま市勝連津堅 |
| 7 | 平成 16 年 4 月 15 日 | 海軍特攻艇格納秘匿壕 | 宮古島市平良字狩俣 2569 |
| 8 | 平成 17 年 3 月 1 日 | 旧日本軍特攻艇秘匿壕 | 渡嘉敷村字阿波連渡嘉志久原 873 |
| 9 | 平成 17 年 11 月 30 日 | 集団自決跡地 | 渡嘉敷村字渡嘉敷 2760-1 |
| 10 | 平成 20 年 2 月 7 日 | チビチリガマ | 読谷村字波平犬桑江原 1135-2、1136-2 |
| 11 | 平成 20 年 11 月 4 日 | 旧登野城尋常高等小学校の奉安殿 | 石垣市字登野城村内 290（登野城小学校内） |
| 12 | 平成 21 年 1 月 22 日 | 掩体壕 | 読谷村字座喜味 2943-1 |
| 13 | 平成 21 年 1 月 22 日 | 忠魂碑 | 読谷村字座喜味 2976-1 の一部 2943-1 の一部 |
| 14 | 平成 21 年 3 月 30 日 | 名蔵白水の戦争遺跡群 | 石垣市字名蔵シーラ原 1355-83 |
| 15 | 平成 21 年 11 月 20 日 | 本部監視哨跡 | 本部町字谷茶 205 |
| 16 | 平成 21 年 11 月 20 日 | 旧謝花尋常高等小学校跡　奉安殿 | 本部町謝花 1 番地 |
| 17 | 平成 26 年 3 月 26 日 | 161.8 高地陣地 | 中城村字北上原 195 番地 |

増えていくものと想像できる。

　以上のように指定文化財の件数が増えてきてはいるものの，実際に整備が行なわれている戦争遺跡はわずか 2 ヵ所である。1 ヵ所は沖縄陸軍病院南風原壕で，調査並びに整備が最も進んでおり，現在は壕内部が一般に公開されている[12]。もう 1 ヵ所は沖縄市にある旧美里尋常高等小学校の奉安殿で，2013 ～ 2014 年度にかけて修復整備が行なわれている。この事業に先立って，建造物としてどの程度の復元を行なうのか，経年劣化をどのように防ぐのか，戦争遺跡としての表示をどのように行なうのかなどについて，当該戦争遺跡の整備委員会において検討がなされた。とりわけ機銃掃射によって壁面に刻まれた弾痕をそのまま残すといった，戦災の痕跡が窺い知れる形で保存，整備されたことは，これからの戦争遺跡の整備にお

図 2　弾痕が残る美里の奉安殿

いて大きな意味を有してくるものと思われる（図 2）。というのは戦争遺跡としての成立要素をどの時点で切り取るのかによって，戦争遺跡としての意味合いが大きく異なってくるからである。奉安

殿建立当初の姿を整備対象とすると，かつての国威高揚を目的とした記念碑としての意味合いに主眼が置かれ，戦後直後の奉安殿の姿を整備対象とすると，沖縄戦による被災という意味合いが付加されてくる。このように，どの時点での戦争遺跡の整備を行なうかによってその価値付けが大きく変わってくるため，その後の活用方法も踏まえた上で，保存整備についての議論を重ねていく必要がある。

## 5 沖縄戦と沖縄の戦争遺跡

沖縄の戦争遺跡でまずイメージされるのは，沖縄戦であり，それとの関係性で語られる場合が多々ある。しかし，沖縄戦とは直接的に関係しない戦争遺跡も少数であるが，沖縄県内に存在する。それらは太平洋戦争開始以前に成立した戦争遺跡であり，無視することのできない重要な戦争遺跡であることをここで触れておきたい。

沖縄県内で最も古い戦争遺跡は，1896（明治28）年頃に設置された中城湾需品支庫の煉瓦造りの給水タンクで南城市佐敷字新里に残存している[13]。中城湾需品支庫は，1895年の台湾領有を契機に中城湾が南方へ向かう海軍艦隊の補給基地として位置付けられ，その翌年に海軍の支庫として南城市佐敷字津波古に建造された最古の軍施設である[14]。

また，1904年には日露戦争における日本海海戦に備えて，さらに1914（大正3）年は第1次世界大戦における対独参戦に備えて，沖縄県内に4ヵ所の海軍望楼が設置された。うち西表島の崎山と糸満市喜屋武の2ヵ所において海軍望楼建物の基礎遺構が確認されている[15]。これらのほかに台湾航路を押さえることを目的として，1941年6月，西表島に船浮湾臨時要塞が設置された。現在も建物基礎や砲台跡，そして蛸壺や陣地壕などの遺構が西表島の船浮湾一円に残存している[16]。

上記の戦争遺跡に共通している事項として，東シナ海ないし東南アジア方面を見据えた戦略的意味合いが色濃く反映されていることである[17]。琉球列島周辺海域が東アジアや東南アジアへ展開していく過程で地理的に戦略上，重要であったことがこれら，沖縄戦との関係性が薄い戦争遺跡から看取できる。総じて沖縄戦との関係性が薄い戦争遺跡に焦点が当てられることは稀有であるが，これらの戦争遺跡の実態から，沖縄戦へ至る道程を垣間見ることができ，従来とは異なる視点での沖縄戦の様相が炙り出されてくると思われる。

## 6 まとめ

沖縄における戦争遺跡は，凄惨な地上戦が展開されたことを示す負の遺産として，そして，戦争を考えていくための定点として，残すことの意義を十分に見出すことができる[18]。しかし，これまで触れてきたように戦争遺跡を取り巻く状況は依然として厳しく，乗り越えていくべき課題も多い。とりわけ文化財としての取り扱いが十分に議論されていないがために詳細な調査が行なわれず，開発の波にのまれて消滅してしまう戦争遺跡が多く見られる点を，大きな課題として挙げることができる。あわせて，消えていく戦争遺跡の記録化と消えてしまった戦争遺跡の記録化をどのようにしていくのか。さらに戦争遺跡を残すことの意義は何かについても，より活発に議論し続けていく必要がある。

残存している戦争遺跡や保存されている戦争遺跡のみで，戦争遺跡の全体像は浮かび上がってこない。総体としての戦争遺跡を捉えていくことにより，初めて戦争の全体像が浮かび上がってくるとして最後の締めの言葉としたい。

註
1) 山本正昭「沖縄県内における戦争遺跡分布調査」『季刊 考古学』116, 雄山閣, 2011
2) 沖縄県資料統計webサイト（http://www.pref.okinawa.jp/toukeika/index.html）にある2015年

2月現在の人口推計を参照。
3) 浦添市教育委員会「市内遺跡発掘調査報告書（1）」『浦添市文化財調査報告書』2007
　浦添市教育委員会「前田・経塚近世墓群5」『浦添市文化財調査報告書』2014
4) 浦添市教育委員会「市内遺跡発掘調査報告書（3）」『浦添市文化財調査報告書』2013
5) 宮古島市教育委員会「長南岩陰墓・長南陣地壕群・地盛南壕跡・村越陣地壕群」『宮古島市文化財発掘調査報告書』第5集，2015
6) 沖縄県教育庁文化財課『平成24年度版　文化財課要覧』2012，同『平成25年度版　同上』2013，同『平成26年度版　文化財課要覧』2014
7) 沖縄県立埋蔵文化財センター「沖縄県の戦争遺跡」『沖縄県立埋蔵文化財センター調査報告書』第75集，2015
8) うるま市教育委員会「うるま市の戦争関連遺跡と慰霊塔」『うるま市文化財調査報告書』第12集，2010
9) 宮古島市では，2015年度から市内における戦争遺跡分布調査を実施している。
10) 瀬戸内町教育委員会の鼎丈太郎氏のご教示による。
11) 伊江村指定史跡の公益質屋跡については，その指定理由の意義が明確にされていないが，戦災による無数の弾痕が見られることから，戦争遺跡としての評価がなされる。そして石垣市指定史跡の元海底電線陸揚室についても，戦争遺跡としての直接的な明記はなされていないものの，近代日本の軍事政策の一端を示す遺跡として戦争遺跡の範疇に捉えることができる（前掲註7文献）。
12) 沖縄陸軍病院南風原壕の調査成果と保存，活用の詳細については吉浜忍編『沖縄陸軍病院南風原壕』（高文研，2010）に依って頂きたい。
13) 前掲註7に同じ
14) 吉浜　忍「『公文備考』にみる沖縄の海軍施設」『史料編集室紀要』28，沖縄県教育委員会，2003
15) 前掲註7に同じ
16) 伊波直樹・山本正昭「船浮要塞跡の実態と現状」『沖縄埋文研究』4，沖縄県立埋蔵文化財センター，2006
17) ここで挙げた太平洋戦争開始以前の戦争遺跡のほかに，忠魂碑や奉安殿など国威高揚を目的とした記念碑類がある。
18) 近年では菊池実が，「地域が戦争で失った貴重なもの，地域が戦災のあと復興し生きてきた歴史を考えるうえでも，遺跡を調査研究，保存活用されるべき遺跡」といったように戦争遺跡を調査研究する意義を見出している。
　菊池　実「戦争遺跡の調査研究を考える」『季刊 考古学』116，雄山閣，2011

# 慰霊の考古学

時枝　務

　戦死者の慰霊については，宗教学・哲学・社会学・民俗学・歴史学・政治学・法学などさまざまな分野で議論されているが，考古学的方法による研究は少ない。それは，問題が戦死者の霊魂と肉体のあり方に関わり，考古学だけでは問題の核心に迫れない憾みがあるからである。しかし，考古学による研究は，観念論に陥る可能性がある問題に，具体的なかたちを与える役割を果たせるかもしれない。ここでは，霊肉問題が，具体的にどのようなかたちとして表現されているかに注目し，さまざまな慰霊施設をみていきたい。

## 1　戦死者慰霊碑と招魂社

　慰霊は，文字通り死者の霊魂を慰めることにほかならないが，慰霊施設のあり方は遺骨への対応の仕方から二種に分けることができる。一種は，霊魂のみを祀り，遺骨を扱わない施設である。もう一種は，遺骨が主体で，納骨施設をもつものである。前者には戦死者慰霊碑・招魂社・靖国神社・護国神社など，後者には軍人墓地や忠霊塔が属する[1]。

　まずは前者からみていこう。

　戦死者慰霊碑は，1877（明治10）年の西南戦争における政府軍戦死者を祀る施設として出現したが，いずれも戦死者個人碑であった。板石に戦死者の姓名・官位・死亡年月日，題額揮毫者名，造立年月日，造立者名，造立意趣などを刻み，高さ約1m強の小型のものが多く，社寺境内や墓地に建てられた。表面に故人の姓名を刻むところから墓碑との関連が予測できるが，「碑」と明記する例が多くみられ，造立時から墓碑と明確に区別されていた。

　1879年4月3日に造立された群馬県高崎市宮元町頼政神社境内にある招魂碑は，招魂祭を営んだ記念に造立されたもので，高崎藩士を中心とする49人の戦死者を慰霊・顕彰するためのものである。そこには，幕末の1864（元治元）年の下仁田戦争以来，西南戦争に至るまでの高崎藩関係の戦死者が祀られており，旧藩意識が強く滲み出た慰霊施設となっている。戦死者慰霊碑は，慰霊と同時に，戦死者を顕彰する働きをもっていたのである。

　この点に関連して，1886年6月8日に出された内務省訓令第397号「社寺仏堂等ノ創設並ニ官有地紀念碑建設取締方」第5条に，「紀念碑ハ其人在世ノ功蹟ヲ頌揚シ，公衆ノ感格ヲ生セシメ行為ヲ励マスヲ要トスルモノ」とあり，戦死者慰霊碑が故人の事績を顕彰する記念碑と規定されていることは周知の通りである。われわれは，ともすると慰霊と顕彰を分離して理解し勝ちであるが，両者が不可分に結び付いていたところに近代日本の特色があるといえる。

　1904年の日露戦争では未曾有の戦死者が出たため，内務省は12月26日に戦死者個人碑の建設を規制するよう各道府県へ通達した。ついで，1906年6月15日には，神社境内に「招魂碑，忠魂碑，弔魂碑，忠死者碑ト称スルモノ、如キ墓碑ニ紛ハシキモノ」の建設許可を規制し，碑は1ヵ所にまとめるよう指示した。その結果，戦死者個人碑の造立は減り，「一市町村一碑」の戦死者慰

霊碑の建設が推進され，戦死者を合祀した忠魂碑が一般化した。

忠魂碑は，台石や基壇の上に大きな板状の石碑を据え，表面に「忠魂碑」などと大書し，その脇に題号揮毫者名を刻み，裏面に多数の戦没者の姓名・官位・死亡年月日，造立年月日，造立者名，造立意趣などを刻むものが多い。高さは2mを越える大型のもので威圧感をもち，社寺境内・役場・学校など公共施設付近に建てられ，戦死者個人碑にはなかった公共性が付与された。忠魂碑は，慰霊碑であると同時に記念碑であり，宗教的・政治的・軍事的な機能をあわせもつ施設であった。

戦死者の霊魂を祀る施設には，戦死者慰霊碑のほか，招魂社などの神社が存在する。招魂社は，戦死者慰霊碑よりも早く出現することが知られており，たとえば東京招魂社は1869年6月に創建された。同社は，鳥羽・伏見戦争以来の政府軍戦死者の霊魂を祀った施設で，1879年6月に靖国神社と改称された。地方では，幕末に藩が設けた招魂場が，廃藩置県などの影響で荒廃したが，東京招魂社の創建を契機に再整備する動きが現われた。それを享けて，1874年2月15日には，内務省が各地の招魂社を官費で維持する方針を打ち出した。その後，1907年2月23日には，内務省が，招魂社の祭神は靖国神社に祀られている戦死者に限ると指令した。その結果，靖国神社は，各地の招魂社の頂点に位置づけられることになった。内務省は，1934（昭和9）年11月19日に招魂社は一府県一社に限るという方針を打ち出し，1939年2月3日にはそれを制度化した。ついで，3月15日には，招魂社を護国神社と改称し，新たに護国神社制度が発足した。

このように，戦死者の霊魂のみを祀る施設は，地域社会では戦死者慰霊碑，国・道府県では招魂社・靖国神社・護国神社が挙げられる。両者は，一見異なる相貌を呈するが，その性格において多くの共通点をもっている。

## 2 軍人墓地と忠霊塔

次に，戦死者の遺骨を祀る施設について，軍人墓地と忠霊塔を中心に具体的な様相をみておこう。

軍人墓地は，軍隊が設置した墓地で，兵士の埋葬地である[2]。師団や連隊などの衛戍地に設けられたものと海外の戦場に設けられたものがあるが，詳細を知り得るのは，現在のところ前者のみである。大阪市天王寺区旧真田山陸軍墓地は，1870（明治4）年に陸軍兵学寮で下田織之助が死亡し，埋葬地の問題が浮上した後，1871年に兵部省によって設置された。これが，軍人墓地のもっとも古い事例とされているが，長州藩では奇兵隊墓地など江戸時代に遡る事例も知られており，それらと軍人墓地の間に系譜関係が認められるかどう

図1　忠魂碑（群馬県高崎市上佐野町）

図2　高崎陸軍墓地

かが今後の課題となろう。以後，旧真田山陸軍墓地は，敗戦まで使用されたが，平時の死者と戦死者・戦病死者をともに祀るところに特色がある。

　陸軍省は，1873年12月に在営中に死亡した兵士を陸軍墓地に埋葬することを決めたが，それまで陸軍墓地がなかった東京鎮台第一分営では，龍広寺住職謙光和尚に依頼して墓地の一角を割譲してもらい，陸軍墓地を設置した。群馬県高崎市龍広寺の陸軍墓地である。同年中には早くも4名の兵士が埋葬され，以後1936（昭和11）年までに257基の墓標が立てられたが，その大部分は平時の病没者のものであった。つまり，軍人墓地は，あくまでも軍人の墓地であって，戦死者に特化されたものではないのである。

　しかし，多くの軍人墓地では西南戦争以来の戦死者を祀っており，そこが慰霊の場となっていることも確かである。墓標は，角錐形が基本で，階級によって大きさが異なる。銘文は，階級・氏名のほか，出身地・死因・死亡年月日・享年などが記されている。旧真田山陸軍墓地などでは，墓標が整然と並ぶ光景がみられ，没個性的な軍隊の生活を偲ばせる。簡素で没個性的な墓標は，軍隊の思想を反映したものであり，軍隊の秩序を死後にまで持ち込むものであった。

　ところで，忠霊塔は，軍人墓地よりも遥かに遅れて出現した施設で，1939年に設立された大日本忠霊顕彰会が，一市町村一基の建設運動を展開するなかで全国に広まったものである。同会は，国民一人一人が一日当たりの収入額を寄付する「一日戦死」をスローガンに掲げ，国民から寄付金を募って，忠霊塔の建設費を捻出した。慰霊の対象は英霊であったが，会長の陸軍大将菱刈隆は，英霊を「忠勇なわが勇士ばかりではなく支那兵も死ねば国家に尽した人」としたことが注目される。

　しかし，忠霊塔は大日本忠霊顕彰会以前から存在したもので，日清戦争の戦死者を埋葬した中国遼東半島の墓地が荒らされたのを契機に，回収した遺骨を内地に送還して，1902年に東京音羽護国寺境内の多宝塔に納めたのが忠霊塔の嚆矢であるという。

　周知のように，忠霊塔は，箱型の基壇上に「忠霊塔」などと書いた角柱状の塔身を載せたものであるが，基壇の内部には納骨施設をもち，遺骨や

図3　高崎忠霊塔

戦没者名簿などを安置している。このかたちは、「護国英霊ノ塋域」として、忠魂碑と墓碑の性格をあわせもつ施設の必要性を説く陸軍の意向から生み出されたものである。陸軍は、軍人墓地と忠魂碑を一元化し、威厳ある戦死者慰霊施設を創出し、国民の護国の観念を宣揚しようとしたのである。なお、陸軍は、慰霊祭における仏教的な儀礼を排除しなかったため、神社界の強い反発を招いた。遺骨と霊魂をあわせ祀る忠霊塔は、霊魂を遺骨から切り離して祀る招魂社とは異質の霊魂観に支えられていたのである。

また、仏教の立場から戦死者を供養した施設として、忠魂堂の存在が知られる。忠魂堂は、遺骨や遺品を納める施設をもち、石川県金沢市の忠魂堂が1895年、新潟県金井町の明治記念堂が1902年、愛知県吉良町の忠魂堂が1903年に建設されており、日清戦争の戦死者を供養する施設として誕生したことが知られる。

### 3 遺骨収集と千鳥ヶ淵戦没者墓苑

アジア太平洋戦争では、約240万人の兵士が戦死したが、敗戦後も多くの遺骨が現地に残されたままであった。サンフランシスコ平和条約が発効した1952（昭和27）年、国会で「海外地域等に残存する戦没者遺骨の収集及び送還に関する決議」が採択され、日本政府は、アジアやオセアニアの各地に残された日本人兵士の遺骨収集に着手した。この第一次計画は、1958年まで継続され、11,358柱の遺骨を収集したが、決して十分なものではなかった。ただ、この事業のなかで、21ヵ所の戦場などに「戦没日本人の碑」を建立したことは、戦場の慰霊に戦死者慰霊碑の伝統を持ち込む契機をなしたと評価できよう。

しかし、遺骨の受け入れ態勢は、靖国神社・遺族会と全国戦争犠牲者援護会の間での紆余曲折の後、1956年に「無名戦没者の墓」の敷地が千鳥ヶ淵に決定し、遺骨が安置されることになった[3]。国立の追悼施設の建設が計画されたが、靖国神社との兼ね合いもあり、実現をみないまま時間が経過し、いつの間にか霊魂を祀る靖国神社に対峙する存在として、遺骨を納める千鳥ヶ淵戦没者墓苑が定位されるようになった。

その後、厚生省は、1967〜1972年の第二次、1973〜75年の第三次と遺骨収集を繰り返し実施し、各地の戦場に15基の慰霊碑を建立するとともに、遺族による慰霊巡拝を開始した。そして、帰還した遺骨は、千鳥ヶ淵戦没者墓苑に納められたのである。日本政府は、墓は宗教施設ではないという解釈に立脚し、国家による宗教行為を禁止した憲法に抵触することを回避したのである。いわば、政府主導で、遺骨収集・慰霊碑建立・慰霊巡拝が整備され、戦場の慰霊のスタイルを確立したのである。

その頃までに、自由な海外渡航が可能になったため、遺族や戦友会が独自に慰霊巡拝を始め、民間人による慰霊碑の建立がみられるようになった。かつて戦場であった現地に、戦友や遺族が集団で赴き、慰霊のための神式や仏式の宗教儀礼を執り行ない、慰霊碑を建立することが広くみられるようになった。つまり、日本政府による遺骨収集の動きとは別に、遺族や戦友会という民間組織が、戦場の慰霊の担い手として新たに登場してきたのである。

図4　千鳥ヶ淵戦没者墓苑

生き残った戦友にとって，戦場は死と隣り合わせになった生々しい記憶を甦らせる場であり，巡拝団の参加者に経験を語るまたとない機会でもあった。慰霊巡拝は，戦場を体験した者が，体験したことのない者に，経験を語り伝える機会となった。慰霊巡拝をともにすることで，体験者と未体験者は，体験者の重い記憶を共有することができた。

　しかし，昭和時代の終焉とともに，戦友も遺族も高齢化し，戦争体験を語れる者が激減した。戦場の記憶は，語り継がれたかもしれないが，体験者だけがもつリアリティを担保することができなくなり，語りは徐々に風化した。

　そうした状況下で徐々に重みを増したのは，戦場に残されたものいわぬ遺骨であり，かつて建立された慰霊碑である。遺骨や慰霊碑は，そこがかつて戦場であったことの物的証拠であり，体験者の語りとは異なった性格をもっている。体験者が急激に減少するなかで，戦場という遺跡に残された遺骨やそこに建てられた慰霊碑が，語りに代わる役割を担うようになった。

　そのなかで，遺骨収集に対して，単に遺骨を拾い集めるのではなく，遺骨から戦場での出来事を復原できるような詳細なデータの収集が求められるようになった。誰がどのような状況で最期を迎えたのか，可能な限り科学的に実証する作業が必要とされるに至った。遺骨収集は，考古学的な発掘調査と同質な行為と考えられ，形質人類学者との協同作業によって大きな成果を挙げることが期待されるようになったのである。慰霊は，歴史研究と直結し，科学的な方法による遺骨収集という，それまで誰も予想しなかった事態に直面することになったのである。

註
1）　菊池　実 編著『季刊考古学』116（特集戦争と慰霊の考古学），2011
2）　小田康徳・横山篤夫・堀田暁生・西川寿勝 編著『陸軍墓地がかたる日本の戦争』ミネルヴァ書房，2006
3）　伊藤智永『奇をてらわず　陸軍省高級副官美山要蔵の昭和』講談社，2009

北海道の戦争遺跡

# 室　蘭

## 工藤洋三

　1942（昭和17）年に陸軍が指定した重要民間軍需品工場の中に，室蘭の（株）日本製鋼所室蘭製作所と日本製鉄（株）輪西工場の2工場があり，陸軍が室蘭の防衛を重視していたことがわかる。一方，米軍側もこれらの工場の重要性を認識していて，早い時期に空襲の優先目標リストに掲載されていた。戦争の進行とともに室蘭の防衛は強化され，1944年5月には，室蘭防空隊が，高射砲6箇中隊，照空3箇中隊からなる高射砲第141連隊に改編された。連隊には，地方の都市としてはめずらしく，陸軍のレーダー，タチ1号，2号，3号の基地がそれぞれ1ヵ所，タチ4号の基地が2ヵ所にあり，このことも軍が室蘭を重視していたことを示している。

　連隊の戦闘指揮所と第1中隊，第2中隊，タチ1号（射撃管制用），タチ3号（見張用）は，室蘭の高台，八丁平にあった。現在は宅地開発などが進んで景観も大きく変化したが，第2中隊の7糎高射砲の遺構が一部残っている。図1は，戦争直後に第2中隊の陣地を訪れた戦略爆撃調査団が残したスケッチに筆者が日本語の説明を付けたものである。図2は，戦後占領軍の命令によって室蘭の集積場所に集められた7糎高射砲の写真である。7糎高射砲はもともと野戦用に開発されたが，要地防衛のために移動用機材などを外してコンクリートの砲床の上に設置した。図3は第2中隊の陣地で，7糎高射砲の砲座や掩体の様子がよくわかる写真である。図1に示した6門の掩体のうち，4番目の掩体が道路工事のために破壊されたが，ほかの5門は掩体が残っており，4門についてはコンクリートの砲座が残っている（図4）。また，射撃の諸元を求めるために使用された測高機の遺構も残っている（図5）。

**参考文献**

工藤洋三・鈴木梅治 著『アメリカが記録した室蘭の防空』2014

村田　勲 編著『室蘭防空隊』1982

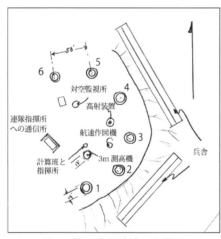

**図1　第2中隊陣地の配置図**
7糎高射砲陣地の6門の砲と射撃管制のための装置などの配置が記載されている。

**図2　7糎高射砲㊙**
1945年10月10日撮影（米国立公文書館）

**図3　7糎高射砲の砲座**
1945年10月8日撮影（米国立公文書館）

**図4　現存する7糎高射砲の砲座**

**図5　7糎高射砲用測高機の遺構**

# 旧陸軍山田野演習場

稲垣森太

図1 「第九号兵舎」

## 1 演習場の概要

旧演習場は青森県西津軽郡鰺ヶ沢町の岩木山麓北方に広がる。1906（明治39）年頃の開場で，五能線鳴沢駅付近の北浮田地区に廠舎が設置された。主に第二，第八師団隷下の陸軍諸兵が検閲，射撃演習などに使用した。戦後は緊急開拓地として開放され，米軍の演習場化の危機を乗り越えて，畑作，果実栽培などの農村地帯となっている。

## 2 現存する遺構群

演習廠舎跡に「第九号兵舎」と呼ばれる廠舎が1棟あり，付近に旧兵舎を増築，移築・転用した入植者の住居が残る。また，軍用地との境界を示すコンクリート標柱が数本建ち，当時の境界線を明示している。

場内には，弾着地点を観測するコンクリート製の監的壕（観測掩壕）が2基残り，異様な風貌を現代に現わしている。ほか，未発見の遺構が多く残ると思われる。

## 3 調査と保存・活用

「山田野」の調査は県内でも先進的な事例と言える。調査の嚆矢は，1998年の近代化遺産総合調査である[1]。その後，2006年の地元鰺ヶ沢町教育委員会の遺構実測や県史編さんグループの調査を契機とし，2007年以降は，解明を目指す有志や，戦後入植者のライフヒストリーを追う弘前大学ゼミの活動が加わり，調査の本格化と多角化につながっていった[2,3,4]。北東北の一演習場の事例から，近代日本の政治・軍事状況のみならず，明治以降の長きにわたり「山田野」の地で生きてきた，市井の人々の姿が浮かび上がったのである。成果がブックレットとして刊行[5]されると一般の関心は高く，早々に増刷の運びとなった。また，地元教育委員会では，小学校の郷土学習や一般向けの講座の場を設け，演習場の歴史と遺構の保存・活用を推進し，郷土の歴史を後世に語りつなぐよう努めている。

一方，旧廠舎を遺構とする遺跡（埋蔵文化財包蔵地）登録についても検討されているが，県内では現時点で前例がないため，戦争遺跡が総じて埋蔵文化財としての保護を受けるまでには，まだまだ時間がかかるであろう。直近では東北工業大学ゼミが建物を実測し，記録保存が一歩前身した格好である。今後，継続的な調査を行ない，現地保存の方法を探っていくこととなる。

註
1) 青森県教育庁文化課 編『青森県の近代化遺産―近代化遺産総合調査報告書―』2000
2) 髙瀬雅弘・村上亜弥「戦後開拓地のライフヒストリー（一）―青森県鰺ヶ沢町山田野地区における「緊急開拓」の事例―」『弘前大学教育学部紀要』105，2011
3) 稲垣森太「旧陸軍山田野演習場の考古学的調査」『青森県考古学』17，2009
4 稲垣森太「旧陸軍山田野演習場の考古学的調査Ⅱ」『青森県考古学』18，2010
5) 髙瀬雅弘・中田書矢・村上亜弥・稲垣森太『山田野―陸軍演習場・演習廠舎と跡地の100年―』弘大ブックレット No.12，2014

長野県の戦争遺跡

# 松代大本営地下壕群

幅　国洋

「松代大本営」は，1944（昭和19）年秋から敗戦までの9ヶ月間，旧陸軍によって掘削された3本の地下壕とその付属施設の総称である。戦局が悪化し本土決戦体制の構築が進められる中，大本営のみならず政府機関も含めた移転先として建設され，通信施設なども併せるとその範囲は長野盆地一帯数十kmに及ぶ。中心となる長野県埴科郡松代町（現長野市松代）では，イ地区（象山地下壕・政府機関および日本放送協会など収容），ロ地区（舞鶴山・大本営地下壕および天皇御座所などの地上施設），ハ地区（皆神山地下壕・食糧倉庫）の3地区に分かれて建設され，地下壕の総延長はおよそ十数kmである。地上施設も含め，敗戦時には8割以上の出来高であった。

象山地下壕は保存状態も良好で，長野市により約十％にあたる500mが一般公開されている。公開部分は安全対策（落石防止のH鋼・電灯など）が施され原状の改変が進んでいるが，未公開部分は原状のまま保存されている。舞鶴山の大本営地下壕および地上施設は，気象庁松代地震観測所として使用されており，許可を得て部分的に見学が可能である。皆神山地下壕は崩落が激しく入壕は困難を伴う。（象山地下壕は1990（平成2）年，皆神山地下壕は2003年に「松代大本営の保存をすすめる会」を中心にした学術調査が実施され，ともに報告書が刊行されている。また工事の方法や実態について，工事関係者からの証言も多く集められている。詳しくは同会のHP参照。http://homepage3.nifty.com/kibonoie/）

松代大本営は，本土決戦の中核施設として建設

されたこと，数千名と推測される朝鮮人強制労働があったことなど，アジア太平洋戦争の本質と加害の実相を伝える重要な戦争遺跡であり，文化庁による近代遺跡調査の詳細調査対象（政治・軍事，51件）とされた。

図1　松代三山遠景

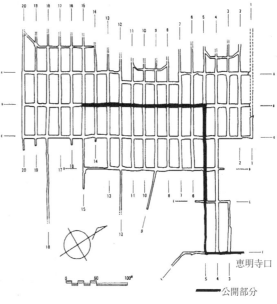

| 壕内総延長 | 約 5,854m |
| 概算掘削土量 | 約 59,635㎡ |
| 壕内床面積 | 約 23,404㎡ |
| 崩壊土量 | 約 850 |

（10tダンプ　約15,000台分，1m当2.5t 1台当4㎡として）
（掘削土量の割には少なく岩が硬く安定していることを示している）

図2　松代大本営跡（象山）現況図
（『松代大本営跡（象山口）調査報告書』有日新技術設計事務所，1986 より写図）

山口県の戦争遺跡

# 周　南

## 工藤洋三

　海軍燃料廠があった徳山市（現在の周南市）では，1938（昭和13）年，徳山港一帯が海軍要港に指定された。横須賀，呉，佐世保，舞鶴の海軍区には鎮守府が設置されて軍港がおかれ，要港は軍港に次ぐ重要な港とされたが，規模が小さい上，徳山の場合は要港部がおかれず，海軍燃料廠の管轄下におかれた。要港を防備するために呉海軍警備隊徳山支隊が設置され，徳山陸上防備部隊として防空の任に当たった。徳山要港の防備は野戦用でなく要地防衛用で，高角砲や探照灯の台座が固定されていたため，規模は小さいが，現在も多くの戦争遺跡が残っている。

　徳山要港防備のために建設された防空施設の中で最も特徴的な戦争遺跡の一つに，2ヵ所の見張り所と連携した防空砲台がある。実際の戦闘においてはできるだけ早く敵機を発見して未来の位置を予測して射撃する必要があった。図1に示すのは，1941年発行の海軍の「諸施設標準」に掲載された防空砲台の配置図である。「徳山要港防備図」には，この基準にしたがって建設が開始されたと考えられる砲台が，杉ヶ峠（周南市），笠戸島（下松市），光砲台（光市）の3ヵ所にあった。このうち，杉ヶ峠と笠戸島には，聴音機や探照灯の台座や指揮所の遺構が残っている。

　山口県周南市の戦争遺跡で今一つ特徴的なのは，12.7糎連装高角砲の遺構である。図2に示すのは，大津島（周南市）の12.7糎連装高角砲の遺構で，開戦時には8糎単装高角砲2基があったが，改装されて1944年11月には12.7糎連装高角砲2基が完成した。これに対して図3に示すのは，杉ヶ峠の遺構で，1942年8月には「訓令に依り装備すべき兵器」として工事が始まったが，工事要領の変更などのために完成が遅れ，竣工前に工事が中止された。これに対して杉ヶ峠砲台とほぼ同じ時期に工事を開始した光砲台は工事も完成して射撃可能な状態になった。現在も図3とほぼ同じ造りの砲廓の遺構が残っているが，民間の工場の敷地内で自由に見学することはできない。図2・3の2つの砲廓を比較すると，戦争の進行に伴う12.7糎連装高角砲の掩体や砲側弾薬筐などの変化を見ることができる。

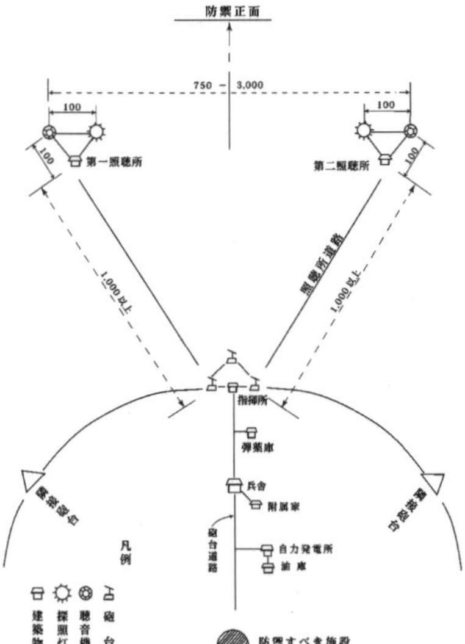

### 参考文献

工藤洋三『徳山要港防備図でたどる周南の戦争遺跡』2012

図1　防空砲台の配置図
（防衛研究所所蔵「海軍土木建築極秘諸施設標準」による）

図2　大津島の
12.7糎連装高角砲の砲座

図3　杉ヶ峠に残る
12.7糎連装高角砲の砲座

沖縄県の戦争遺跡

# 北山(にしやま)の陣地壕跡群

## 瀬戸哲也

　沖縄県渡嘉敷村は，ダイビングなどの観光客で賑わいを見せる慶良間(けらま)諸島に位置する。この島々では沖縄戦時に，多くの住民が死に追いやられた「集団自決」が起こったとされる。「集団自決」を巡る教科書検定などの問題があるが，ここでは渡嘉敷島に配備されていた海上挺進第3戦隊（隊長：赤松嘉次大尉）が構築・使用したと考えられる「北山(にしやま)の陣地壕跡群」を紹介したい。

　海上挺進第3戦隊は，特攻艇(マルレ)Ⓛを使用する部隊で，戦隊本部は渡嘉志久(とかしく)海岸付近，島各地の海岸には秘匿壕が置かれた。1945（昭和20）年3月27日に慶良間諸島に米軍が上陸し，戦隊本部は複廓陣地として予定していた北山に移動し，陣地構築を行なった。同部隊は武装解除を受けた同年8月24日まで，本陣地で自活を続けた。その間，北山一帯に避難した住民は陣地には入れず，「集団自決」に至らなかった人々も食糧難で苦しんだ。

　この北山の複廓陣地と考えられるのが本壕跡群である。渡嘉敷島北方の山間部に位置し，国立沖縄青少年交流の家の敷地に隣接しており，渡嘉敷村が遊歩道や壕口の一部を整備し，現在は同施設から立ち入り見学できる。この北方には，「集団自決」が行なわれたとされるフィジガーと呼ばれる谷部へと続く道があり，村により「集団自決跡地」として史跡に指定されている。

　壕は手掘りで，標高約180～190mの山間部の細い谷沿いの両斜面に構築され，20基余り確認されている。幅1m，長さ3～5m前後の貫通しないものが大半だが，全長20mの平面コ字状で7つの小部屋が配した壕⑬や，部屋全体がカマドとなり煙道を有する壕⑨などもある。壕内からは，陶磁器や弾丸，手りゅう弾などが見られた。また，円形や長方形の土坑も数基見られ，タコツボと考えられる。斜面に一定の間隔で配された壕は，戦略面も考慮されていようが，カマド専用の壕も構築するなど，長期間の自活に備えることも目的であったように思われる。

### 引用文献

沖縄県立埋蔵文化財センター『沖縄県の戦争遺跡―平成22～26年度戦争遺跡詳細確認調査報告書―』2015

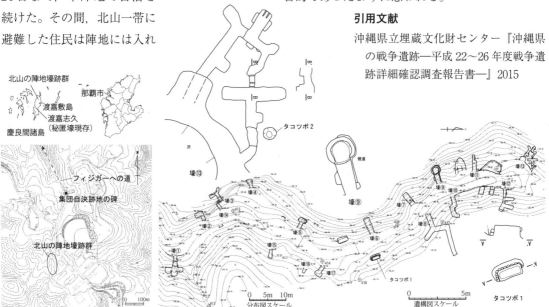

図1　北山の陣地壕跡群の位置・分布・遺構図（沖縄県立埋蔵文化財センター2015より引用）

沖縄県の戦争遺跡

# 留魂壕
りゅうこんごう

新垣　力

　留魂壕とは，沖縄県那覇市の東方，かつて琉球国の王城であった首里城内の物見台「東のアザナ」の崖下に位置する避難用の壕で，吉田松陰の著書『留魂録』から名付けられた。沖縄師範学校男子部により構築され，同校の学徒と職員が1945（昭和20）年3月23日〜5月27日頃まで生活したとされる。

　本壕は，一帯の基盤層である琉球石灰岩および第三紀砂岩を掘り込んで構築したもので，東西50m×南北20mの範囲に総延長130mが確認されている。壕口は東西方向に4ヵ所配置され，うち本来の出入口である西端・中央東側・東端（後に沖縄新報社に提供）からは南北方向に通路が延び，内部で東西方向の通路に繋がる。また前者2

壕口の前面には，視界を塞ぐように石積みが構築されている。通路は土質の関係上崩落や埋没が進んでいる部分もあるが，基本幅1.8m，高さ1.5〜1.8mを測る。天井および壁面には約1mの間隔で設けられた坑木跡や，掘削時の工具跡を残す箇所もみられ，通路の左右には2〜3m四方の部屋が交互に2ないし3つ取り付く。全体の平面形はE字形とされるが，実際には掘削中の通路が複数存在するため，現状の形態は撤退まで拡張され続けた結果とみられる。ちなみに中央西側の壕口は，開口部に石積みを設けた洞穴遺構に繋がる。内部は床面が5m×8m，高さ1.6mを測り，床面の手前側3mがコーラル敷き，奥側2mが石敷きで舗装され，造成時期は前者が15世紀代，後者が近代と考えられる。また当該遺構では，1944（昭和19）年10月頃から首里第一国民学校の職員が内部を掘り広げ，沖縄神社の御神体や同校の御真影などを退避させたとの証言も得られているが，内容と調査成果の一致点が多く興味深い。

　遺物では，東端の壕口および内部から多数出土した金属製活字が注目される。当時この壕内では沖縄新報社が陣中新聞を発行しており，それを裏付ける重要な考古資料といえる。

**引用文献**
沖縄県立埋蔵文化財センター『沖縄県の戦争遺跡―平成22〜26年度戦争遺跡詳細確認調査報告書―』2015

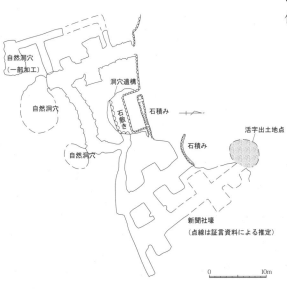

図1　留魂壕内平面図
（沖縄県立埋蔵文化財センター2015より引用・一部加筆訂正）

図2　留魂壕・全景（沖縄県立埋蔵文化財センター提供）

第Ⅱ章　東アジア・太平洋諸島の戦争遺跡とその活用

# 中国に残る日本の戦争遺跡とその活用

歩　平

## 1　中国における戦争遺跡

　戦争遺跡は，その名の示すとおり，戦争の歴史についての様々な情報を記録している戦争時代の遺存物である。中国には，歴史における戦争遺跡の文化的な意義を発掘し，観光と記念地の標とすることは長年の伝統である。典型的な例として，万里の長城や中国の多くの地方に分布している古城が古代の民族戦争の遺跡として開発されたり，利用されたりする[1]。ただし，中国のもっとも多い戦争遺跡はアヘン戦争以来の近代遺跡で，その中でも，日本と中国の戦争が一番強く中国社会に影響しているので，中日戦争に関連する戦争遺跡は近代遺跡の中で一番多い。そして，その活用についても，人々にもっとも注目されている。

　中日戦争に関連する戦争遺跡は，地域と戦争中の状況の違いによって，違う特徴を持っている。地域からみると，中国の東北地方と戦争期間に日本に占領された地方の多くの戦争遺跡は，日本軍隊が使用していた建物，あるいは軍隊が駐屯していた場所と関係がある。例えば，中国東北部とソ連との境界地方に分布している要塞，東北各地に分布している日本軍隊，警察，憲兵機関や司令部の遺跡など，そして，元・満州国哈爾浜市警察庁の旧址が1948年に「東北烈士紀念館」（黒龍江省哈爾浜市南崗区一曼街に位置する）になり，日本関東軍満州第731部隊，すなわち細菌戦部隊の遺跡が徐々に「侵華日本軍第731部隊罪証陳列館」（黒龍江省哈爾浜市平房区新疆大街47号）に拡張された。一方，日本軍隊が長期に駐屯していなかった地区の戦争遺跡は，主に当時の戦場である。例えば，山西省大同市灵丘県に位置している「平型関大捷遺跡」や山西省忻州市に位置している「忻口戦役遺跡」などである。

　戦争は政治集団，民族（部落），国家（連盟）の間の矛盾が協調できない状態まで発展した最高の闘争形式である。迅速に矛盾を解決できるかもしれないが，集団と組織はお互いに暴力や残虐な手段を使って秩序を壊すのにともなって，人類社会に対しての破壊も巨大である。であるから，人類社会が戦争を避け，平和を維持することを呼びかけるのは重要な意義がある。後代に戦争の残酷と危険を知らせ，戦争の再演を避けるために，人類社会は戦争の様相を伝達する必要がある。しかし，身をもって戦争を体験した人が次第に亡くなるにつれて，後代に情報を伝達する任務が徐々に人から戦争の歴史を記録している物，すなわち戦争遺跡に変わりつつある。

　1961～2013年まで，中国国務院は7回に分けて全国重点文物保護単位を公布した[2]。

　　第一回　1961年3月4日公布　180ヵ所
　　　　　　　（33ヵ所の近現代遺跡を含む）
　　第二回　1982年2月23日公布　62ヵ所
　　　　　　　（33ヵ所の近現代遺跡を含む）
　　第三回　1988年1月13日公布　258ヵ所
　　　　　　　（41ヵ所の近現代遺跡を含む）
　　第四回　1996年11月20日公布　250ヵ所
　　　　　　　（50ヵ所の近現代遺跡を含む）
　　第五回　2001年6月25日公布　518ヵ所
　　　　　　　（後3ヵ所を追加し，41ヵ所の近現代遺跡を含む）

第六回　2006年5月25日公布　1,080ヵ所
　　　　（206ヵ所の近現代遺跡を含む）
第七回　2013年5月　日公布　1,943ヵ所
　　　　（329ヵ所の近現代遺跡を含む）

　前五回までのリストにおいて，「三元里平英団遺跡」，「江孜宗山抗英遺跡」などの一部分は戦争遺跡に属するが，数は多くない。第六回から，日本関東軍東北要塞，731部隊遺跡などが入った。第七回には元・満州国哈爾浜市警察庁旧址，今の「東北烈士紀念館」がある。ここから見て，近代以来の戦争遺跡を次第に重点文物保護の範疇に入れ，これらの歴史資源も日々社会に重視されてきていることがわかる。

　1997年から，中共中央宣伝部は社会に愛国主義教育模範基地を4回にわたって公布した。初めて公布された1997年7月に100ヵ所，第二回は2001年6月11日に公布された100ヵ所，第三回は2005年11月20日に公布された66ヵ所，第四回は2009年5月に公布された87ヵ所である。このリストの中にある地下道戦の遺跡，日本関東軍東寧要塞などの一部分も戦争遺跡に属する。

　2014年8月24日に，中国国務院は国家級抗戦記念施設，遺跡を初めて公布，それは全部あわせて80ヵ所になる。その中には，日本関東軍の要塞遺跡を利用して建設した「世界反ファシズム戦争海拉尔記念館」（内モンゴル自治区呼倫貝爾市海拉爾区北山），「孫呉日本侵華罪証陳列館」（黒龍江省黒河市孫呉県城東），侵華日本軍東寧要塞遺跡（黒龍江省牡丹江市東寧県三岔口鎮），諾門罕（ノモンハン）戦役遺跡の上に建設した「諾門罕（ノモンハン）戦役遺跡陳列館」（内モンゴル自治区呼倫貝爾市新巴爾虎左旗阿木古郎鎮），「東北烈士紀念館」と「侵華日本軍第731部隊罪証陳列館」というような中日戦争と関連する遺跡を多く含んでいる[3]。

　このように，戦争と関連する遺跡においては，大多数が1931～1945年の中日戦争と関係がある。そして，中でも典型的なのは日本関東軍が当時の「満ソ国境」地帯に築城した要塞遺跡である。本稿はこれらの要塞の歴史と現状を紹介しようと思う。

## 2　日本関東軍の「国境要塞」建設

　日本関東軍が1931年，九・一八事変（満州事変－訳者注）を起こして中国を占領した後，1934年から「第589号命令」によって，当時ソ連と境を接する5,000km余りの「国境」地帯で大規模な軍事要塞を建設していた。1945年までに，中国東北部で国境に沿って建設できた要塞陣地は17ヵ所があり，また，要塞を設けなくても，軍隊が駐屯していた野戦陣地がいくつかある。これらの要塞と陣地を日本軍隊は「東方のマジノ線」と自任し，ソ連機械化部隊の進攻を阻止できると同時に，日本軍が進攻する「対ソ作戦」を掩護できると考えられた。

　関東軍が「国境要塞」を建設する基本的な思想は，まずロシア（ソ連）への対抗に基づく歴史的原因である。近代以来，日本は終始北方ロシアからの脅威に強烈な緊迫感を持ち，日露戦争で優位に立っても，その緊迫感は消えることはなかった。逆に中国東北部を占領した後，それはいっそう強くなった。また，ヨーロッパ諸国の国境における要塞防御線を築城する戦略防御思想を受け，もっとも直接的な影響はフランスとドイツの国境に沿って築城されたフランスの「マジノ線」であった。また当時，国境線で要塞を築城した国はフィンランド，ギリシャなどがあり，ソ連もその西部のヨーロッパ国境線と東部の偽満州国と接する国境線で要塞を築城した。

　関東軍の17ヵ所の要塞は当時の中ソ東部国境地帯の東，北，西という3つの方面に分布し，あるいは山脈・河川など有利な地勢を利用した。各要塞は縦横に数十kmで，複数の陣地で構成され，地上に位置したのもあるし，地下に建設されたものもある。各陣地には，発電，給水システム

表1　日本関東軍が「満ソ国境」地帯で築城した要塞の基本的な状況

| | 要塞地点 | 設置時期 | 装備 | 要塞築城期間 | ソ連軍に降伏、もしくは全滅日 |
|---|---|---|---|---|---|
| 1 | 東寧 | 1938/3/3 | カノン砲4<br>速射砲32<br>92歩兵砲24<br>重機関銃121 | 1934/6～1937年末　作戦地区4 | 1945/8/26 |
| 2 | 綏芬河 | 1938/3/10 | 野砲4<br>榴弾砲4<br>中迫撃砲10<br>高射砲8 | 1934/6～1937年末　永久陣地3<br>コンクリート野戦陣地14 | 1945/8/15 |
| 3 | 半截河 | 1938/3/14 | 90野砲4<br>榴弾砲4<br>迫撃砲8 | 1934/6～1937年末　重要陣地2 | 1945/8/12 |
| 4 | 虎頭 | 1938/3/10 | 野砲10<br>カノン砲6<br>榴弾砲13<br>中迫撃砲10<br>高射砲18<br>列車砲1<br>高射機関銃10 | 1935/1～1938春　重要陣地5 | 1945/8/26 |
| 5 | 霍爾莫津 | 1938/3/17 | 榴弾砲4<br>中迫撃砲4<br>高射砲8 | 1934～1937年末　重要陣地7 | 1945/8/15 |
| 6 | 璦琿 | 1938/3/17 | 野砲4<br>カノン砲2<br>榴弾砲4<br>中迫撃砲8<br>高射砲10 | 1934～1937年末　重要陣地3 | 1945/8/20 |
| 7 | 黒河 | 1938/3/17 | 野砲4<br>カノン砲2<br>榴弾砲4<br>迫撃砲18<br>高射砲10 | 1934～1937年末　重要陣地6 | 1945/8/10 |
| 8 | 海拉爾 | 1938/3/5 | 野砲24<br>カノン砲16<br>榴弾砲8<br>中迫撃砲28<br>高射砲32 | 1934/6～1937年末　重要永久陣地5 | 1945/8/17 |
| 9 | 琿春五家子 | 1940/4/28 | | 1938～1939年末　永久性陣地1<br>鉄筋コンクリート野戦陣地7<br>一般野戦陣地4 | 1945/8/17 |
| 10 | 鹿鳴台 | 1940/4/23 | | 1938～1939年末　永久性陣地5<br>コンクリート野戦陣地4 | 1945/8/15 |
| 11 | 観月台 | 1940/4/23 | | 1938～1939年末　永久性陣地3<br>コンクリート野戦陣地7<br>一般野戦陣地1 | 1945/8/15 |
| 12 | 廟嶺 | 1940/4/30 | 野砲4<br>山砲6<br>カノン砲4<br>榴弾砲4<br>高射砲6 | 1938～1939年末　重要陣地2 | 1945/8/10 |
| 13 | 法別拉 | 1940/4/30 | 野砲4<br>山砲12<br>迫撃砲48 | 1938～1939年末　重要陣地3 | 1945/8/10 |
| 14<br>15 | 富錦<br>鳳翔 | 1940～1941 | | 1940～1944　主要陣地2 | 1945/8/13 |
| 16 | 阿尓山 | | | 1940　永久陣地3<br>監視陣地12<br>前線飛行場4 | |
| 17 | 烏奴耳 | | | 1944　未完工 | |

資料出典：防衛庁防衛研修所戦史室 編『関東軍（1）、ノモンハン事件・対ソ戦備』日本戦史叢書27、朝雲新聞社、1969

表2　要塞の第一から第十五守備隊の基本状況

| 守備部隊番号 | 配属 | 要塞地点 | 設置時期 | 装備 | 指揮官と兵員 | ソ連軍に降伏、もしくは全滅日 |
|---|---|---|---|---|---|---|
| 第一国境守備隊 | 歩兵中隊 14<br>砲兵中隊 7<br>工兵中隊 3 | 東寧 | 1938/3/3 | カノン砲 4<br>速射砲 32<br>92 歩兵砲 24<br>重機関銃 121 | 少将 4,331 | 1945/8/26 |
| 第二国境守備隊 | 歩兵中隊 5<br>砲兵中隊 2<br>工兵中隊 1 | 綏芬河 | 1938/3/10 | 野砲 4<br>榴弾砲 4<br>中迫撃砲 10<br>高射砲 8 | 大佐 1,468 | 1945/8/15 |
| 第三国境守備隊 | 歩兵中隊 5<br>砲兵中隊 2<br>工兵中隊 1 | 半截河 | 1938/3/14 | 90 野砲 4<br>榴弾砲 4<br>迫撃砲 8 | 大佐 1,460 | 1945/8/12 |
| 第四国境守備隊 | 歩兵中隊 12<br>砲兵中隊 12<br>工兵中隊 1 | 虎頭 | 1938/3/10 | 野砲 10<br>カノン砲 6<br>榴弾砲 13<br>中迫撃砲 10<br>高射砲 18<br>列車砲 1<br>高射機関銃 10 | 少将 3,521 | 1945/8/26 |
| 第五国境守備隊 | 歩兵中隊 4<br>砲兵中隊 2<br>工兵中隊 1 | 霍爾莫津 | 1938/3/17 | 榴弾砲 4<br>中迫撃砲 4<br>高射砲 8 | | 1945/8/15 |
| 第六国境守備隊 | 歩兵中隊 5<br>砲兵中隊 3<br>工兵中隊 1 | 璦琿 | 1938/3/17 | 野砲 4<br>カノン砲 2<br>榴弾砲 4<br>中迫撃砲 8<br>高射砲 10 | 少将 2,893 | 1945/8/20 |
| 第七国境守備隊<br>第五、六守備隊と同じ陣地 | 歩兵中隊<br>砲兵中隊<br>工兵中隊 | 黒河 | 1938/3/17 | 野砲 4<br>カノン砲 2<br>榴弾砲 4<br>迫撃砲 18<br>高射砲 10 | 大佐 1,583 | 1945/8/10 |
| 第八国境守備隊 | 歩兵中隊 20<br>砲兵中隊 9<br>工兵中隊 5 | 海拉爾 | 1938/3/5 | 野砲 24<br>カノン砲 16<br>榴弾砲 8<br>中迫撃砲 28<br>高射砲 32 | 少将 5,992 | 1945/8/17 |
| 第九国境守備隊 | 歩兵中隊 4<br>砲兵中隊 2<br>工兵中隊 1 | 琿春五家子 | 1940/4/28 | | 大佐 1,051 | 1945/8/17 |
| 第十国境守備隊 | 歩兵中隊 4<br>砲兵中隊 1・5<br>工兵小隊 1 | 鹿鳴台 | 1940/4/23 | | 1,000 | 1945/8/15 |
| 第十一国境守備隊 | 歩兵中隊 4<br>砲兵中隊 2<br>工兵小隊 1 | 観月台 | 1940/4/23 | | 1,088 | 1945/8/15 |
| 第十二国境守備隊 | 歩兵中隊 5<br>砲兵中隊 3<br>工兵小隊 1 | 廟嶺 | 1940/4/30 | 野砲 4<br>山砲 6<br>カノン砲 4<br>榴弾砲 4<br>高射砲 6 | 大佐 764 | 1945/8/10 |
| 第十三国境守備隊 | 歩兵中隊 4<br>砲兵中隊 1<br>工兵中隊 1 | 法別拉 | 1940/4/30 | 野砲 4<br>山砲 12<br>迫撃砲 48 | 大佐 983 | 1945/8/10 |
| 第十四国境守備隊 | 歩兵中隊 6<br>砲兵中隊 3<br>工兵中隊 1 | 富錦鳳翔 | 1940～1941 | | 少将 2,000<br>(推測) | 1945/8/13 |
| 第十五国境守備隊<br>元第四国境守備隊を基幹として再編成 | 歩兵中隊 4<br>砲兵中隊 5<br>工兵中隊 1 | 虎頭 | 1945/7/20 | | | 1945/8/26 |

資料出典：防衛庁防衛研修所戦史室 編『関東軍 (1)、ノモンハン事件・対ソ戦備』日本戦史叢書 27、朝雲新聞社、1969

と通風装置があり，複数の永久火力陣地を拠点として編成した。多くの拠点は鉄筋コンクリート構造の耐久性ある陣地で，各拠点がお互いに呼応し，交差火力ができた。一般的に周囲は越えがたい山地，または沼沢林地である。17ヵ所の要塞が持っている永久陣地の数は4,500余り，延長800kmになる。

関東軍の対ソ作戦の基本原則に則り，東部正面を主な突破方向とすることから，要塞をより多く建設し，総数の約半分を占める。密度もより高く，約60kmごとに設置した。この方面でソ連領内に対する縦深作戦の需要に応えるため，関東軍は動力駆動が強いカノン砲や口径が「世界一」と呼ばれた41cmの巨大な榴弾砲を含む口径15cm以上のほぼすべての重砲をこの方面に配置した。この巨大な口径の榴弾砲は本来，東京湾を防衛するための海岸砲で，当時日本には2門しかなかった。

関東軍が要塞防御線建設を開始した当初，攻防兼備を目標とした。とくに東部の要塞建設に重砲陣地を配置したのは，日本軍隊は東部要塞を単純な防御陣地としたわけではなく，ソ連方面に攻勢を展開する戦術拠点とすることで対ソ作戦を考えていたからである。とくにソ連とドイツの戦争が勃発後，関東軍は「特種演習」を実施することを通じて，要塞の中に大量の糧食と弾薬を蓄え，貯水設備を強化した。ソ連進攻時，要塞に掩護と保障の機能を持たせるためである。しかし，1944年以降，日本が南方戦線の緊迫した局面に対処するため，関東軍主力の一部をそこに移動する作戦をとらざるをえなかった。この時期，新しく築城した要塞はすべて防御を主としたもので，ソ連軍の進攻を防ぎ，その戦闘力を消耗することが目標となった。

## 3 ソ連軍隊の進攻

1945年8月9日，ソ連軍がヨーロッパ作戦を終了した後，3個方面軍を組織して，東，西，北という3つの戦役方面から関東軍に向かって進撃，対日作戦を開始した。ソ連軍の対日作戦の第一歩は，まず強大かつ急激な攻勢をかけて関東軍の国境要塞を突破することである。日本軍国境要塞がかなり堅固に築かれていても，抵抗が頑強であっても，結局ソ連軍の強攻を防ぎ止められなかった。

日本関東軍は東部要塞に強大な防御陣地があるという特徴に対して，進撃を発動したソ軍第一極東方面軍は，大砲と迫撃砲が1万門を超えて配備され，砲兵群を編成していた。あるところでは，1kmごとに配置された火砲が250門に達し，日本軍の火力は迅速に抑圧され，守備隊はやむなく地下陣地に入って抵抗，主体的進攻能力を失ってしまった。要塞の一部分の日本軍が地下陣地に潜り込んで頑強に抵抗したが，地上との連絡が絶たれ，さらに日本で天皇が8月15日に「終戦」を公布した決定も知ることができず，結局殲滅される不運から逃れられなかった。防御ラインを突破したソ連軍主力は吉林，長春を目指し，西面からのソ連軍と合流した。

北から南に進攻したソ連軍第二極東方面軍は，軍隊を展開する区域が第一極東軍の3倍を超えた。しかし，対する日本軍は黒竜江を楯に防御していた。ソ連空軍が制空権を奪ったため，太平洋艦隊に属するアムール艦隊の進攻に有利な条件をつくった。この方面におけるある要塞（例えば，黒河要塞）の日本軍は，抵抗しないうちに素早く要塞を放棄した。ソ連軍はすぐ防御線を突破し，ハルビンに向けてまっすぐ前進した。

西部から進攻したソ連軍が国境地帯で小規模な抵抗にしか遇わなかったのは，日本軍が本来，荒漠と大興安嶺というような天然障壁によって，ソ連軍の進攻を阻止することを考えたからである。しかし，ソ連軍の機械化部隊は阿爾山の要塞地区を迂回し，迅速に砂漠と大興安嶺を越えて直接に

長春と瀋陽に前進，第一方面軍と合流した。

　総じて，多数の要塞の日本軍は抵抗していたが，すぐに守勢の立場に陥ってソ連軍に占領された。8月26日までに，すべての要塞の日本軍が，あるいは降伏し，あるいは殲滅された。こうして関東軍要塞防御線が全線崩壊した[4]。

## 4　関東軍要塞が短期間で崩壊した原因

　日本関東軍が十数年の時間と大量な物資，財力を使って建設した国境要塞が十数日のうちに突破された原因は，当然日本のアジアでの侵略戦争と植民統制が全面的な抵抗と打撃を受け，世界反ファシズム同盟の力と対抗できなかったことである。戦略思想から見て，関東軍の国境要塞建設そのものにも重大な欠陥があった。

　まず，1943年から日本が東南アジアの戦場で徐々に守勢の立場に陥って，国境要塞に駐屯していた日本軍精鋭主力をそこに移動せざるをえなかった。飛行機や重砲なども移動し，在郷軍人と軍事訓練を受けたことがない開拓民を守備隊として頭数をそろえたため，戦闘力が極めて下がった。

　第二に1944年に，関東軍要塞政策が防御作戦という目的に転換し，要塞守備隊が国境線における荒漠地，山河などの天然障壁によって，ソ連軍の進攻を止めて第二，三線の日本軍の時間稼ぎをする計画を立てたことである。しかし，ソ連軍機械化部隊の迅速な突撃で関東軍の計画はすぐ打ち破られた。そして，ソ連軍が一部の日本要塞に対して，迂回攻撃をする戦略を用いて要塞を「守株待兎」（訳者注－諺，努力をせず，幸運を待つということを比喩する。ウサギが切り株にぶつかって死んだのを見た農民が農作業をほうったままウサギが再び現れるのを待ち続けた，という故事から）のような飾り物にさせ，まったく力を発揮させなかった。

　第三に，ソ連軍が機械化部隊の建設を重視して「大縦深作戦」の原則に基づいた戦争準備により，関東軍の要塞建設思想はすでに破綻していた。一つ目は防御線の縦深が短い，二つ目は要塞間の距離が長い，三つ目は機動防御力と防空能力が弱いことである。

　「戦争の決定的な勝利は進攻によって決まることで，防御はただ進攻作戦における一つの当然の作戦行動である」とクラウゼビッツの軍事理論は指摘した。日本が建設した「東方のマジノ線」は本来，要塞の防御機能施設によって，ソ連進攻を展開することも企んでいたが，戦争後期に単純な防御に変えたのは，中国の戦場と太平洋での戦場で中国軍隊と同盟軍隊による打撃と深い関係がある。

## 5　戦後の日本関東軍国境要塞の状況

　戦後，上記の要塞が廃棄されてから現在開発して利用するまで，以下の段階を経ている。

　**第1段階**　戦後から60年代中期まで，完全に廃棄されていた段階。

　戦後から1960年代初期までは，中ソ関係は友好時期であって，国境要塞は完全に軍事意義を失った。一方，国境地帯に住んでいる住民は少なく，すでに破壊された関東軍の要塞が人々に注目されることはなかった。このため，上記の要塞について長期にわたって誰も手をつけようとはしなかった。

　**第2段階**　中ソ関係の緊張のもと，安易に利用された段階。

　1963年から，中ソ両党は国際共産主義運動の総路線をめぐって，公開討論を展開，論争が次第にエスカレートするにつれて，両国の関係も悪化，公開論戦から決裂してしまった。中ソ両国関係が変化していくうちに，ソ連軍が中ソ国境地帯に集結し，局面がさらに緊張した。とくに1969年，中ソ両軍はウスリー江国境で島嶼の所属をめぐって軍事衝突が発生，国境地帯にいっそう大きな軍事衝突が発生する危険があった。すると，旧関東軍国境要塞の存在が初めて注目された。しか

し，戦後の発展した新局面の下に，戦略思想が著しく変化していた。多くの国で国境地帯での築城方法が多道帯，大縦深に向かって発展し，旧関東軍の国境要塞は新形勢の需要を満足させることはできなかった。中ソの緊張関係と国境軍事力が対峙していた中で，その役割を果たせなかった。ただ一部の要塞，また地下陣地が物資を蓄え，仮の隠れ場所として利用された。

1971年9月13日，当時の中共中央副主席林彪の専用機が内モンゴルで墜落した後，ソ連が中国の内部勢力「修正主義」の後ろ盾だと中国では考えられた。ソ連は林彪事件によって，中国に「内部危機」があると認定し，引き続き中国に圧力を保っていた。双方は大規模な戦争をする意図はないけれど，長年にわたって軍事対峙状態に陥った。国境衝突の危機は抑えられたが，消去できなかった。国境地区は双方の民衆が近づけない禁止地区になり，関東軍国境要塞は一層廃棄されていった。しかし，それを階級闘争と反修闘争の教育宣伝材料として少数の地区では使用された。

**第3段階**　改革開放と中ソ関係が改善した後，平和と戦争の歴史教育材料とされた段階。

1980年代初め，中国は改革開放の対外政策を実施，1989年中ソ関係が正常化に入って国境の軍事緊張は緩和した。協商によって問題を解決し始め，関東軍の各地の軍事要塞が戦争の歴史研究，平和教育，史跡考古，観光として，次第に開発された。

1980年の後，中国歴史学が急速に発展し，とくに地方歴史，近代軍事考古学の活況で，要塞所在地の中国地方歴史研究者と愛好者が，関東軍国境要塞歴史の研究について，多大な情熱をもって様々な資料を収集し，各地の要塞遺跡にそれぞれのレベルに見合った実地考察を行なった。しかし，日本の文献資料が欠けていたので，深く研究することはできなかった。一方，旧日本関東軍要塞に駐屯していた旧軍人が，自身の経験した戦争体験と戦友間の感情を，戦後に旧軍人組織を集めて回想著作と文章を執筆[5]，要塞の歴史と関係ある史料をいくつか残した。しかし，要塞について実地考察を行なうことができず，十分なものとはならなかった。中日国交正常化と関係の発展につれて，一部の旧軍人が中国東北に旅行しはじめ，国境要塞を含む以前住んでいた場所に観光を申し込み，当地の歴史関係者や愛好者と交流したことで双方の研究も長足に発展した。戦争遺跡考古学に従事している日本の一部の専門家も，これに注目して調査に参加していた。

## 6　日本関東軍国境要塞に対する調査と研究

1993年4月27日から5月3日まで，中日両国はともに「虎頭要塞遺跡調査団」を組織，虎頭要塞に対してはじめて調査を行なった。日本側には岡崎哲夫をはじめ，考古研究者，歴史研究者，記者とマスコミ関係者，中国側には東北烈士紀念館の研究者，虎林県文化局の職員が参加していた。双方の調査報告が中国で発表された[6]。

1997年4月26日から5月7日まで，岡崎哲夫は再び11人で組織した調査団を率いて中国に来て，東北烈士紀念館，虎林県文化局と第二回目の中日共同虎頭要塞遺跡調査を展開した。日本の戦争時期の武器装備に対する専門研究者，全日本軍装研究会代表辻田文雄も共同調査に加入し[7]，全地球測位のGPS方法およびほかの計測技術を使用して調査結果にさらに科学的な成果を加えた。

中日双方の国境要塞共同調査と研究において，岡崎哲夫の役割は歴史的な意義がある。

岡崎哲夫は1920年に生まれ，早稲田大学在学中に徴兵され，虎頭要塞第15国境守備隊の軍人になり，1945年8月の激戦で幸いにも生き残り，捕虜としてソ連シベリアに抑留，1948年に日本に戻った。帰国後，彼は虎頭会のメンバーとして，虎頭要塞についての一連の専門研究と資料をまとめた著作を整理して出版するかたわら，1955

年の森永事件の犠牲者遺族として被害者への調査や公害問題を解決することに取り組んでいた。

1948年，3年の抑留が終わった岡崎哲夫は帰国後，虎頭要塞の建設と激戦過程を回想し，3冊の本で構成された『絶滅の記録』の著述を開始，1952年に完成した。当時は私家版として，わずか100部を印刷発行した。1963年，雑誌『文芸春秋』で発表した『秘録　北満永久要塞』は日本で大きな反響を引き起こした。そして，1964年，秋田書店から『秘録　北満永久要塞—関東軍の最期—』と題名された専門書を出版し，初めて日本で関東軍国境要塞の秘密を公表したとともに，当時わずか2％の生存率の激しい戦闘を披瀝した。

1985年，日本観光客に対して国境地帯の旧関東軍要塞の考察と訪問が中国側から許された。岡崎哲夫がこの機会に応じて，中国の関係部門や団体との協議を経て，中日両国の民間研究者を主体とする虎頭要塞共同探査活動を行なったが，当時73歳の岡崎が共同探査の中心人物となった[8]。

1993年から，中日共同調査は絶えずに続いた。岡崎哲夫は年齢と体のため，直接に参画できなくなり，2000年に亡くなった後，息子岡崎久弥が事業を受け継いで虎頭要塞日本側研究センターを設立した。そして，2007年に共同調査の集大成と思われる報告書を出版した[9]。

虎頭要塞に対する共同調査は，中日両国の関係学界で積極的な効果を生み出した。第一回調査の鼓舞と啓発を受けて，1994年，東北烈士紀念館はチームを組織して，中ロ国境地帯の琿春，東寧，綏芬河，鶏東，密山などに位置している要塞に対し，基本調査を行ない調査報告を刊行した[10]。

1999年，日本群馬県埋蔵文化財調査事業団の菊池実が虎頭およびほかの関東軍国境要塞の調査に加入し，東北烈士紀念館，虎林県文物管理所と合同で黒竜江国境要塞遺跡調査団を組織，2001年に調査報告を発表した[11]。

その後，菊池実と東北烈士紀念館はそれぞれ東寧県文物管理所と「東寧要塞遺跡調査団」（2000年），綏芬河市文化局と「綏芬河要塞遺跡調査団」（2002年），ハイラル侵華日本軍中ソ国境要塞研究センターと「ハイラル要塞遺跡調査団」（2004年）を組織して共同調査を行なっていた。東北烈士紀念館はまた調査の上で，「中ソ国境侵華日本軍軍事要塞犯跡展」を開催し，そしてロシア，日本で展示を行なった。

上記の共同調査の上で，中国側が陸続と関東軍国境要塞についての資料と研究成果を出版し，また研究組織を形成した[12]。

## 7　関東軍国境要塞遺跡に対する保護と利用

表1の17ヵ所の戦時中の関東軍国境要塞を今まで保存しているが，各遺跡は多くの陣地で構成されているために，敷地面積はかなり広く，しかも多くの地点は僻地で交通が不便である。多くの遺跡所在地の地元政府は，もっとも代表的な陣地を選定して維持，整理，復元している。関東軍国境要塞遺跡の調査と研究にともなって，各地が資金を投じて遺跡と関連する陳列館と博物館も建設している。

東寧県は1998年に県内の要塞遺跡を「東寧要塞群の遺跡」と認定し，県級文物保護単位に指定され，東寧要塞管理委員会を作った。研究者が考察を重ね保護と開発を提案した後，具体的な保護施策に取り組み始めた。1998～1999年，東寧要塞管理委員会が人力と物資の提供を呼びかけ，その中の一番典型的な勛山要塞において21の部屋を含む長さ1,163mの地下坑道を整備し，電線を敷設した。この過程で，5,000㎡を発掘して，物品300余点を整理した。修復された地下坑道と部屋を利用して面積300㎡の「東寧要塞歴史陳列館」を建て，1999年6月18日から開放，省級文物保護単位になっている。2005年勛山要塞遺跡の傍らに1,100㎡のパビリオンを建て，全国愛国

主義教育モデル基地になり，2006年5月に全国重点文物保護単位に指定された。

　虎頭要塞遺跡の規模はより大きく，正面はほぼ100km，縦深も40〜50km，6つの大型陣地と3つの単独拠点で構成されている。1990年に虎林市級文物保護単位に指定され，1991年に黒竜江省革命博物館と虎林市文物管理所により「虎頭要塞遺跡研究ワークステーション」が成立して調査と整理を開始した。1993年に「保護を主として，救急は第一」の基本原則を確定し，要塞区を4級に分けて保護していた。1995年から，まずその中の虎東山陣地300mの地下陣地の開通と整備，通風と照明施設を設置，そして200余りの文物を整理した。1996年，『虎頭要塞遺跡保護計画』によって，虎東山の地下通路と整理された部分を対外に開放した。1998年，引き続き猛虎山陣地の地下陣地を補強し，900mの通路を整備した。1999年，「アジア一の砲台」と言われた41cm榴弾砲陣地遺跡を整備して保護した。それと同時に，虎東山地下陣地と通じた建築面積1800㎡の「侵華日本軍虎頭要塞跡博物館」を設立した。

　孫呉県に位置する勝山（霍尓莫津）要塞は孫呉県内から40km離れ，黒竜江のそばの台地上に位置し，縦横は広く，森林に覆われ，その中に100近くの異なる規模の軍事施設が散在している。それらは当時の兵舎，病院，トーチカ，掩蔽部，指揮所，倉庫，観測所，砲陣地，機関銃陣地や野戦掩体，塹壕，交通壕，対戦車壕などで，ほとんどは保存状態が良好で，早くも1983年には地元の宣伝部門に注目された。2003年，地元は「勝山要塞国家森林公園」の建設と同時に保護開発計画を確定した。2005年，6つの地下兵舎，10ヵ所の砲台遺跡，5つの通路と6つの大・中型地下指揮所を整備し，また300mの地下通路を整備，2006年に全国重点文物保護単位に指定された。当要塞区は，見学できる実地観光地として整備した以外に，パビリオンも設立した。

　海拉爾要塞の中の河南台陣地は1994年と1996年，それぞれ市と内モンゴル自治区の重点文物保護単位に指定され，陣地内の地下坑道の整備や保存措置を進め，2000年に整理作業が終わった後，

図1　虎頭要塞41cm榴弾砲陣地遺跡

図2　虎頭要塞虎東山地下陣地の通路整備状況

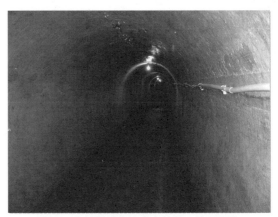

図3　海拉爾要塞河南台陣地の地下通路

地下陣地に「海拉爾要塞展示」を設立した。その後，続々と地下陣地遺跡を整備し，日本軍の指揮部，兵棲息所，衛生室，通信室などを復元した。地上の陣地遺跡を切り開いて「ハイラル要塞博物館」を設立し，"世界反ファシズム戦争ハイラル紀念園"と名づけ，総面積110haの戦争テーマパークになった。

　黒河要塞の北門鎮陣地遺跡はテレビ中継局に隣接するので，1992年に市レベルの文物保護単位に指定された後，中継局は遺跡を整備し，陣地内の爆破して堆積していたコンクリートの破片を掘り起こし，階段と手すりを修築し，照明施設を配置，1999年に「北門鎮侵華日本軍地下工事遺跡展」が開催された。それと同時に黒竜江省の重点文物保護単位に指定された。

　阿尓山要塞は当時まだ完成していなかった要塞で，その遺跡は地元の林業局内に位置している。林業局は，遺跡の中の隧道を守る堡塁を整理するのに力を投じた。堡塁の中の元執務室，宿舎，トイレ，倉庫，浴槽と発電室を復元し，1，2階を展示室にさせ，2003年から展示を開始している。

註
1) 春秋戦国期に，各諸侯国がほかの国の侵入を防ぐために，烽火台を建造し，城壁で繋いだものが，最初の長城になる。後に，ほぼ歴代帝王も長城を補強して修築し，万里に長く延長され，「万里長城」と呼ばれる。長城の底の厚さは5〜6m，頂の広さは2m，"女墻"，"垜口"および烽火台は，すべて現代の人々にとって古代戦争を知るための重要な歴史教材である。
2) 中国政府网 http://www.gov.cn/
3) 中国政府网 http://www.gov.cn/
4) 戦闘過程は次の文献を参考とした。防衛庁防衛研修所戦史室 編『関東軍(2)，関特演・終戦時の対ソ戦』日本戦史叢書73，朝雲新聞社，1974
5) 戦後，日本に戻った旧関東軍国境要塞に駐屯していた旧軍人は，かつて虎頭会，東寧会，海拉爾会，瑷琿会などのような要塞地名をつけた戦友会を組織をした。これらの組織は当時の資料を集め，回想録をまとめ，要塞の歴史についての研究書籍を出版した。
6) 調査報告：中日連合虎頭要塞遺跡調査団中方調査団「旧日本関東軍虎頭要塞遺跡」『北方文物』1995-1
7) 「虎頭要塞日本側研究センター」2006年冬—1月号
8) 戦後初期，虎頭会を設立した後，岡崎哲夫が資料として虎頭要塞についての著作を編集した。それは『絶滅の記録』(岡崎哲夫 編著)，『辺境の絶滅』(岡崎哲夫 著・虎頭会 編)である。1964年，彼の著作『秘録北満永久要塞：関東軍の最期』(岡崎哲夫)が秋田書店から出版され，1976年に『脱出行：敵地の四十里また[は]虎嘯山より虎林まで』(岡崎哲夫 記・虎頭会 編)を出版した。1990年後，陸続と『実録・シベリアの日本人：ソ連抑留・関東軍捕虜の生態1945-1948』(岡崎哲夫)，『わが青春の関東軍』(岡崎哲夫)，『虎頭鎮を知っていますか？：長恨の歌・北満の地下に眠る巨大要塞』(岡崎哲夫・平和博物館を創る会)を出版した。
9) 『虎頭要塞日中共同学術調査団　日本側調査研究報告書』JCR-KF 虎頭要塞日本側研究センター，2007
10) 黒龙江省革命博物馆・东北烈士纪念馆日本关东军"满"苏国境阵地遗迹考察团 编「对日本关东军"满"苏国境阵地的初步考察与研究」『北方文物』1995-3
11) 黒龙江省革命博物馆 编「中苏边境部分侵华日军军事防线遗址的考察报告」『北方文物』2001-3
12) 高晓燕ほか『东宁要塞』黒龙江人民出版社，2002

　韩茂才『要塞风云』天马图书有限公司，2004

　周艾民『"东方马其诺防线"大揭秘』中央编译出版社，2004

　宋吉庆ほか『东宁要塞阵地群』黒龙江人民出版社，2005

　陈云来ほか『绥芬河，鹿鸣台，观月台要塞阵地群』黒龙江人民出版社，2005

（翻訳：ハルビン師範大学大学院　王楡・菊池　実）

# 韓国に残る日本の戦争遺跡とその活用

辛　珠柏

## 1　韓国社会と日本軍の戦争遺跡

　韓国に残っている日本の戦争遺跡は日本近代史の一部である日清戦争，日露戦争，そしてアジア太平洋戦争と関連がある。朝鮮半島の日本軍の戦争遺跡は日本が侵略し，支配した歴史と深く関連しているということだ。

　日清戦争と関連する日本軍遺跡は，1894～1895（明治27～28）年まで展開された東学農民軍の動きを弾圧しようとする軍事行動と深く関連する。そのため韓国では日本軍遺跡を直接記憶する仕方よりも，東学農民戦争の遺跡地と関連づけて記憶されてきた。また，軍事施設が直接残っていないということも，その理由の一つだろう。

　1904年の日露戦争と関連する遺跡は，鎮海市とそこにあった日本海軍の基地を守るための島，とりわけ加徳島に残っている。日露戦争は主に戦場が38度線以北と満洲一帯であったために，この場所は韓国でほぼ唯一の遺跡ということができる。より詳しい説明は3節で行なう。

　朝鮮半島に残っている日本軍の戦争遺跡は，ほとんどがアジア太平洋戦争と関連する。たとえばソウルの龍山に残っている軍基地は，日本が1908年から建設しはじめたものだが，そこはアジア太平洋戦争当時にも，朝鮮半島に駐屯した日本軍を総指揮する場所だった。敗戦以降，第17方面軍司令官が天皇に報告するために作成した文書によれば，1945（昭和20）年8月当時，第17方面軍には24万人の兵力があった。

　とりわけ1945年に入り，龍山にあった司令部の指揮・監督の下に軍事施設が朝鮮半島全域にわたり急速に増えていった。現在韓国に残っている日本軍と関係があった戦争遺跡とは，このとき作られたものと言って過言ではないほどだ。それゆえ本稿で紹介する戦争遺跡に関連する説明も，アジア太平洋戦争と関連したものである。

## 2　アジア太平洋戦争と朝鮮半島

### (1)　戦況と「本土決戦」

　1944（昭和19）年6月，マリアナ諸島の戦いで勝利した米軍は，場所と時間に関係なく日本本土を爆撃できるようになった[1]。1944年後半から開始され，1945年3月10日の東京大空襲に代表される都市空襲も，このようにして可能になった。その後，米軍が戦略的に獲得せねばならない場所はフィリピンだった。1944年10月，米軍はフィリピンに上陸し，日本軍は捷号作戦によってこれに対応したが防御できなかった。これから本土が最前線となったのだ。

　沖縄はその最初で唯一の本土の戦場だった。周知のとおり，日本軍は沖縄戦で勝利するための作戦を準備していなかった。彼らは米軍の北上を最大限阻止し，九州と東京などに上陸する米軍の戦力に最大限打撃を与え，本土において戦闘を準備するための時間稼ぎに目的を置いた。朝鮮半島における本土決戦のための準備も同じく時間稼ぎ用であって，日本本土への攻撃を容易に行なおうとする米軍が朝鮮半島に上陸することも予想したため，これを阻止することに目的があった。

　大本営は戦況の変化に直面し，1945年1月20

日「帝国陸海軍作戦計画大綱」を制定し，沖縄を除く皇土，すなわち帝国本土を中心とした国防要域を確保し，本土を維持するための軍備を根本的に刷新することを決定することにより，本土戦場化，すなわち「本土決戦」に積極的に備えはじめた。本土決戦の基本方針は日本と朝鮮において兵力をただちに増強し，新施設を迅速かつ大規模に建設し，米軍の上陸を阻止したり，それに失敗したときに決死抗戦できるよう戦闘態勢を準備し，これに必要な人と施設を指揮する新しい指揮体系をつくることだった。1945年に入り，済州島と朝鮮半島の南西海岸一帯で戦争準備に拍車をかけたことも，これに基づくものだった。本土決戦という用語はこの時から本格的に使用された言葉であるが，1945年8月15日までの朝鮮半島の状況を最も端的に規定する単語だといえる。

　大本営において本土決戦を具体化する過程で，1945年4月8日付で発令された「大陸指　第2438号」の決号作戦が確定された。決号作戦とは，本土とその周辺領土および近海へ侵攻する米軍を撃攘するために本土と朝鮮半島を7つの作戦区域に分け，それぞれの地域を第1号から第7号まで区分した作戦のことだ。朝鮮半島は第7号区域，すなわち「決7号作戦」地域だった。

**(2) 決7号作戦と朝鮮半島の軍事要塞化**

　新しい作戦方針と区域を区分する過程には，指揮部隊の再調整も伴った。この時の最も重要な変化は，部隊の指揮体系を基本的に作戦と軍政へ区分したという点だ。植民地朝鮮の場合，1945年2月17日付で朝鮮軍司令部が，第17方面軍（作戦）と朝鮮軍管区司令部（軍政）へ分離され，司令官は指揮体系を統一するために兼職した。朝鮮軍管区司令部は朝鮮半島全体における軍政業務を担当したため，1945年5月30日付で咸鏡道地域を作戦区域に新しく含んだ関東軍の業務を支援する任務も続けて担当した。。しかしながら第17方面軍は対ソ作戦に代わって対米作戦を担当する

ものとして作戦任務を変更した。1904（明治37）年，日露戦争時の朝鮮半島を担当した韓国駐箚軍司令部が編制されて以来，第一作戦任務を変更するのは，この時が初めてだった。

　対米作戦とともに対ソ作戦も蹉跌なく準備するために，3月28日，京城で第17方面軍司令官，そして鎮海要港府司令官および朝鮮総督が会合し，3人の協議体も作った。植民地朝鮮における最高位の戦争指導部が登場したのだ。彼らは朝鮮における終盤の総動員のために，中央・地方（各師管区）・地区（道の地区司令官区）連絡委員会を組織し，作戦・防衛・情報・運輸・生産・労務などに集中することを合意した。軍を中心に，上層部の合意構造と下部への基幹体系を明確にしたものだった。もはや朝鮮総督府は，本土決戦のために朝鮮軍を支援する機関に過ぎなくなったのだ。新しい組織改編方針にしたがい第17方面軍は，4月10日付で既存の留守第19・20・30師団を，平壌，京城，羅南師管区へと改編し，大邱と光州にも師管区を新設した。

　本土決戦を支援するために朝鮮総督府も再編された。すなわち，朝鮮総督府は1945年4月17日，軍管区，師管区，地区司令官区との円滑な連絡と協力を受け持つ書記官を，各道に任命することにした[2]。また，師管区の設置にあわせ4月20日から朝鮮の防空区域を北鮮（咸鏡道），西鮮（平安道），中鮮（黄海道，京畿道，江原道，忠清道），南鮮（慶尚道，全羅道）地区へ改編した。地上防空は朝鮮総督府で担当し，「防空は生産だ」と主張する朝鮮軍管区司令部が支援する体制だった[3]。また同日，朝鮮総督府は本部「行政の徹底した簡素化」を達成し，「行政面の決戦体制」を「完成」させることを決定した。これにしたがい，本部は政策の大綱に関して総合・企画・統制する機関になり（一室47課から一室36課へ縮小），軍需，食糧生産および防衛など，あらゆる事務は第一線，すなわち本土決戦を支援する地方の関係機

関に委任された[4]。

　朝鮮半島における本土決戦のための組織体制が整えられていく中，2つの司令部は朝鮮軍司令部があった龍山に置かれた。1945年当時，龍山には戦闘兵力よりも補充兵力によって構成された補充隊と補給廠など支援部隊が多かった。戦闘できる大部分の兵力は関東軍の指揮の下に対ソ作戦を準備するために咸鏡道に，あるいは対米作戦のために南西海岸と済州島へそれぞれ集中配置された。最初，朝鮮半島にいた大部分の兵力は師管区別に分散配置されて，南西海岸に集中したが，対ソ作戦の戦争を直接準備した部隊は中国から緊急移動し編制された第34軍だった。

　新しい部隊配置は大本営の全体的作戦計画によってなされたのだが，とりわけ大規模の兵力の再配置は2月28日付で確定された指針に依拠した。これによれば，朝鮮で朝鮮半島の南西海岸に駐屯する第150・160師団が「沿岸配備師団」として動員され，第120師団が「決戦師団」として動員された。

　南西海岸一帯の部隊配置を通して確認できるのは，第17方面軍は米軍の上陸を予想し，群山と木浦一帯の南西海岸と釜山港中心の東南海岸に兵力を集中配置したという点だ。群山と木浦一帯の兵力配置が米軍の上陸阻止に重点を置いた配置であったのに対し，釜山一帯の配置も同様の意味を持ちながら，より大きな意図は大韓海峡と釜山港を守り，本土と朝鮮，ひいては大陸を連係することができるようルートを確保するためにあった。釜山に要塞司令部を置いた理由の一部はこれであろう。それは鎮海海軍基地の西側を防御し港湾を守るという意味で，要塞司令部を置いた麗水港においても同様であっただろう。

　大本営が本土決戦を準備し，南西海岸一帯への戦力再配置よりも更に重要視した場所は済州島だった。そのため済州島地域の軍事作戦を総括する第58軍をまず創設し，独立戦車旅団も配置した。

つまり第58軍は中国本土からただちに移動してきて，本土決戦の準備に全力を注ぐ独立した指揮組織だった。形式上は第17方面軍の傘下組織であったが，実際には大本営の直接指揮を受けて，重要な方針を具体化する過程においては大本営の意図をより強く反映した部隊だった。本土決戦において，済州島の戦略的価値を考慮した大本営の処置であっただろう。敗戦当時，済州島という狭い空間に75,000人余の兵力があったほどだった。

　朝鮮総督府と第17方面軍は朝鮮半島に新しい兵力が大規模配置されるにしたがい，これらの部隊の移送と警備，駐屯地の設置と補給品，作戦施設の建設などに多くの人を動員するしかなかった。しかし，戦闘兵力としてただちに活用できるほどの資源，すなわち現役判定を受けた人のみではこれを埋め合わせることが困難だった。そのため乙種，つまり第一補充兵判定をうけた多くの若者たちを，1945年の陰暦の正月以降に大規模に徴兵した。

　動員された補充兵は，戦闘員ではなく労務動員資源に過ぎなかった。彼らは龍山と平壌などで一定期間の基礎的な軍事訓練を受け，南西海岸一帯に配置されたのではなかった。大多数の場合，光州師管区司令部，大邱師管区司令部の指揮をうけた傘下連隊でただちに徴兵され，そのまま駐屯地へ行って労働するケースがほとんどだった。

　作戦を担当する兵力であれば，第17方面軍の指揮を受けた部隊において一定期間の訓練を受けるはずだが，第17方面軍としては非常に切迫して短い時間で労働力を大規模に動員しなければならなかったからである。さらに本土決戦を準備する時間を少しでも確保するためには，最大限の速度で数多くの補充兵を徴集する必要もあったということだ。それゆえ配置された部隊員たちはほとんど特設勤務隊，特設警備工兵隊などに配属された。彼らは厳密に言えば軍服を着ている労務者であり，戦闘できる軍人ではなかった。日本軍の立場でいえば，それほど情勢が差し迫っていたとい

**図1 第17方面軍と朝鮮軍管区兵力の基本配置**（「第一七方面軍作戦準備史」より）
1945年8月時点における第17方面軍と関東軍の作戦境界線は筆者が表示した。

うことだ。

　別の見方をするなら，朝鮮総督府自らが，良質の優秀な労働力を動員するに際して限界点に到達したという事実を示唆する。すでに国民徴用令によって動員しうる労働力はほとんど日本などに動員された状態だったのだ。結局日本は1945年の時点，すなわち最も重要な戦争の時期に至ると，徴兵という軍隊式の強制動員方式でなければ人力難を解決できないほど虚弱な帝国主義国家へと転落したということだ。内部的限界ゆえに壊れるしかなかった状況に近づいていたとも言えるだろう。付言するならば，強制動員史におけるこの時期，すなわち1945年3月からは，別途の独立した段階として設定されねばならず，筆者は兵士労務動員時期と呼んでいる。

　以上の議論を基に，1945年8月初旬現在，対米作戦に備えた第17方面軍と朝鮮軍管区の傘下の兵力の基本配置を地図に表示したものが図1である。

## 3　日本軍戦争遺跡の現況

　日本軍が建設した施設物の中で朝鮮半島に残っている最も古いものは，日露戦争関連施設だ。慶尚南道の鎮海市には，韓国軍の海軍基地がある。もともと鎮海は日露戦争の時，日本の海軍基地が入ってきて発展した地である。鎮海の海軍基地へ行くためには，必ず釜山市江西区にある加徳島の前の海を通らなければならない。日本はここに砲兵大隊を配置した。1937（昭和12）年6月に建てられた記念碑には「司令部発祥之地」と刻まれており，碑石の前面には「司令部発祥之地。明治三十八年四月二十一日　編制下令。同年五月七日外洋浦上陸」と書かれている。

　また，加徳島は釜山港の右方面を防御できる場所でもあった。それゆえ日露戦争時のみならず，1942年7月鎮海にあった要塞司令部を釜山に移転して以降も，重要な軍事基地として機能した。

表1 釜山要塞重砲兵連隊の現況 (1945年頃)

| 砲台名 | 砲種 | 門数 | 連隊兵力 | | | 摘要 |
|---|---|---|---|---|---|---|
| | | | 将校 | 下士兵 | 計 | |
| 張子嶝 | 砲塔40cmキャノン砲 | 2 | 6 | 220 | 226 | 第一中隊 |
| | 38式榴弾砲 | 4 | | | | |
| | 45式15cmキャノン砲 | 4 | 4 | 170 | 174 | 第二中隊 |
| | 38式 野砲(対空設備) | 4 | | | | |
| | 11年式7cmキャノン砲(対空・対海上 兼用) | 4 | 4 | 120 | 124 | 第三中隊 |
| 絶影島 | 上同 | 4 | 4 | 120 | 124 | 第四中隊 |
| 加徳島 | 38式榴弾砲 | 6 | 4 | 170 | 174 | 第五中隊 |
| | 38式 野砲 | 4 | | | | |
| 只心島 | 45式15cmキャノン砲 | 4 | 4 | 170 | 174 | 第六中隊 |
| 計 | | 36 | 26 | 970 | 996 | |

(朝鮮所在重砲兵連隊史編纂委員会『馬山 永興湾 羅津 麗水 重砲兵連隊史』セイコ産業株式会社, 1998, p.98 より)

釜山要塞司令部には、高射砲第151連隊以外にも表1のように重砲兵連隊が置かれていた。

現在その実態を確認できる砲陣地としては釜山港の南西側防禦の中心陣地であった加徳島の砲台と、東側に位置し大韓海峡を守る張子嶝砲台がある。釜山市江西区にある加徳島砲陣地平面図を描いたものが、図2である。

釜山市の南区にある張子嶝砲台の場合、日本でも珍しいキャノン砲2門が設置された。砲陣地を建設する時に動員された人々の証言によれば、山の土をすべて取り去り、セメントで砲陣地全体の建物を強固に建てた後、再び土をかぶせ、その上に木を植えて偽装した。そのように建てたキャノン砲陣地の様子を描いたのが、図3である。

釜山にある2つの砲陣地は、痕跡と資料が明確に残っているケースである。それゆえ復元を試みるならある程度可能な場所でもある。南区役所と江西区役所においても、この場所を歴史化しようとしている。

しかし、2つの砲陣地のようにある程度の形が残っていて、それを理解しうる資料があり、地域の歴史文化遺産という側面から接近しようとするケースは、そう多くない。かなりの部分が毀損されていて形がわからなかったり、文献的な根拠が無いためになぜそのような戦争遺跡がそこに作られたのかを解明するのが困難なためだ。証言して

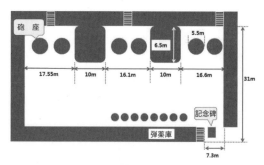

図2 釜山市加徳島砲陣地平面図
(辛珠柏『日帝強占下 戦跡地施設調査』日帝強占下強制動員被害真相究明委員会研究領域調査報告書, 2007, p.19)

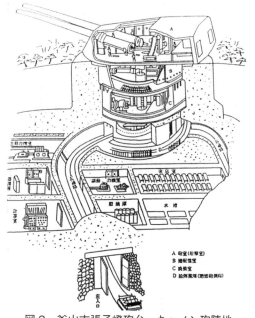

図3 釜山市張子嶝砲台 キャノン砲陣地
(『馬山 永興湾 羅津 麗水 重砲兵連隊史』千創, 1999, p.118)

くれる人々がほとんど死亡したためだ。

　また，別の理由もある。龍山米軍基地のように韓国軍や駐韓米軍が使用している戦争遺跡もあり，活用されてはいないが部隊の中にあって接近不可能な場所もある。朝鮮戦争など韓国現代史の葛藤と連関した場所も多い。冷戦の産物である朝鮮半島の分断が残している傷であるのだ。個人または会社の私有地にあるために，現在いかなる接近の方途もない場所もある。これらの場所は，ほとんどそのまま放置されていると見るべきだろう。

　地域の行政機関と市民団体が，自分の地域で確認された戦争遺跡をいかに扱うべきかについて，明らかな方針を立てないまま事実上放置するケースも多い。韓国人を侵略して支配した施設を，強いて歴史文化遺産としなければならないのかについての否定的認識とも深い関係がある。自治体の責任者の立場から見れば，否定的な世論に背を向けてまで，少なくない予算を使って戦争遺跡を歴史資料化する政策は，負担でしかない。さらに韓国社会は，支配よりも抵抗の側面において植民地期を注目している。

　そのために，済州道のように島全体に残っている戦争遺跡の実体を3年間調査し，3巻にもなるとても分厚い報告書を出したケースは，極めて例外的だ。結局2015年現在，中央政府次元では，日本軍の戦争遺跡がどれほどあるのかについて信頼できる統計がないのだ。これに対する問題点を認識した文化財庁は，2013年から今年まで龍山米軍基地と済州島，光州を除く場所に残っている戦争遺跡の現況を調査している。筆者は南西海岸一帯の戦争遺跡を調査した第一次年度事業を主導し，報告書を提出した。

　現在まで各機関がそれぞれ調査したいくつかの報告書を総合してみれば，洞窟が最も多く残っている。

　洞窟は東海岸の蔚山から南海岸に沿って木浦まで，再び西海岸に沿って高敞，群山まで至るところに残っている。内陸の都市である光州，大田，大邱の市内にも数多くの洞窟が配置されたまま残っている。正確な統計はないが，洞窟が数百個残っていることは確かである。

　これらの中で最も多く残っているところが，忠清北道の永同郡である。確認された洞窟のみで89ヵ所であり，洞窟掘りに動員された人々は200余個の洞窟があると証言する。日本軍が朝鮮の「松代大本営」を永同に作ろうとしたためだ。

　洞窟が地下に掘られているケースは珍しい。それは龍山基地，麗水市にある一部の施設程度だった。ほとんどの洞窟は地上に位置した。2005年時点で，10,280ヵ所の地下壕が残っていたほど，とても多かったというのが日本と違う点だ。日本では，地下壕が米軍の空襲に備えるための場所として作られたケースが多かったからだ。これに比べて韓国に残っている洞窟の大部分は，補給品，油類，武器などを貯蔵する軍事用として作られたためだ。

　韓国に残っている洞窟は済州のように天然洞窟を陣地として利用した場所もあるが，ほとんどは岩石を掘って作られた。コンクリートで丈夫な洞窟をつくったケースはそう多くなかった。米軍の上陸に備えるために，主要な軍事要衝地ごとに急いで建設せねばならなかったためだろう。ほとんどの洞窟は精密な建築過程を経たものではなく，一直線，S，C，T，Z文字に似た姿など，とても多様だった。洞窟の入口と突き当り部分までの地面はほとんど平坦だった。

　洞窟が大部分1945年に作られたということから示唆されるように，短い時間でいくつもの工事が同時に行なわれるしかなかった。それゆえ，近隣に暮らす人々が大規模動員された。動員対象は年齢を問わなかった。父が病んでいるために10代前半の息子が動員されるケースもあり，徴兵されていったのに洞窟掘りだけをして解放を迎えた人もいた。

それ以外には，軍の建物と飛行場跡が残っている。慶尚北道の慶山，全羅南道の咸平郡の望雲，済州島の大静，全羅南道の麗水市にある飛行場跡には格納庫もあるが放置されており，近隣の農民たちが農耕に活用している。良好な保存状態で残っている建物のほとんどは，韓国軍または駐韓米軍が使っている。文化財庁によれば，龍山米軍基地の場合，132棟の建物が残っているが，保安を理由に米軍が拒絶するために，建築物自体に対する精密調査が行なえていない。

## 4 戦争遺跡の活用

日本軍の戦争遺跡のなかで韓国軍が主体的に活用しているケースは，大部分洞窟と関連するものだ。

洞窟を歴史文化遺産という側面から活用しているケースは，2004（平成16）年に開館した済州戦争歴史平和博物館（http://www.peacemuseum.co.kr/）が代表的だ。韓国における日本軍の戦争遺跡を平和というテーマで接近した，初めてであり模範的な事例だ。また，戦争遺跡を経済的な側面から活用した代表的な事例として永同郡をあげることができる。永同を代表する特産物であるワインの貯蔵庫として活用しているためだ。抵抗と支配の両側面を同時に記憶しようとする試みもある。光州は1929年光州学生独立運動が起こった象徴的な地である。光州市教育庁は，これを記念する会館を日本軍が建設した光州飛行場の油類貯蔵洞窟のそばに建て，洞窟を歴史コンテンツとして活用するための準備を進行中である。筆者はこの洞窟に関する基礎調査の責任を引き受けた。

しかし，このような活用が中央政府または地方自治体の制度的支援によってなされる場合は多くない。1995年，戦争遺跡を史跡指定の対象として法律を改正した日本とは，かけ離れている。議論の水準も同様だ。戦争遺跡をいかに活用するかについては，議論する段階にも至っていない水準

だと言っても過言ではないからだ。

そうだとしても，戦争遺跡を反日の材料として活用しようとする人と自治体はまず見つからない。むしろ戦争遺跡の歴史化に悩む少数の人々は，人（主体）と遺跡，そして空間をいかに活用していくのか，また人文学といかに連関するのかという点に，より多くの関心を持っている。それをいかにストーリー化するのか，またいかに「地域としての東アジア」と連関しえるのかという課題があるといえる。光州市教育庁の動きは，この先導的な事例になりうる可能性がかなり高いだろう。

制度と課題の乖離にもかかわらず，これを埋めうる新しい転機が訪れているのもまた事実だ。2017年，龍山の米軍基地を平澤へ移すことが予定されている。韓国政府とソウル市は，これを契機に返還される基地のうち，75万坪ほどを生態と歴史を基本コンセプトとする民族公園として造成する計画だ。

龍山基地は植民と冷戦が折り重なる世界における，とても珍しい空間だ。それゆえ多くの人々は多様な想像力を動員し，韓国の近現代史が溶け込んだ記憶の空間へと作ろうとしている。公園化事業が具体的に推進される時に至れば，日本軍の戦争遺跡と関連した記憶化問題は，新しい転換点を迎えるだろう。

## 註

1) 本節と関連する詳しい説明は，辛珠柏「1945年朝鮮半島における日本軍「本土決戦」の準備」（『歴史と現実』49，韓国歴史研究会：ソウル，2003）の第一章を参照。この原稿を大幅に修正・補完したものが『日帝末期済州島の日本軍研究』（ポゴ社：ソウル，2008）に収録されている。
2) 「築朝参電　第2848号（4・20）」『機密作戦日誌（乙綴）』
3) 『毎日新報』1945年4月18日，2月25日
4) 「築朝参電　第2848号（4・20）」『機密作戦日誌（乙綴）』
『毎日新報』1945年4月18日

# 台湾の戦争遺跡の現状とその活用

趙 金 勇

## 1 台湾の史跡保存と戦争遺跡

### (1) 保存されている戦争遺跡

現在，台湾の考古遺跡の保存は2005年に改訂された文化遺産保存法に基づいて，国指定7・直轄市指定21 そして県指定15 の計43 遺跡が史跡指定されている。そのほかの多くの登録遺跡の中で正式に報告された考古遺跡の数は2千以上になるが，ほとんど保存されていない。また法律上7種類の文化遺産が定義されているが，戦争に関する広義の遺跡としては古戦場・沈没船・城郭・上陸地点そして要塞などがある。それらはそれぞれ史跡・歴史的建造物・文化的景観及び集落に4区分されるため，全体の数量は少なくない[1]。

1945年以前の戦争・軍事活動に直接関係する史跡を見ると，掩蓋要塞・軍事行政機関・防御門・飛行場そして防空施設など66ヵ所になるが，そこには植民地行政や戦時生活に関わる間接的な施設の遺跡（地方行政機関・連隊宿舎・官邸・灯台・軍事病院・出張所・総督府など）は含んでいない。ここでの戦争遺跡（史跡含む）の統計は主に政府が指定したものだが，そのほかに清朝や日本が台湾先住民と交戦したタロコ事件や霧社事件などの戦場，あるいは少なくない沈没船がある。しかしまだ空間の特定や研究が進んでいないため，本論では保留したい。

### (2) 台湾の歴史時代

まず読者の理解を助けるため，台湾の400年間の記録された歴史を振返ってみる。考古資料は漢民族が台湾に移住する以前すでに27,000年の間，人類が台湾に居住していたことを明らかにしている[2]。そして宋元時代には漢民族は台湾と接触があったが，文献記録は乏しく不明な点が多い。1517年台湾の近くを通過したポルトガル人船乗りが美しい景色に「麗しい島（イラ・フォルモサ）」と呼んだことからフォルモサが台湾島の名称となり，同時に急速に台湾がグローバルな貿易構造に含まれることになった。

1622年オランダ人は澎湖島の風櫃尾に要塞を築き，2年後には南台湾に移ってゼーランディア城を築造した。また1626年と28年にはスペイン人がマニラから北上して，基隆と淡水河河口にサン・サルバドール要塞とサント・ドミンゴ要塞を築き争いとなった。以後，両ヨーロッパ人勢力は台湾で戦いあったが，1647年にはオランダはスペインの駆逐に成功した。しかしオランダ人は1662年に明の旧臣鄭成功に敗北したため，ヨーロッパ人の台湾での40年近い植民地活動は終焉した。

鄭氏の明朝亡命政権は台湾にはじめて出現した漢民族の支配だったが，1683年に清軍に降伏したことで短期間の鄭氏統治が終わった。以後200年間，清朝が台湾の統治者となった。その間，清朝出先機関の漢民族は，たびたび先住民との武力衝突を起こしている。例えば19世紀後半には台湾中部の開発に起因して東海岸の先住民を攻撃し，大港口事件などでアミ族の村々に大きな打撃をもたらした。

1883〜85年の清仏戦争は基本的に両者がベトナムをめぐって起こしたものだが，戦闘はベトナ

ム以外にも拡がった。フランス極東艦隊は，清の艦隊を破って台湾に迫った。しかし淡水河河口の滬尾での敗戦により，台湾占領に失敗した。この戦いは，台湾の近代史発展の方向を換えたと言える。1895年の日清戦争の主要な戦場はやはり台湾ではなかったが，敗北した清朝は台湾と澎湖島を日本に割譲して第二次世界大戦末までの日本統治が続いた。

50年間の植民地支配期間の初期には日本軍は各地で義勇軍の抵抗にあい，その後総督府は先住民を攻撃して七脚川事件・タロコ事件・霧社事件などが起きた。後期には台湾は日本の南進の前進基地となったため，各種の戦争遺跡が台湾各地に残されることになった。

## 2 戦争遺跡のあり方

文献史による台湾の過去400年の理解によれば，外国人勢力の抗争・政権交替・内外での武力衝突が繰り返されたことになる。それは戦争遺跡が，考古学の研究対象として十分な潜在力を持っていることを示している。

例えば澎湖群島の風櫃尾のオランダ要塞跡（図1）は明末の1622年に建てられた台湾最古の要塞で，オランダ東インド会社の貿易拠点であると同時に，後には鄭氏・清軍・日本軍が馬公港基地を監視するために修復を重ねたため豊富な陶磁片が残っている[3]。

戦争遺跡に関連する保存史跡や遺跡を数えるとおおまかに64ヵ所になるが，それは各事件関係古戦場と上陸地点・第二次世界大戦中の飛行場と防空施設・沈没船[4]そして住民間武力衝突に関する防御門などとなる（表1）。

最も保存が難しいのは，20数ヵ所の日本軍が残した軍事施設である。それには1902〜04年に日露戦争に起因して建造修築された砲台（瑞芳の四角亭砲台など）も含まれるが，第二次世界大戦中のものでは淡水の水上機飛行場などである。特殊な遺構では，澎湖西嶼の「震洋」格納庫，外垵

**図1　国指定遺跡風櫃尾オランダ要塞**
遠景の半島先端が要塞跡。明末の1622年にオランダ人が築造した貿易拠点で，台湾最古の要塞遺跡。オランダ人の退去後に，残存した土塁と堀を利用して各時代の砲台が築かれた。風櫃尾要塞は各辺が55mの長さで，それぞれの角に星形稜堡を突出させた四角形をなしている。土塁外面は石と石灰で築かれ，その補強で部分的に使われた木材は日本から運んだものである。

表1　台湾の戦争関連史跡・遺跡数

| 種類／対決者 | 古戦場など | 要塞類 | 飛行場など | 沈没船 | 防御門 | 他 |
|---|---|---|---|---|---|---|
| 欧対欧 | | 4 | | | | |
| 明対欧 | 1 | 1 | | | | |
| 清対欧 | 2 | 7 | | | | |
| 清対台 | 2 | 4 | | | 2 | |
| 清対日 | 4 | 4 | | 1 | | |
| 日対台 | 1 | 6 | | | | 1 |
| 日露<br>第二次世界大戦 | | 4 | 15 | 5 | | |

された軍事・民間施設が建設された。現在島内各所では戦争遺跡や多様な軍事様相を見ることができ，全島が台湾唯一の広大な軍事景観をなし半世紀前の中国内戦史を確認できる。

## 3　戦争遺跡の研究例

以上をまとめると台湾の戦争遺跡とはこれまで未研究の領域であり，その発展の可能性は大きいが意義深い研究の達成には出発点を探さねばならないと言える。ここでは最近の3例を示して，戦争遺跡が台湾の歴史考古学にどのように受入れられるかを説明したい。

### (1) 花蓮県秀姑巒溪河口の2遺跡

葉美珍は，ここで100年前頃を年代とする多くの土壙墓群を発見し，そして年代から清末の奇密社（大港口）事件との関係を推定した[5]。この遺跡は大港口事件の戦場周辺に位置しているため，この事件の詳細を知る手がかりとなりえる。文献や口承で得難い事実を知りうる可能性を持つ，将来の発展が期待できる研究である。

### (2) 広丙艦と山藤丸沈没船遺跡

2つの船の沈没位置は，中央研究院の臧振華らの水中考古学グループによる最近の澎湖海域調査で確定した[6]。広丙艦は清の光緒年間に福州馬尾で建造された軍艦で，1894年の日清戦争の黄海海戦で日本軍に拿捕され翌年に澎湖で沈没した

図2　新竹市康楽段の防空トーチカ
（文化部文化資産局提供）

の固定砲台・地下壕・防空貯水池，台南三分子の実弾射撃場跡がある。また飛行場関連通信施設として，台中飛行場ではトーチカ群（第二次世界大戦末期3・戦後初期8）が保存されている（図2）。

そのほかに戦後の国共内戦に関して，金門島に附属する大膽と二膽の両島では中国の厦門からの射程に入るため掩蓋施設が残っている。金門島では古寧頭戦役や八二三砲撃戦で数万発の砲弾が着弾し，以後数十年間の緊張状態の中で大量の掩蓋

図3　広丙艦沈没船遺跡引揚げの日本軍携行鍵
（文化部文化資産局提供）

(図3)。山藤丸は第二次世界大戦時の日本軍の輸送艦で，1942年のアメリカの記録では潜水艦ブルーホエールの魚雷で撃沈された。さらに活発な同グループは，同時期の日本の浅香丸・御月丸・南進丸また長島丸の可能性がある沈没船なども発見している。これらは水中考古学の基礎的探査ではあるが，清末から第二次世界大戦までの海戦史に繋がる発見であり，台湾が太平洋戦争中に日本軍の前進基地であった特徴を明らかにしている。

### （3）滬尾古戦場遺跡

1884～85年の清仏戦争で，清朝政府は孫開華提督に淡水河河口と沙崙海岸に防御工事を命じた（図4）。ここで激戦が起こり最終的にはフランス軍は敗退し，基隆攻撃による台北への進撃も果たせなかった。台湾近代史を彩る重要な古戦場の一つで，2012年には新北市文化局がその一部である城岸遺跡を歴史建築として史跡指定した。広報された内容によると，「城岸」とは砂地土で築かれた高さ約4mの土塁である。内外面に傾斜を持つため上面が狭く，本来二重に築かれていたが現在は外側の4区画のみが残っている。

陸泰龍は最近この遺跡の残存部分と推定される箇所を試掘調査し，古戦場と関連する遺物は未発見だったものの出土した清末の硬質陶器と青花磁器のわずかな破片は19世紀中後期の沙崙地域住民の日常生活を反映したものと考えた[7]。彼は文献での「土牆」「築塹」「長牆」などがすべて現在の「城岸遺跡」であると比定し，自然の砂丘地形を利用してそこに砂をもった人工の土塁であるとした。同時に日本統治時代初期の『台湾堡図』には似た位置に「土圍」が描かれているため，20世紀初頭の沙崙海岸には「城岸」の構造が残っていたが100年間の自然現象と人為的な開発によって現在では変化してしまったと指摘した。

そのほかに趙金勇らも，清仏戦争での海戦の可能性がある遺跡を調査している[8]。とくに文献に

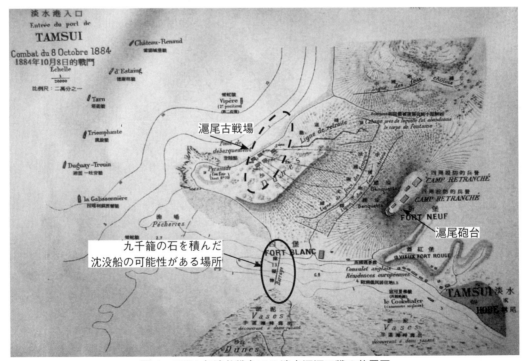

図4　1884年清仏戦争での淡水河河口戦の位置図
（鄭順徳訳『クールベ元帥の水兵』中央研究院台湾史研究所籌備処，2004を改変）

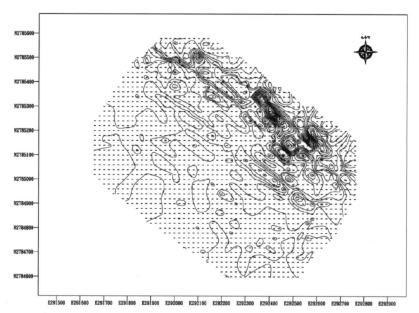

図5 淡水河河口清仏戦争遺跡範囲の水中磁気センサー測定の強度磁場分布図
45,100〜45,340nT の磁力線の計測値を 100nT ごとに示して作図。
上側が九千籠の石を積んだ沈没船の位置の可能性がある。

は，フランス艦隊の淡水河への強行侵入を防ぐため清軍が九千籠の山石を積んだ数隻の船を沈めたと記されている。この調査では水中磁気センサーを使って，淡水河河口の川底と地層を調べた。具体的な発見はなかったが，記録では近くの観音山の磁性鉱物の角閃石と輝石を含む安山岩を多く沈めたとあり，センサーが示した岸近くの高磁力値区域が「九千籠石」の遺構である可能性が考えられた（図5）。

いずれにせよ清仏戦争での滬尾古戦場に関する研究は，間違いなく最近の台湾歴史考古学での戦争遺跡研究の具体的事例と言える。

註
1) 文化遺産法の7区分に基づいて保存されている遺産は，2014年までに次の通りである。史跡806・歴史的建築1,184・考古遺跡43・文化的景観48・伝統的町並み12，ほかに自然景観と有形文化財がある。
2) 臧振華「論長浜文化的年代与類縁」『八仙洞国定遺址保護与研究国際学術研討会』国立台湾史前文化博物館，2013
3) 盧泰康「澎湖風櫃尾荷拠時期陶磁遺物之考証」『故宮文物月刊』221，2001，pp.116-134
4) この統計は日清戦争より第二次世界大戦までに限ったものだが，水中考古学は新しい研究分野であって新資料の発見は続いており今後の成長が期待される。
5) 葉美珍「秀姑巒渓口無棺葬研究─以港口遺址及靜浦Ⅱ遺址出土墓葬為例」『田野考古』15─1，2012，pp.14-80
6) 文化部文化資産局彙 編『海底新視野：2013水下考古成果展』2013
7) 陸泰龍『「淡海輕軌運輸系統計画基本設計及第一期專案管理顧問委託技術服務」文化資産調査報告』新北市政府捷運工程処委託中興工程顧問股份有限公司，2015
　陸泰龍「新北市淡水文化創意産業園区与停車場用地興建営運移転案沙崙遺址考古調査与試掘計画」新北市経済発展局委託執行，2014
8) 趙金勇・邱瑞焜・黄漢勇・賴澄漂「淡水河口水下初勘調査研究」『中華水下考古学会会訊（7）』2─13，2010

（翻訳：坂井　隆）

# 太平洋諸島に残る戦争遺跡とその活用
―遺骨収集問題について―

楢崎修一郎

## 1 はじめに

先の大戦では，海外における日本人戦没者数は，約240万人（硫黄島と沖縄の戦没省を含む）にものぼる。戦後，厚生省（現・厚生労働省）やほかの団体により，これまで約127万人分の遺骨が収骨されてきた。しかし，いまだに，約113万人分が未収骨である。とはいえ，現実には，艦船の沈没や航空機の墜落などの海没遺骨が約30万人，相手国の事情により収骨が困難とされている遺骨が約23万人と，合計53万人分は収骨が非常に困難であるため，現在の収骨対象は，約60万人となる。

私は，2010年に厚生労働省社会援護局援護企画課外事室の慰霊事業人類学専門員に就任し，太平洋地域を中心（1回だけ樺太）に，14回遺骨収集に派遣され約300体分の遺骨鑑定を行なってきた。

以下に，13回分の報告を行ないたい。ただし，派遣された順番であると話が前後するので，戦史にもとづいて3部に分けてご紹介する。

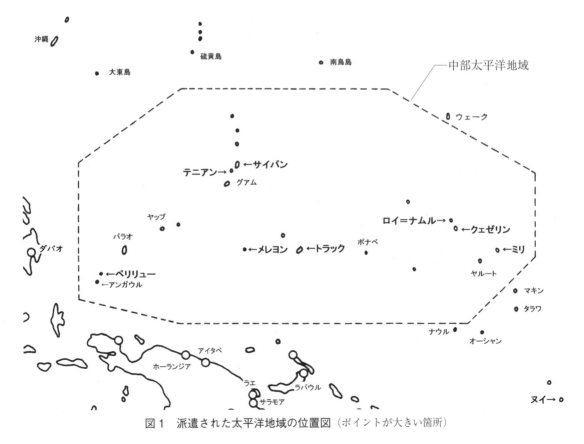

図1　派遣された太平洋地域の位置図（ポイントが大きい箇所）

## 2 撃墜された飛行機：ヌイ環礁

　1943年8月9日，タラワ（現・キリバス）の飛行場から，2機の96式陸上攻撃機が哨戒のため離陸した。しかし，1機は帰投せず行方不明となり，エリス諸島（現・ツバル）のヌイ環礁付近で米軍機に撃墜されたと推定された。搭乗員7名の内，3名が現地島民により埋葬されたという情報を得て，調査が予定されたが，1回目は漁船のエンジントラブルで中止となり，私の時も2回延期され，2014年2月になってようやく現地調査が実施された。

　現地に行き当時の状況を目撃したという古老から聞き取り調査を行なうと，現地民3名がボートで救出に向かったが，搭乗員7名中まだ息があった1名のみ救出したという。しかし，腹部に損傷を受けており，岸に到着すると息絶えたため，現地民の家族墓地に埋葬したという情報を得た。古老によるとその日本人は大柄で，私を指さして丁度お前くらいだという。私の身長は172cmである。当時の日本人男子の平均身長が約158cmであることを考えると確かに背が高い。

図2　ヌイ環礁で発見された遺骨

　現地調査最終日の夕方になって，ようやく1体の遺骨がボタンと共に出土し，大腿骨や脛骨の最大長から，身長172cmの大柄な男性と鑑定され，証言と一致した。

## 3 玉砕した島々

　1943年11月24日にマキン島（現・キリバス）が，翌11月25にタラワ島が玉砕した。その後，太平洋諸島の島々は米軍の上陸攻撃により，次々と玉砕する。1944年2月6日にクェゼリン環礁が，7月7日にサイパン島が，8月2日にテニアン島が，8月11日にグアム島が，10月19日にアンガウル島（現・パラオ）が，11月23日にペリリュー島（現・パラオ）が玉砕している。

### (1) 銃殺された兵士：クェゼリン環礁

　1944年2月6日に，クェゼリン環礁は玉砕した。2014年3月，クェゼリン環礁のエニンブル島で人骨26体が発見されたという報道があり，ハワイのJPAC（米国戦争捕虜および戦闘中行方不明者統合司令部）の職員がアジア系8体と鑑定した。

　私は，2014年に2回派遣され，1度目は報道のあった人骨を鑑定したが，8体ではなく9体であることが判明した。2度目は，エニンブル島で発掘調査を実施し，6体の遺骨を発見した。この内，5体は銃殺されたと推定した。上層の3体は，両腕を伸ばした状態で俯せに埋葬されており，その内の1体には，後頭部に銃痕が認められ，銃殺直前に「天皇陛下万歳」と両腕を挙げたところで後ろから銃殺されまだ息のあった1体は拳銃によりとどめを刺されたと推定した（口絵）。

図3　クェゼリン環礁で発見された銃殺された遺骨

## (2) 集団埋葬の島：サイパン島

1944年7月7日，サイパン島北西部のタナパグ海岸で最後の万歳突撃が敢行された。戦闘後，米軍はその一帯で4,311名の日本軍兵士と民間人の死体を確認し，ブルドーザーで大きな溝を掘り，死体を集団埋葬したことが記録写真から確認できる。

私は，2012年から2013年にかけて，3回派遣され，合計165体を収骨した。戦史によると，この万歳突撃には，在郷軍人・警防団員・青年団員などの民間人も多数参加したと言われており，武器を持たない者は石を持って参戦したと書かれている。それを裏付けるかのように，バールの先にナイフを止めたのかワイヤーが巻き付いたもの・床屋のカミソリ・仕立屋のハサミなども出土し，参戦した民間人の職業まで推定できた。

遺骨は，折り重なるように埋葬されており，中にはヘルメットや眼鏡までもそのまま出土したものもあり，米軍が急いで埋葬したことを裏付けた。戦史では，金歯を抜く死体損壊が多く記録されているが，1本も抜かれた状態のものは認められなかった。この内1体は，フルネームの水晶製の印鑑が出土し，後にDNA鑑定により遺族も判明している。また，2体の米軍兵士も発見され，1体は認識票から2014年にアメリカの遺族に返還された。

図4 サイパンで発見された集団埋葬地

## (3) 不沈空母の島：テニアン島

テニアン島は，サイパン島の南部に位置する。テニアン島北部には平坦な土地が多く，戦争中，4つの飛行場が建設され，不沈空母と呼ばれていた。1944年7月24日，米軍はテニアン島北部に上陸し，次第に南下し始め，日本軍および在留邦人は南部のカロリナス台地に追い詰められ，1944年8月2日，テニアン島南部で万歳突撃が敢行されている。

私は，2013年3月に派遣された。テニアン島では，サイパン島同様に，戦闘後多くの民間人がバンザイクリフから身を投げたり，手榴弾で自決したことが有名である。37体の遺骨を鑑定したが，男性26体・女性6体・子供5体と，民間人と推定される女性や子供が多いことが特筆される。

図5 テニアン島の野外で発見された遺骨

## (4) 天皇の島：ペリリュー島

ペリリュー島は，パラオ共和国の南側に位置し，アンガウル島と近い場所にある。1944年9月15日，米軍はペリリュー島に上陸した。当初，米軍は3日間で攻略できると予想していたが，島に約500の洞窟を掘り，万歳突撃を行なわない方針の日本軍は70日間持ちこたえ，1944年11月24日に玉砕している。天皇陛下からの御嘉賞は11回に及び，児島 襄が『天皇の島』を書いたよ

図6　ペリリュー島の野外で発見された遺骨

うに,「天皇の島」と呼ばれていた。

　私は,2013年から2014年にかけて,3回派遣された。この島には,洞窟内部はもちろん,野外でも多くの遺骨が発見されることが特徴的である。戦死しても,埋葬されなかったのか,70年経ても野外で多くの遺骨がさらされている。

## 4　飢餓に苦しんだ島々

　太平洋戦争中,米軍はすべての島々に上陸攻撃を行なうのではなく,飛び石攻撃を行なったため,制空権と制海権を失い,補給を絶たれた島々では,日本兵が飢餓に苦しんだ。

　その飢餓に苦しんだ島々として,トラック環礁・ミリ環礁・メレヨン環礁が有名である。戦後第一陣の引き揚げ船は,ミリ環礁に氷川丸が,メレヨン環礁に高砂丸が派遣されているように,時期が遅ければ全員餓死という事態も予想されたという。

### (1) 日本のパールハーバー:トラック環礁

　トラック環礁は,連合艦隊の停泊地として最大規模であり,かつて,戦艦大和や戦艦武蔵も停泊していた。1944年2月17日から18日にかけて,米軍の航空機による奇襲を受け,270機の航空機や49隻の艦船を失っている。日本のパールハーバーと呼ばれる所以となった。補給を絶たれた日本軍は,トラック環礁の各島々で飢餓に苦しんだ。

　私は,2014年10月に派遣された。水曜(トル)島には海軍第4病院があり,病没者約100名が埋葬されており,この内約半分は氏名も判明しているという情報が寄せられ,発掘調査で13体を発見した。埋葬されていた遺骨は,頭位を北にし,伸展葬であった。現地民が,頭位を西にして埋葬する風習とは異なる。ただし,主体部は建物の基礎の下にあると予想され,本格的な調査が待たれる。

図7　トラック環礁で発見された遺骨

### (2) 処刑も行なわれた島:ミリ環礁

　ミリ環礁は,マーシャル諸島の首都のマジュロから南に位置する。当時,ミリ環礁のミリ島には,海軍が飛行場や基地を建設していた。タラワが玉砕すると,次はミリ環礁が攻撃されると予想されたため,陸軍部隊が増員され,小さな環礁に陸海軍約6,000名がひしめいた状態となった。しかし,米軍は飛び石攻撃で上陸作戦を行なわず,毎日のように航空機による空爆や船舶による艦砲射撃が続いた。潜水艦による補給があったものの,食料配給が途絶え,飢餓に苦しんだという。とくに,海軍と陸軍とでは配給率が異なり,食料や椰子の実を盗んだ兵士は,銃殺や絞首刑にまで処せられた。戦後,第一陣の復員船として氷川丸が派遣され,半数以下の約2,600名が復員した。

私は，2011年9月に派遣された。ミリ環礁のエネゼット島では，6体の兵士の集団埋葬地を発見し，収骨した。兵士の頭位は北で伸展葬により埋葬されていた。現地民も伸展葬で埋葬されているが，頭位は南だという。この内1体は，俯せで埋葬されており，異常さが目立った。

図9　メレヨン環礁で発見された遺骨

図8　ミリ環礁で発見された集団埋葬墓

### (3) 水葬の島：メレヨン環礁

　メレヨン環礁は，戦争中，日本軍が暗号名として使用した名称で，正式にはウォレアイ環礁という。このメレヨン環礁にも，米軍は上陸作戦を行なわなかったが，連日空襲を受け，補給が絶たれたために餓死者が続出した。餓死者を主とする戦没者は，6,426名中4,913名であり，その率は76.5％に達した。戦争中，現地民は環礁の南西部に位置するフラリス島へ避難しており，当時の葬法は水葬であったという。また，海軍の戦没者1,197名はリーフのすぐそばにあるモトゴショウ島で水葬にされたと言われている。

　戦後，第一陣の復員船として，高砂丸が派遣され，生存者1,626名が復員した。ところが，戦後，生存率が階級により異なることが問題となり，陸軍と海軍の司令官2名が自決している。

　私は，2014年3月に派遣された。6つの島から，32体を収骨している。椰子の木の根にからまった人骨や，タロイモ畑の下から出土した人骨などが印象に残っている。このことは，生存者の証言から，戦没者が出ると埋葬し，その上に椰子の木を植えたということと一致した。

### 5　終わりに

　私はこれまで，主に太平洋諸島を中心に，14回派遣されて遺骨収集を行なってきた。全体では，未だに113万人の戦没者が海外に眠っている。海外に派遣され，遺骨収集を行なう際にいつも気をつけているのは，戦史を調べ，現地で埋葬情報や現地人の埋葬状態などの情報を収集し，考古学に基づいた発掘方法を行ない，注意深く人類学鑑定を行なっているということである。最近出版されたある本には，「遺骨は土に還っている。」という記述があり，遺骨収集にきりをつけることを後押ししている。また，政府は，法人を設立して委託をすすめるという。私の経験からは，遺骨は決して土に還っていない。それは，写真を見ていただければ明らかであろう。また委託をすると「数」のみが優先され個体毎の遺物や情報がおろかにされかねない。今年は，戦後70年という節目を迎えた。戦火に倒れた戦没者をできるだけ早く収集することは，国家としての責務である。私自身の一族から2名の戦没者を出している遺族としても，早期に遺骨が収集されることを望んでいる。

第Ⅲ章　東南アジアの戦争遺跡とその活用

# 日本・フランス共同支配下におけるベトナム

Vo Minh Vu

## 1　日本・フランス共同支配体制

　日本軍が東南アジアに進駐した際の最初の目的地は、ベトナム・カンボジア・ラオスから編成された仏領インドシナ（仏印）であった。当時、長期化した日中戦争の泥沼にはまりこんでいた日本は、仏印経由の援蒋ルート、すなわち北部ベトナムのハイフォンから中国の雲南省昆明に至る鉄道を介しての蒋介石政権支援のための運輸体制を阻止することを企図した。

　1940年5月から6月にかけ、フランスは対ドイツ戦に敗北し、東アジアにおける勢力も後退した。日本はこの機に乗じ、仏印に対しより積極的な干渉を開始した。仏印政権は、フランス本国との連絡が取れず、また英米の援助がえられないため、中国・仏印国境を監視する西原監視団の派遣を許可した。それを受けて西原一策少将を団長とする監視団は、1940年6月29日にハノイに入り、5ヵ所の国境監視所に分散し活動を展開した。これによって、日本政府は仏印ルートを完全に遮断することになった。その後、1940年9月23日に日本軍は北部仏印進駐を敢行し、1941年7月26日には南部仏印に進駐した。

　仏印進駐後、日本は、ほかの東南アジア諸国と異なり、仏印において軍政を施行せずに、仏印政権を温存させ、フランスとともに仏印を支配するという方針を選択した。この支配体制は、日仏共同支配体制と呼ばれ[1]、日本軍が「明号作戦」という仏印武力処理を行使した1945年3月9日まで維持されていた。日本にとっては、仏印政権を温存させ、日本・フランス共同支配の政策をとることはきわめて「合理的」であった。この政策は、旧植民地統治機構を利用するものであり、現地の状況を混乱させることなしに日本の支配を確立させる手段であったからである[2]。

　こうした日本・フランス共同支配体制の下において、日本の政治的・軍事的・経済的行動は、いくつかの協定によって規定されていた。第一に、1940年8月30日に締結された「松岡・アンリー協定」である。この協定では、「仏蘭西国政府ハ極東ノ経済的及政治的分野ニ於ケル日本国ノ優越的利益ヲ認ムル」、「日本国ハ極東ニ於ケル仏蘭西国ノ権利及利益特ニ印度支那ノ領土保全並ニ印度支那連邦ノ全部ニ対スル主権ヲ尊重スル」ことが規定されている[3]。「松岡・アンリー協定」によって、仏印におけるあらゆる行動を展開する際に、日本が仏印政権の存在に配慮することが必須となり、仏印政権の主権、権利および利益に反することをしてはならないとされた。逆に仏印政権も、日本の経済的政治的利益を損害することをしてはならないと定められている。

　第二に、1941年7月29日「仏領印度支那ノ共同防衛ニ関スル日本国『フランス』国間議定書」である。この議定書においては、日本が仏印の領土保全とその主権を改めて尊重する一方で、フランスが仏印に関し日本に対して直接あるいは間接に対抗するような性質をもつ政治、経済、軍事上の協力を予見させるいかなる協定や了解をも、第三国と結ばない、という2点の約束が示されている。この主旨をふまえて「議定書」では、第一に

日本・フランス両国政府は仏印の共同防衛のため軍事上の協力を行なうこと，第二にこの協力のためにとるべき措置は特別に取り決めを行なうこと，第三にここに記す諸規定はその採用の動機となっている諸情勢が存続する限り効力を有するものとする，という3つの規定が記された[4]。そして，同月同日の「軍事上ノ協力ニ関スル交換公文」では，仏印に駐屯する日本軍の行動の自由が認められ[5]，フランスの主権を侵害しない範囲では，自由に仏印全土を使用することが可能となった。

アジア・太平洋戦争の開始直後の1941年12月9日，日本はドクー総督に「仏領印度支那共同防衛に関する日本軍，『フランス』当局間現地軍事協定」を締結させた。この協定の要旨は，①仏印政権は仏印防衛のため全ての機関をあげ，日本・フランス間の既存協定に従い日本軍と協力する，②仏印は日本軍の後方を守り，必要ならば日本軍と協力する，③仏印は日本軍の行動，生存，軍事施設等に関する一切の便宜を供与する，④日本軍は主に南部仏印，仏印軍は北部仏印の防衛を担当する，といった4つの基本方針を持っていた。こうして仏印は日本と全面的に防衛協力をすることとなり，防衛担当区域の区分によって，日本は防衛という名目を持って，南部仏印で自由に行動できるようになった。

## 2 米穀の強制的供出

日本軍の仏印進駐の目的が，重慶国民政権への物資支援ルートを遮断することにあったことは間違いない。しかしながら，それ以外にも，国防資源の獲得と食糧獲得という経済的目的が存在した。1939年末までに日本政府は，対英米経済依存から脱却するため，南方を「帝国経済自給圏」に組み込む方針を決定した。1940年に入ると，米国が対日輸出制限を強化したことで，英米からの物資獲得が困難になったばかりでなく，対英米戦争の可能性も生じつつあった。加えて，アジア・太平洋戦争の開始以前から，日本の食糧政策は満州，朝鮮，台湾に依存する性質を持っていたという点で，食糧の自給を安定的に確保するシステムを欠いていた。したがって，中国・朝鮮・台湾から日本への食糧農産物流通の変貌は，日本の食糧問題を動揺させるほどの大きな影響力をもっていた。この影響力の大きさは，1939年に発生した朝鮮と台湾での天災が，日本国内に食糧事情の逼迫をもたらしたことからも窺える。

こうしたなか，日本は世界の米の三大生産地であるビルマ，仏印，タイからの日本国内への米穀供給力に大きな関心を抱き，国内の食糧不足を補填しようと考えた。国内の需要に加えて，各占領地に駐屯していた日本軍の食糧需要にも応えるという意図を持つ日本にとって，とりわけ仏印からの米は魅力的な産品であった。仏印は，その地理的位置から中国および将来的に進出を計画していた東南アジアに駐屯する日本軍にとって，重要な食糧供給地となることが予期されたからである。

1941年5月に締結された「日・仏印経済協定」に基づき，同年7月に1942年度の日・仏印間物資交換の実施取り決めに関連して，芳沢大使とドクー仏印総督との間で交渉が行なわれた。物資交換の実施取り決めにより，仏印は大東亜戦争遂行中の日本に米，トウモロコシなどの主要食糧を大量に提供することとなった。同時に日本・仏印は，米およびトウモロコシの対日供給を円滑に実行するため，サイゴンに，三井物産会社，仏印当局，米穀・トウモロコシ管理委員会という三者の代表から構成される混合委員会を設置することを決定した。

なお，1941年7月29日に出された仏領インドシナの共同防衛に関する日本・フランス間議定書により，仏印が日本に対し，1941年に70万t，1942年に105万t，1943年に102万tの米を提供することが定められている。日本からの要求に

応えるために，仏印総督は，籾・米の所持者に所持する籾・米を申告することを義務づけた。しかし，米の調達が困難となったことを背景に，1942年3月12日に仏印総督は，籾の2t以上あるいは米の1t以上を所持する人に対して仏印当局に申告することを義務づけ，さらに米穀・トウモロコシ管理委員会に所持の籾・米を販売しなければならないことを定める法令を公布した[6]。

しかし，各省の地主や籾所持者が買い上げ価格の低さに反対したため，1942年6月以降，ショロンに輸送された籾の量は著しく減少し，ショロンの米穀市場は停滞するようになった。それにともない，ショロンにおける精米工場は稼働を中止せざるを得なくなった。こうした状況を打開するために，1942年6月22日にコーチシナ総督は，各省の長官に対して，華僑が購入しまだ各省に保管している籾をショロンに緊急に輸送することと，華僑に地元の籾を購入するよう呼びかけることを命じた[7]。

さらに，日本への米供給が困難に直面した状況下で，同月に，仏印総督はコーチシナ各省に少なくとも200,000tを蓄積できるよう努めること，7月から10月までショロンに50,000tを輸送するとともに，米穀局にショロンに50,000tの収容力倉庫を設置し，各省から輸送された籾を全部購入し，また1943年1月まで少なくとも予備籾としての250,000tを用意することを提案した[8]。

1943年になると，日本の要求に対応するための籾調達が一層困難となった。供給期限と供給量をめぐる日本からの圧迫が高まりつつあるなかで，仏印総督は，米穀市場に関与する人々に対し，より厳しい統制を実施しようとした。1943年12月24日に，ドクー仏印総督は，コーチシナにおける米穀取引量が250ピクル[9]を越える取引は，米穀・トウモロコシ管理委員会の許可証を有する商人に限られることを決定した。この許可証を申請する条件としては，ライセンスあるいは取引実績を持つ商人しか申請できない。また，コーチシナにおける精米工場の所有者が機械故障もしくは，籾が変質した理由で，籾や米を転売することを禁止した[10]。

その後，1944年4月17日にコーチシナ総督は，サイゴン・ショロン地域を除き，コーチシナ各省における籾・米所持者（地主，農家，輸送業者，精米工場業者，輸出業者を含める）に対して，1944年5月5日の零時時点に所持籾・米の量を申告しなければならないことを命じた。ただし，籾の400kg以下，あるいは米の200kg以下を所持する場合は，申告の義務が課せられないのである。申告しない，もしくは申告を偽造した場合は処罰され，さらにその籾・米は公的価格より低い値段で強制収用されることとなった[11]。

仏印当局は米流通機構および米輸出機構を統制しようとしたと同時に，米価の高騰を恐れ，米の取引を管理・統制するために，籾・米の公定価格制を設置した[12]。公定価格制は，日仏経済協定の下で，毎年日本と仏印政権の交渉で定められた米の時価と貿易量に基づいて決められた。すなわち，1941年4月30日に仏印政権は，米相場を考慮したうえで，第1等籾（25％），第1等米（25％），第2等米（40％），第2等米（50％）の値段を，100kgにあたりそれぞれ6.22ピアストル[13]，11.12ピアストル，10.31ピアストル，10.06ピアストルとした[14]。そして，翌7月1日に仏印政権は公定価格制を改定した。第1等籾の値段は，ショロンでの取引ならば，1ピクルにあたり最高4.65ピアストルで，最低3.9ピアストル，第2等米が1ピクルに6.2ピアストルと定められ，それまでの値段より高価に設定したのである。それとともに，生産地値段が地域別に定められ，運賃，保険料なども定められたため，現地買出人，中間商人，運送屋，精米業者間の値段の幅が一定化されることとなった[15]。

日本への米を調達するために，1942年4月に

米穀・トウモロコシ管理委員会が積極的に米を買い集めてきたが，このことは市場の米価を値上げさせるにいたった。このため，各精米工場は，市場値段に相当する値段で米を集荷することが不可能となった。結局，各精米工場にとって，米穀・トウモロコシ管理委員会に米を供給することは，困難となった。

日仏印間の合意によると，1942年に仏印が日本に毎月平均12万tの米を供給しなければならないが，4月時点で米穀・トウモロコシ管理委員会が集荷してきたのはたった10万tのみであった。そのため，米穀・トウモロコシ管理委員会は，コーチシナ総督に，日本側と米供給の期限を延期するように交渉し，さらにショロンにおける第1等米の値段の最上限を設けることを要請した[16]。

公定価格の導入によって，日本が仏印からの輸入に期待した最も重要な商品である米が，安定した価格によって日本に供出された。1941年から1943年に関しては，1938年には総米輸出量の63.7％がフランス本国および同植民地，14.6％が中国および香港に送られており，日本向けの輸出は0.02％にしか過ぎなかった。それに対して，1941年から総輸出量の59％が日本へ輸出され，とくに1942年には総輸出量の98.3％を占めている。

### 3　1945年大飢饉の発生

1944年の秋作から1945年春作にかけて，ベトナム北部は台風，雨などの天候の不順に襲われた。そのため，1945年の1月頃から，日本・フランスによる米穀の強制的収奪によって破壊されたベトナム北部では，大飢饉が発生し，200万人の餓死者が出た。この大飢饉が大惨事に至ったのは日本・フランス共同支配下で，以下のような事情が加わったためであった。

第一に日本の米への要求に応える一方，仏印政権も自らの備蓄を満たすため，米の強制的収奪を実施したことである。そして，インフレが進行する1944年になると，米の市場価格は，80ピアストルまで上昇したが，通常は農村に蓄積されていた備蓄米がほとんどなくなるという事態が生じた。これが飢饉の被害を一挙に深刻なものにする原因となったのである。

第二に日本は軍事的需要のために，綿，ジュート（黄麻），ヒマ，落花生，胡麻などの繊維性，油性作物の栽培を強制し，食糧生産が低下していた事情を指摘しなければならない。本来ベトナム南部ほど米の生産量が多くないベトナム北部でも，戦時中には綿，ジュート，ヒマ，落花生，胡麻などの栽培が奨励され，一部の地域では，農民に転作を強制するようなことまで行なわれた。この結果，ベトナム北部では，戦争前に

図1　1945年大飢饉の犠牲者メモリアル（筆者撮影）

は5,000haしかなかったこれらの作物の栽培面積が，1944年には45,000haに拡大した[17]。これは，食糧，とくに非常時に大きな役割を果たしていた雑穀の生産を大幅に減少させることになった。そのため，飢饉の被害が一層深刻になったわけである。日本とフランスによるジュートなど繊維性・油性作物栽培の転作は，最初は奨励程度だったものが，やがて強要に近い圧力をともなってくる。米とトウモロコシを除けば，仏印の特用農産物の目玉はなんといってもジュートだった。農産物や鉱産物の麻袋としての利用度が高かったからである。1936年に比べれば，1944年のジュートの面積は170倍，生産量は150倍に増加した[18]。1942年9月に，日本政府は三菱商事，三井物産，大同貿易，日本綿花の4社をトンキンデルタに送り込み，次いで台湾拓殖，又一商会，大南公司，江商，台南製麻，東洋綿花，三興，大丸興業などを加えて，大がかりなジュートの栽培と輸出にあてた。

第三は，ベトナム南部から北部への米輸送の減少である。ベトナム北部は，慢性的な食糧不足地域であるため，以前から世界三大米輸出地の一つである仏印南部のメコンデルタからの米移入に依存しており，1941年には約185,600tの米が南部から北部へ運送されいた。ところが，1944年になると，インドシナの輸送路に対する米軍機の爆撃が激しくなり，かつフランスも日本も自らの軍事的需要を優先させたため，南から北への民生用の米の輸送は激減し，6,830tの米しか運ばれなかったのである[19]。

## 註

1) 日本は必要とする資源を獲得するために，フランスの植民地行政機構を存続し，フランスと仏領インドシナを共同支配していた。この期間は，日仏共同支配期と呼ばれている。
2) 白石昌也・古田元夫「太平洋戦争期の日本の対インドシナ政策―その二つの特異性をめぐって」アジア政経学会『アジア研究』23―3，1976
3) 鹿島平和研究所 編「日本外交史22 南方問題」鹿島研究所出版会，1973，p.133
4) JACAR（アジア歴史資料センター），Ref. B02032438800，大東亜戦争関係一件／日，仏印共同防衛協定及コレニ基ク帝国軍隊ノ仏印進駐関係 第二巻，「調書」，1941（外務省外交資料館）。
5) 前掲註4に同じ
6) 「1942年輸出のため各省からショロンへの米運送を許可することについて」GOUCOCH, L47-9（ベトナム国立第2文書館）
7) 「1942年ショロンに米を容易に輸送するための手段について」GOUCOCH, L47-107（ベトナム国立第2文書館）
8) 「1944年各省におかる予備米の在荷調べ」GOUCOCH, L47-142（ベトナム国立第2文書館）
9) 1ピクル（picul）は，60kgに当たる。
10) 前掲註7に同じ
11) 前掲註8に同じ
12) 前掲註6に同じ
13) 畑瀬の研究によれば，当時の1ピアストルは，約1円に当たる。
    畑瀬真理子「戦間期日本の為替レート変動と輸出―1930年代前半の為替レート急落の影響を中心に―」日本銀行金融研究所『金融研究』2002，p.6
14) 森徳久『仏印の農業経済』東洋経済新報社，1943，付録 pp.41-44
15) 例えば，ゴーコン省では，籾の1ピクルの現地集荷値段は，3.75～4.05ピアストルである。前掲註6に同じ
16) 前掲註6に同じ
17) Văn Tạo-Furuta Motoo (Chủ biên), *Nạn đói năm 1945 ở Việt Nam – Những chứng tích lịch sử*, Nxb. Khoa Học Xã Hội, Hà Nội, 2005, p.622
18) Tổng cục Thống kê, "Kinh tế Văn hoá Việt Nam 1930-1980", Hà Nội, 1980, p.85
19) 古田元夫『ベトナムの世界史　中華世界から東南アジア世界へ』東京大学出版会，1995，p.124

# ベトナムの戦争遺跡とその活用

## 菊池(阿部) 百里子

　紀元前から約一千年の長きにわたる中国の支配(北属期)をうけたベトナムの地は、11世紀に独立し大越国を称した。しかし、その後の歴史も度重なる近隣諸国からの、そして近現代においてはフランスや日本、アメリカ、中国からの侵略、支配、略奪そして抗争と独立の歴史であった。とりわけ19世紀後半から1975年までの期間は、フランス植民地期と日本軍支配期、そして第一次インドシナ戦争、ベトナム戦争と続き、ベトナムに暮らす人びとにとっては多大な犠牲と苦悩を強いられる百年間であった。

　ベトナムには、北属期以前から近現代までの、幾多の戦いを伝える戦争遺跡が、その闘いの英雄や慰霊碑、武勇伝とともに各地で保存、整備されている。人民の団結によって勝ち取った独立を顕彰し、国家としての独立意識高揚の場として活用されている。本稿ではとくに、近代の戦争関連遺跡、博物館についてまとめる。

## 1　日本軍支配期の戦争遺跡・慰霊碑

　仏領インドシナのひとつであったベトナムに日本軍が進出したのは、太平洋戦争開始前の1940(昭和15)年であり、ベトナム北部、翌年には南部に進駐した。この背景には、「援蒋ルート」で運ばれる中国軍向け物資の運搬を阻止し中国戦線の泥沼化から脱すること、そして東南アジアを国防資源獲得の前線基地にしようとする意図があった。こうして、この地は日本軍の南方作戦における最大の兵站基地となった。

　1945年になると、日本軍は連合軍による仏領インドシナへの侵攻の可能性が高いと判断し、フランス植民地政権と連合軍が呼応することを恐れた。日本軍はそれを回避するため、植民地政権から実権を奪う目的で、同年3月9日に明号作戦(仏印武力処理)を発動し、フランス軍を武装解除させた。この1940年から1945年8月までの期間に残された日本軍関係遺跡が、ベトナムの各地に残されている。

　日本軍は、北部(司令部はハノイ)には第38軍隷下の第22師団、中部(司令部はフエ)には独立混成第34旅団、そして南部(司令部はサイゴン、現ホーチミン)には第2師団などが駐屯し、総勢8万人ほどがいたという。

　日本軍が政治・行政施設として使用していた建物は、現在もなおホテルとして使用されている。ハノイの中心で、ホアンキエム湖周辺の観光スポットであるオペラハウスやベトナム歴史博物館の裏手には、一時、司令部が置かれていた建物がある。現在はベトナム国防省のゲストハウスとして使用され、観光客も宿泊できる。南部では、避暑地として名高いダラットに敗戦時の南方軍総司令部が置かれており、その建物は現在、最高級ホテルのソフィテル・ダラット・パレスとして使用されている。また、ホーチミン市のサイゴン川岸の最高級ホテルのマジェスティック・ホテルは、南部仏印進駐時に日本軍の兵站旅館として使用され、日本ホテルと改称された時期がある。このホテルは、その後ベトナム戦争の取材をした作家の開高健が常宿としており「Kaikou Takeshi room」を冠した部屋にも宿泊できる。

日本軍が駐屯していた5年間，ベトナムは激戦地にはならなかったが，日本軍が起こした戦闘の慰霊碑などが残る。北部では日本軍が介在したことによる大規模な飢饉が発生し（Vu論文参照），その慰霊碑が建てられている。またキムソン村では，ホー・チ・ミン率いるベトナム独立同盟（ベトミン）の活動を掃討するための襲撃事件が起こり，村には抗日活動や襲撃の様子，犠牲となった抗日烈士の遺影や名簿などを展示した陳列館がある。

　中部の港町ホイアンは，17世紀に多くの日本人が移住し，日本町がつくられていた。古い町並みが残る旧市街地を中心とした歴史的景観がユネスコ世界遺産に登録され，その調査，保存活動には多数の日本人研究者がかかわり，日本とのゆかりが深い町である。この旧市街地の中心にある中華会館には，日本軍憲兵隊によって抗日活動の罪で捕えられ，虐殺された13人の住民の遺影が飾られ（図1），郊外には「越南中圻華僑抗日殉難十烈士墓」およびその慰霊碑が建てられている。

　ほかに，太平洋戦争末期，シンガポール方面から日本に向けて石油などの資源輸送が実施されたが，その船団の多くはアメリカ軍の攻撃によって途中で撃沈された。2003年8月に，ベトナムの新聞タインニエンは，ベトナム中部ビンディン省の海岸で，くず鉄回収業者が沈没船および遺骨を発見し，日本軍のものである可能性があると報じた。その後の調査で，1945年に連合軍の攻撃で沈没した日本軍の輸送船と判明し，遺骨や遺物の収集活動が実施されたが，水中考古学調査は実施されていない。またベトナム北部の沿岸部には，日本軍が建設したとされるトーチカが残っている。

## 2　ディエンビエンフーの戦争遺跡

　1945年8月，日本の降伏直後にホー・チー・ミン率いるベトミンは全土を解放した（8月革命）。それに伴い名目的な王朝，グエン朝のバオダイ皇帝は退位し，9月2日にホー・チー・ミンがベトナム民主共和国の樹立を宣言した。

　しかし，植民地支配に固執するフランスは，再度ベトナムに介入し，ベトナム民主共和国との間で，第一次インドシナ戦争（1945～1954年）が勃発した。その最大でかつ最後の決戦地となったのが，ラオス国境に近い西北部の盆地ディエンビエンフーである。

　ド・カストリ将軍率いるフランス軍は，南北10km，東西6kmにわたり陣地を構築，2ヵ所の飛行場をもつ大要塞を築いたのに対し，名将ヴォー・グエン・ザップ率いるベトナム軍は，険阻な山道を切り開き，盆地を見下ろす山々に人力などによって多数の大砲を運び上げた。また，山地少数民族の協力により，自転車部隊が大量の物資や武器を運んでいた。フランス軍は，このようなベトナム軍の行動をまったく予期していなかったという。そして，1954年3月からベトナム軍は攻略を開始し，5月7日の総攻撃によりフランス軍は降伏した。この第一次インドシナ戦争では，敗戦後もベトナムに残留した日本軍兵士がベトナム軍兵士の軍事訓練において重要な役割を果たし，日本軍が残した武器などもベトナム軍に使用されていた。

　ディエンビエンフーは，ベトナム人にとって長

図1　抗日活動の罪で虐殺された住民の遺影
（ホイアン市・中華会館）

きにわたる植民地制度を倒した輝かしい戦勝記念地であり、その戦場は史跡整備され多くの観光客でにぎわっている。ドミニク陣地跡（D1の丘）やエリアーヌ陣地（A1の丘）、ド・カストリ司令部跡などをみることができる。また、ディエンビエンフー博物館では当時使用された武器や写真、ジオラマなどが展示され、陣地跡の丘にはフランス軍の戦車が展示されている。ほかに、戦没兵士墓地などもある。

## 3 ベトナム民主共和国の総司令部跡とベトナム共和国の大統領府および官邸跡

2010年にハノイのタンロン皇城遺跡がユネスコの世界遺産に登録された。一千年にわたる中国支配から脱し、長期封建国家である李朝が1010年からここに都を置き、18世紀の黎朝までつづく王都であった。この皇城内には、王宮の南門である端門、黎朝時代の中央宮殿・敬天殿の基壇などがある。その敬天殿の北側に、ベトナム戦争中のベトナム民主共和国（北ベトナム）総司令部跡がある。最近公開され、戦略を話し合った会議室やヴォー・グエン・ザップ将軍の執務室などを見学することができる。この執務室は小さく質素で、将軍の人柄を示す直筆ノートや知識・教養の深さを示す書籍類が展示されている（図2）。また、建物の上屋は小さいが、地下深くには作戦室や会議室が作られており（図3）、アメリカ軍からの激しい空爆（北爆）の状況を物語っている。

北ベトナムと敵対し、アメリカの支援をうけたベトナム共和国（南ベトナム）の首都サイゴン（現、ホーチミン市）には大統領府および官邸があり、今は統一会堂として一般公開されている（図4）。この建物は1966年に作られ、1967年に大統領となったグエン・ヴァン・チュウーが南ベトナム崩壊直前の1975年4月21日まで使用していた。建物内は美しく装飾され、大統領の執務室や作戦室のほか、ゲーム室やヘリポート（図5）、はてはダンスルームやバーまで設置されている。また、地下には緊急用の作戦司令室と大統領寝室

**図3　地下深くにある作戦室や会議室**
（ハノイ市・タンロン皇城遺跡）

**図2　ヴォー・グエン・ザップ将軍の執務室**
（ハノイ市・タンロン皇城遺跡）

**図4　ベトナム共和国の大統領府および官邸**
（ホーチミン市・統一会堂）

図5　大統領府のヘリポート
（ホーチミン市・統一会堂）

図6　ソンミ村の保存された家跡

図7　ソンミ村記念館の展示

などが設置されている。統一会堂の広い庭には，1975年4月30日に，大統領府のフェンスを越えて突入した北ベトナムの戦車も，そのまま展示されている。

### 4　ベトナム戦争―ソンミ村遺跡

ベトナム戦争中の1968年にアメリカ陸軍のウィルアム・カリー中尉率いる小隊が，中部クアンガイ省のソンミ村を急襲し，非武装の村民を虐殺した。虐殺された村民は，乳幼児や妊婦を含む504人でわずかに3人が奇跡的に生き残り，村は破壊された。

この事件は当初，南ベトナム民族解放戦線部隊との戦いと報道されたが，翌年にはアメリカのマスコミによって真相が暴露され，アメリカ国内外に衝撃をあたえた。そして，その後のベトナム反戦運動の大きな転換点となった。

今，ソンミ村は遺跡として整備されている。事件のあった当時の家跡が保存されるとともに（図6），農民の生活の様子を再現した農家も復元され，虐殺現場，住民を投げ込んだ井戸などを見ることができる。隣接して作られた記念館では，犠牲となった人びとの名と年齢を記載したパネル，虐殺直前の人びとの恐怖におののく写真，そして子供を含む住民の無残な遺体などの写真が展示されているとともに，住民が使用していた碗皿などの日常容器類が展示され，当時の農民生活を彷彿とさせる（図7）。

### 5　南ベトナム民族解放戦線の遺跡 ―クチ・トンネル

クチ・トンネルは，ホーチミン市から70kmほどのジャングル地帯にある。ベトナム戦争中は，南ベトナム民族解放戦線の拠点であり，全長200kmほどの地下トンネルが張り巡らされている。ゲリラ戦が展開されていたこのクチの一帯には，アメリカ軍が大量の爆弾を投下した。

クチは，南部におけるベトナム戦争の象徴であ

り，国内外の観光客に人気が高い。侵略者アメリカ軍に対して，解放軍はどのように戦い，勝利したのか，アメリカ軍が撤退せざるを得なかった戦況を実感できる戦争遺跡である。

　入場料を払うと，まず案内されるのがベトナム戦争やクチにおけるゲリラ活動などを紹介したビデオ解説室である（図8）。各国の言語に対応した部屋があり，日本語にも対応している。ジャングル内に入っていくと，地下トンネルに入る小さな穴（図9），塹壕，破壊されたアメリカ軍の戦車，作戦室，武器製作所，軍用品製作所などが見学でき，実際の地下トンネルに入る体験もできる。トンネルは，もともと小柄なベトナム人が潜り抜けられるように作られ，大柄なアメリカ兵が侵入できないように構築されている。しかし，近年の欧米人観光客に対応するため，一部の入り口の穴は大きく拡大されているが，それでも中腰で歩かなければならないほどの狭さである。トンネル内には手術室，作戦室などもあり，まさに地下要塞を呈している。見学を終わると，蒸かしたキャッサバとお茶でもてなされる。

## 6　ベトナムの戦争博物館

　ベトナムには戦争をテーマにした博物館が多い。北部のハノイでは，ユネスコの世界遺産タンロン皇城内の一画にベトナム軍事歴史博物館がある。1956年に設立され，ディエンビエンフーの戦いを時系列にみせるジオラマやビデオ映像などがありベトナムにおける民族解放闘争の歴史を時系列に展示，紹介している。またB52戦勝博物館は1986年に設立され，主に首都ハノイの戦時下における活動などを紹介している。野外には1972年12月に撃ち落したB52を展示している。

　南部のホーチミンでは，戦争証跡博物館（図10）が1975年に設立され，現在，欧米人などの見学者が多い。当初は，アメリカ軍による虐殺事件や戦争犯罪を暴く名の博物館であったが，1995年にアメリカとの国交が回復すると戦争証跡博物館と名を変えた経緯がある。しかし，展示は猛毒なダイオキシンを含む枯葉剤被害，二重胎児のホルマリン漬けなど，アメリカの戦争犯罪を実証す

図8　クチ・トンネルのビデオ解説室（ホーチミン市）

図9　クチ・トンネルに入る穴（ホーチミン市）

図10　戦争証跡博物館（ホーチミン市）

ると同時に，当時，世界のあらゆる国々でおきたベトナム反戦活動を紹介したコーナもある。また，日本人ジャーナリスト（石川文洋，中村梧郎）がベトナム戦争，その後の復興するベトナムを撮影した写真も展示されている。

ホー・チー・ミン・ルート博物館は，1995年に設立された。ホー・チー・ミン・ルートとは，ベトナム戦争時，「北ベトナム」からラオス，カンボジア領内を通り「南ベトナム」内の南ベトナム民族解放戦線に物資を運ぶ補給路のことである。国境地帯を南北に延びる全長1,100kmのチュオンソン山脈の険阻な道を開拓し，補給活動をつづけた活動などを紹介している。

このほかに，各省には，日本の県立博物館に相当する省博物館があり，その展示の一部には必ず植民地期から日本軍支配期，そしてベトナム戦争終結までのそれぞれの地域における抵抗運動を紹介している。さらには，市町村単位の博物館もあり，地域における抵抗の経緯や闘いが紹介されている。ハノイには植民地期に政治犯を収容したホアロー刑務所跡（図11），南部では同じく政治犯を収容し，トラの檻と恐れられたコンダオ（島）刑務所跡が保存されている。国家による博物館以外にも，近年は記憶，記録の風化を危惧した戦争経験者が独自に戦争の痕跡を収集・展示する民間博物館の設置の動きもあり，捕虜の記録を収集した博物館などが知られている。

また，ハノイの中心部にある高級ホテル，ソフィテル・メトロポール・ハノイには，ベトナム戦争中のハノイ市内やホテルの様子を展示する一角があり，地下にはアメリカ軍の北爆のとき宿泊客が逃げ込むための防空壕が残存し，公開されている。戦時中，アメリカの反戦歌手ジョン・バエズがハノイを訪問し，北爆に際してこの防空壕に逃げ込み，従業員に反戦歌を歌ったことでも知られる。

## 7 ベトナムにおける戦争遺跡の活用—課題

ホー・チー・ミンが起草した独立宣言文は，人間の平等を謳うアメリカの独立宣言とフランスの人権宣言の大きな影響をうけて作られたものである。ホー・チー・ミンの「自由と独立ほど尊いものはない」という言葉は，民族自決権，民族解放思想の基盤をなしている。ベトナム政府や各自治体は，それを実践してきた場としての戦争遺跡を保存し，記憶，記録の継承をするため博物館の展示や慰霊碑の建立を重要視してきた経緯がある。

近年は，ベトナムにおける慰霊碑や人物像記念碑といった公式的な「上から」の戦争の記憶構築について，一般の人びとによる「下から」の記憶との関係や同時代の社会主義国からの文化的影響から考察する研究もある。ベトナムにおける慰霊碑の建設には，年長者や儀礼，墓を大切にするベトナム人としての精神性の表れもあろう。

ドイモイ政策に伴うベトナムの市場解放もあり，ベトナムは1995年にアメリカとの国交を回復した。近年ベトナムは，目覚ましい経済発展を遂げ，海外からの観光客を呼びこむための観光地開発が盛んである。戦争遺跡の観光地化も進み，前述の熾烈なゲリラ戦と空爆の激戦地であったクチでは，欧米からの観光客の利便性に供するために地下トンネルの形状が変更され，残置された戦

図11　ホアロー刑務所跡（ハノイ市）

車に上がったり，射撃体験までできるなど娯楽性も強い。

しかし，ベトナムにおける戦争遺跡の調査は，考古学視点からみると十分になされているとはいえない。総延長200kmほどのクチ・トンネルの実態解明にはまったく着手されていないままに，観光地としての整備が先行している。ベトナム海域に沈んでいる日本軍の輸送船も，一部の遺骨が収容されたが，水中考古学調査は実施されていない。

戦争遺跡はまた，その闘いの当事国，当事者同士を結び付け，相互理解による未来的思考の平和醸成の場となる役割をもつことができる。前述のソンミ村での虐殺事件から40年たった2008年，現地で追悼式典がおこなわれた。この式典には，事件の生存者や地元住民，そして元アメリカ軍兵士が参加したことで日本でも大きく報道された。その後，式典は毎年おこなわれ，生存者，地元住民，そしてアメリカ人の和解の場になりつつあるという。戦争遺跡のもつ多様な面である。

戦争遺跡の保存と公開は，その戦いの残忍さや闘いの正当性を主張したり，被害者同士の共同性を創出するのみではない。戦争の愚かさを後世に伝え，平和を希求する精神を養う場でもある。観光地化されることで国内外の人びとに公開され，その戦闘の意味について世界の人びとが考える機会の創出にもなる。そのため，戦争遺跡の整備は，一国の意図的な解釈で実施されるべきではなく，第三者的な視点からの調査研究の成果が反映された整備がなされるべきであろう。

**参考文献**

今井昭夫「ベトナムにおける戦争の記憶の「社会化」—「捕虜となった革命戦士博物館」の事例を通して」『地域研究』14—2，京都大学地域研究統合情報センター，2014

菊池誠一「現地資料にみるベトナム「ホイアン事件」の概要」『学苑』756，2005，pp.1-8

桜井由躬雄・桃木至朗『ベトナムの事典』同朋社，1999

十菱駿武・菊池　実『しらべる戦争遺跡の事典』柏書房，2002

十菱駿武・菊池　実『続しらべる戦争遺跡の事典』柏書房，2003

平山陽洋「ベトナムにおける公式的な戦争の記憶－記念碑と戦争展示をめぐる考察」『地域研究』14—2，京都大学地域研究統合情報センター，2014

Ban Quan Ly Khu Chung Tich Son My　*Nhin lai Son My*，2009（ベトナム語）

# カンボジアの戦争遺跡とその活用

丸井雅子

　本特集号の主題である戦争遺跡を太平洋戦争に関わる遺跡と見る場合，カンボジアはその適切な事例を提供するに必ずしも相応しいとは言えない。該当する戦争遺跡がカンボジアではほとんど認識されていないという現状は，同戦争下でこの地域に対する日本軍の政策に加えて，同国がいまだ1970年代から20年近く続いた内戦からの復興中であることに起因すると推察する[1]。本稿でカンボジアの戦争遺跡とその活用をまとめるにあたり，太平洋戦争時についてはその痕跡をわずかに辿るに留め，紙面の多くはカンボジアの現代史と内戦に費やすことをお断りしておきたい。

## 1　太平洋戦争下のカンボジア

### （1）概　況[2]

　19世紀以降激化するイギリスとフランスのアジア進出はカンボジアにも及ぶ。1863年にフランスとの保護条約に調印したカンボジアは，続いて1884年にフランス＝カンボジア協約により保護国となったことで最終的に1887年の仏領インドシナ（仏印）への編入に至る。その仏印は，日中戦争によって日本が中国沿岸地域を封鎖した後に，蒋介石を主席とする中国国民政府支援のために米・英が開拓した重要な物資輸送ルートとなる。この「援蒋ルート」遮断が動機づけとなり日本は1940（昭和15）年9月，まず北部仏印[3]に進出を決断するのであった。北部仏印進駐はこの時点ではインドシナ防衛が第一義ではなく，あくまでも援蒋ルート遮断にあったと解釈されている。しかし1941年7月には，仏印の日・仏印共同防衛並びに日本の南方政策推進のため南部仏印進駐を果たされた。この仏印進駐が主要因の一つとなって同年12月の太平洋戦争開戦へ日本は向かうこととなる。南部仏印進駐が軍事史において，非常に重要な出来事と位置づけられる所以である[4]。

　ところがこうした戦時下にありながら一方で，日本から仏印へは政治家や経済人のみならず大学研究者，芸術家などの文化人が次々と送り込まれ，当地の様子が日本へ紹介され，研究されるようになった。また，日本においてアンコールの遺跡群やその考古学的研究が本格的に紹介されたのも，この時期1941年から1944年にかけてで，フランス語による専門書の翻訳と出版が相次いだ[5]。

　話を南部仏印進駐に戻すと，1941年8月時点でカンボジアへも進出した日本であるが，仏印共同防衛は外敵に対してのみ有効であり国内の治安維持は依然として仏印側が警察権を保有していた[6]。この「共同防衛」と共に「静謐保持」を掲げた日本は，フランス軍との戦闘発生を極力避ける政策をとり続けた[7]。仏印は，日本軍が南方を甲（直接占領地域）・乙（進駐地域）の2地域に分けて優先順位をつけたうちの後者，即ち乙地域であった。

　戦局が日本にとってますます不利になりつつある1945年2月の「対仏印処理要綱」決定により，翌3月9日の明号作戦の発動となる。警察権もすべて日本の指揮下に入れる仏印軍武装解除が実施された（図1）。戦後1957年4月に在カンボジア

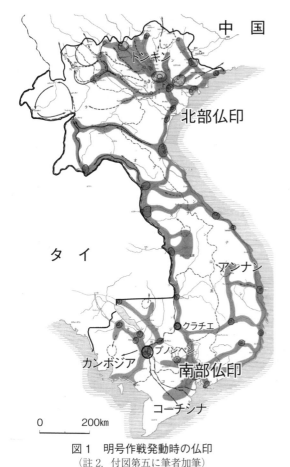

図1 明号作戦発動時の仏印
（註2，付図第五に筆者加筆）

日本国大使館（プノンペン）に外交官として着任した今川幸雄は，日本軍によるこの「仏印処理」当時を記憶しているカンボジア人から次のよう聞いた。「タイ国境からバッタンバンを経由し列車で続々とプノンペン駅に到着した日本軍将兵は，弊衣破帽で一見敗残兵のよう（洒落た服装のフランス兵を見慣れたカンボジア人の目にはそう映ったのであろう）であったが，規則正しく整然と行進してトンレ・サップ河畔の倉庫を改造した兵舎に入って行ったのには感心させられた」と[8]。

（2）メコンに沈む戦艦フランシス・ガルニエ

フランシス・ガルニエは，19世紀後半にメコン川を探検したフランス人海軍軍人[9]の名であるが，現在カンボジア中部の街クラチエのメコン川に沈んでいるのは，この軍人の名を冠したフランス船籍の河用砲艦フランシス・ガルニエである[10]（図2）。

1945年3月9日の明号作戦発動の際，クラチエには日本軍第二師団の歩兵第二十九連隊の主力が投入され翌10日午後には武装解除を完了している。現在，メコン川の水面に船体の一部がわずかに姿を見せている沈没船は，この明号作戦の際に日本軍が撃沈もしくは自沈したとされる。地元の中にはその船の存在と歴史を理解する人もいたようだ。カンボジア発行の英字新聞カンボディア・デイリー紙は，フランシス・ガルニエが近年（記事が書かれた2005年時点）違法な鉄スクラップの対象として解体の危機にさらされ，地元住民の通報により当局の知るところとなり，ようやく中央政府が規制に乗り出したことを報道している。住民の中からは「この戦艦は第二次世界大戦を物語る貴重な歴史の一片である。だからこの場所から決して移すべきではない。」という声も聞かれた[11]。

しかしこうした鉄くず扱いの戦艦を，戦跡として保護する具体的な動きは今のところ無い。ここに沈む船が第二次大戦中の河用砲艦で，1945年3月9日に沈没したという歴史はカンボジア国内でほとんど知られていない。先に言及したように地元の一部の住民が話題とするか，あるいはクラチエあたりに生息するカワイルカ見物に訪れる外

図2 メコンに沈むフランシス・ガルニエ
（三輪悟氏提供）

国人観光客がついでに立ち寄る程度である。カンボジア政府は，ユネスコ水中文化遺産保護条約を2007年に批准したことを契機として，文化芸術省を中心に国内の水中文化遺産分布調査を実施した。海域に加えて2010年から2011年にかけては河川域の調査が実施され，ここで正式にクラチエのフランシス・ガルニエがカンボジアの文化遺産として目録に記載されることとなった[12]。しかし，将来の具体的な保護体制構築が早急に望まれる状況は依然として変わりない。

## 2 内戦からの復興と人々の和解

### (1) クメール・ルージュ

クメール・ルージュはポル・ポトを首魁とし，毛沢東の文化大革命に心酔したとみられる極端な民族主義的共産主義者の集団で，農本主義による国土開発を掲げて苛酷な強制労働を徹底した。1975年4月17日から1979年1月6日までの3年8ヵ月20日に及ぶポル・ポト時代は約170万人の命を奪い，カンボジア史上最も悲惨な期間とも言われている[13]。しかし，1979年1月のクメール・ルージュ崩壊が直ちにカンボジアへ平和をもたらしたわけではなかった。1970年代末から1990年代初頭まで，カンボジアは引き続き国内外の政治勢力間の諸対立によって紛争状態に陥り（一般にこれを「カンボジア問題」と呼ぶ[14]），「ポル・ポト時代に犯された罪」の全容解明は，4半世紀を待って今ようやくその端緒に就いたばかりである[15]。

### (2) 「S21」とチューン・アエク

旧社会の社会文化的価値や人間関係を根本から否定，破壊したクメール・ルージュは，都市住民を「新人民」と位置づけ地方へ強制移住させ，クメール・ルージュの革命に反対していた敵として「再教育」を行なった。以前からの解放区住民である「旧人民」は，新人民の動向を監視，密告するスパイとなった。年齢，性別によって生活労働グループが形成され，家族の解体と集団化，集団結婚が強制された。飢餓や病気，あるいは虐殺で大勢の人が命を落とす中，やがてクメール・ルージュは大規模な内部粛清にも着手する。プノンペンにある「S21」は，かつての高等学校校舎をクメール・ルージュが国内最大の政治犯尋問センターに造り替えたもので，長年クメール・ルージュに貢献した者やその家族が裏切り者として消された。その数2万人に上るという[16]。S21で処刑された人々の死体は当初はセンター近辺に埋められたが，やがて空き地が無くなった。そのためプノンペンから13kmほど離れたチューン・アエク村が選ばれ，S21からトラックで運ばれた人々の虐殺と死体遺棄の場となったのである[17]（図3）。

図3 チューン・アエクの集団墓地（註18より）
虐殺のサイトミュージアムとして公開されている。

### (3) 博物館の活用

S21は1979年，クメール・ルージュ崩壊と同時に，その時代の惨劇を伝えるために「トゥールスレン虐殺博物館」（トゥールスレンは地名）として開館した（図4）。

この博物館の存在は，当事者即ちカンボジアの人々にとって長い間身近なものだったとは言い難い。彼らにとって，自身の生活の復興が最優先の課題であったことは確かである。そのような状況で，1995年カンボジア国内に設立されたクメー

図4　尋問室を改造した展示室
外国人観光客が多い。

ル・ルージュに関する研究調査機関「カンボジア史料センター」(DC-Cam) は，ポル・ポト時代の歴史を次世代のために記録保存し，同政権の犯罪責任を追及する上で裏付けとなりうる潜在的証拠を収集整理することを目的として活動を進めている[19]。同センターは雑誌『真実探究』を2001年から発行，さらに2007年には『民主カンプチア時代（ポル・ポト時代）の歴史（1975 - 1979)』を刊行し，高校教員のための指導用教材に相応しいという判断が政府によって表明された。しかしこうして明らかにされつつある真実が，カンボジアの人たちにどのように浸透しているのかはいまだ判断する材料がない。

以下はトゥールスレン虐殺博物館チャイ・ヴィソット館長へのインタビューに基づきまとめたものである[20]。同館は2015年から3年計画で，このDC-Camと共同で語り部の会を開催している。週2回，ポル・ポト時代経験者を博物館に招き，当時の様子を語ってもらう会である。しかしその場に参加するカンボジア人は非常に少ない。そもそも博物館来場者の8割が外国人である。学校の課外教育としの博物館見学も呼びかけているが，公立学校の場合は通常教科との兼ね合い，日程調整，引率教員の手配，往復交通手段など解決せねばならぬ課題が山積して実施は難しい。「何より

も，ポル・ポト時代について大人ですら未だ直視することを避けているのではないか。大人がそうであれば子どもは尚更である。」と館長が私見を付け加えた。そのような中で，「博物館に人が来ないならば，博物館から行けばいい」ということで移動博物館にも挑戦している。これは，沖縄県立博物館・美術館および沖縄県平和祈念資料館がJICA草の根技術協力事業「沖縄・カンボジア『平和文化』創造の博物館づくり協力」の一環として実施した企画である。海外の博物館，団体との平和を主題とした博物館交流事業は，今後のトゥールスレン虐殺博物館自身が自国民に対する役割と機能を自覚するための刺激となっているようである。

## 3　記憶遺産の未来

トゥールスレン虐殺博物館が所蔵する資料群は，2009年にユネスコ記憶遺産（Memory of the World) として登録された。資料の内訳は，収容者のうち少なくとも5,000人分にのぼる顔写真および拷問，尋問の記録写真，そして凄惨な拷問の結果導き出された「自白書」などの紙資料である。今後，まさにこの「記憶遺産」の目的に則って資料保存，遺産の公開とアクセスの改善，国内への普及活動を促進する義務がカンボジア政府に課せられている。これは単にトゥールスレン虐殺博物館の資料に対する課題に留まらない。未だ心の傷と記憶の復興途上にある多くの人々にとって，相応しい形で未来への継承のあり方を共に考え提示するものとなるべきである。

註

1) 丸井雅子「世界の中の日本人考古学者—東南アジアのフィールドから—」『考古学研究』61—3, 考古学研究会，2014, pp.29-37

2) 防衛庁防衛研修所戦史室『戦史叢書　シッタン・明号作戦—ビルマ戦線の崩壊と泰・仏印の防衛—』朝雲新聞社，1969，pp.511-710

3) 北部仏印とは，植民地支配体制の領域区分に基

づくトンキン（Tonkin）を指す。後述の南部仏印は同領域区部のコーチシナ（Cochinchina）およびカンボジア王国（Cambodia）を含む。その後の日本駐屯軍配備は，必ずしも植民地支配とは一致しない北・中・南を採用する（前掲註2）。

4) 藤原貞朗『オリエンタリストの憂鬱―植民地主義時代のフランス東洋学者とアンコール遺跡の考古学―』めこん，2008，pp.405-485
5) 前掲註4に同じ
6) 前掲註2に同じ
7) 今川幸雄『カンボジアと日本』連合出版，2000，pp.23-27
8) 前掲註7に同じ
9) フランシス・ガルニエ（1839〜1873）。ドゥダール・ドゥ・ラグレ海軍大尉率いるメコン調査隊（1866〜1868）に参加，1873年に報告書『インドシナ探検旅行』を著す（前掲註4，p.24）。
10) 海人社 編『世界の艦船 増刊第17集 第2次大戦のフランス軍艦』346，海人社，p.135
11) 『カンボディア・デイリー（The Cambodia Daily）』2005年12月3日記事
12) Ministry of Culture and Fine Arts and UNESCO Phnom Penh office, *The Preliminary Cartography of Cultural Underwater Heritage in Cambodia*, 2011
13) 前掲註7，pp.40-44
14) 山田裕史「第1章 「ひと」が平和をつくる―カンボジア和平交渉における日本の積極外交―」『現場＜フィールド＞からの平和構築論―アジア地域の紛争と日本の和平関与―』勁草書房，2013，pp.19-43
15) 天川直子「誰をどう裁くのか―ポル・ポト政権崩壊後から四半世紀―」『カンボジアを知るための62章 第2版』明石書店，2012，pp.208-212
16) 岡田知子「革命の理想と現実―内戦から和平へ―」前掲註15書，pp.186-190
17) Khamboly Dy *A History of Democratic Kampuchea（1975-1979）*, Documentation Center of Cambodia, pp.41-55
18) The Killing Fields Museum of Cambodia のホームページから転載 http://www.killingfieldsmuseum.com/（2015年3月31日）
19) 岡田知子「オンカーに捧げる文学」前掲註15書，pp.191-193
20) トゥールスレン虐殺博物館チャイ・ヴィソット館長へのインタビューは2015年2月26日に同博物館館長室にて実施した。ヴィソット館長はプノンペンの王立芸術大学考古学部を卒業した考古学者。2014年4月から現職。

# インドネシアの戦争遺跡とその活用

坂井　隆

　インドネシアの戦争遺跡は，植民地化過程で形成されたものと第二次世界大戦に関するものに大別できる。また後者には，1945年から5年間のオランダとの独立戦争が含まれる

## 1　植民地化と抵抗の戦跡

　東南アジアでの最初のヨーロッパ勢力の支配は，1511年に起きたポルトガルによるマラッカ（現マレーシア）の征服である。日本では戦国時代初期にあたるが，これ以降400年間にわたって植民地化の流れは複雑に進んだ。日本への鉄砲や蘭学の伝来に関することがらは，ほとんどインドネシアの植民地化と関係している。

### (1) 香料貿易争奪戦をめぐる要塞群

　植民地化と抵抗の歴史は，まず東部のマルク諸島（香料諸島）で起きた。世界中でここでしか取れないクローブとナツメグの支配権をめぐって，ポルトガルそしてオランダが武力を持って登場した。クローブの主産地であるテルナテ島にはすでにイスラーム王国が成立していたが，早くもマラッカ占領の直後にポルトガル人は到来して，1522年には南西海岸にカステラ要塞を建設した。現在この要塞は，1ヵ所の方形稜堡を含む北東側の城壁の一部が残るが，内部には1580年のポルトガル人追放記念碑が最近建てられている。

　新来のオランダは，南東海岸にオラニェ要塞を1607年に建造した。四隅に菱形堡塁を備えた長方形のこの要塞は，1619年にジャワ島のバタヴィア（現ジャカルタ）を占領するまでオランダ東インド会社のアジア本拠地だった。そして19世紀初頭に修復されて以降も，オランダ植民地軍の駐屯地としてテルナテ王宮を監視していた。

　一方ナツメグの産地であるバンダ島には，オランダが1611年にベルギカ要塞（図1）を築いた。二重の五角形構造をなして，内側は円筒形堡塁・外側は菱形の稜堡を配する。在来王権が存在しなかったこの島では，オランダはナツメグの独占のため間引きなどの強圧支配を行なったが，その権力の中心がこの要塞である。現在の構造は1672年と1795年の2回の修復により増築された結果だが，残存状態が良好なため世界遺産の国内暫定リストに登録されている。

図1　ベルギカ要塞
（© Merbabu1998）

　17世紀にオランダに立ち向かったのが，スラウェシ島南部のマカッサルとジャワ島西端のバンテンの両イスラーム王国である。マカッサル戦争（1666〜69年）に関わる遺構としては，マカッサル王国の王城ソンバ・オプー城とオランダが戦中に築いたロッテルダム要塞がマカッサルに残っ

ている。前者は幅広いレンガ造の南壁のみが残るが，最終的な勝利者のオランダが建てた後者は保存状態が良い。内部の18世紀代の14棟のオランダ建物は博物館などに利用されているが，ほかの1棟は日本占領時代に増設された。

マカッサル戦争に関して建てられた在来の城郭が，スウラエシ島南東部ブトン島のウォリオ城（図2）である。ブトン・イスラーム王国はオランダ側に付いたため，王城であるウォリオ城は今日まで保存され特異な姿をとどめている。自然の急崖地形を利用したサンゴ石灰岩造の城壁は総延長2km以上あり，非ヨーロッパ系形状の18堡塁と14城門を持つ東南アジア最大規模の在来城郭である。

図2　ウォリオ城のある城門と堡塁

1681～83年に起きたバンテンの内乱にオランダは介入して，最終的に親オランダ派を勝利させた。親オランダ派のために築かれたのが四隅に菱形稜堡を備える長方形のスロソワン王宮（1681年）だが，コショウ貿易独占のためオランダは王宮から遠くない海岸にスピルウィク要塞を1685年に築いた。もともと存在していた市壁を利用したため，変形の稜堡式になっている。

オランダ側の勝利でバンテンにいたイギリスは退去せざるをえなくなり，スマトラ島南部西海岸のブンクルに移った。そこには彼らが1719年に築いたマーリオボロ要塞が残っている。典型的な星形稜堡式四稜郭で，入口部には大きな半月堡（ラヴェラン）を備えている。インドネシアに残る星形稜堡式城塞の中でも，極めて整った保存状態の良いものである。

## （2）植民地戦争の戦跡

18世紀になるとオランダはジャワ島中部のマタラム王国の内乱に介入して，ジャワ島内陸の支配を目指すようになる。最終的に海岸部地域の支配権を奪っただけでなく，マタラムの分裂に成功する。分裂したそれぞれの王宮に接して要塞を建設しているが，1761年に建てられたジョクジャカルタのフレデブルグ要塞は四稜郭で内部建物の残存も良く博物館になっている。

18世紀末，経営破綻に陥った東インド会社は解散し，ジャワ島などはオランダ政府が直接統治する東インド植民地となった。ナポレオン戦争に起因する短期間のイギリス支配を経た後，オランダはジョクジャカルタの王族ディポネゴロ王子の大規模な反乱（ジャワ戦争，1825～30年）に直面した。そしてオランダはほかの島々の征服を試み続けたが，その最終的な達成には80年近い年月を必要とした。

ジャワ戦争直前の1820年に完成されたファン・デル・ウィク要塞（図3）は極めて興味深い。

図3　ファン・デル・ウィク要塞
（© Hullie2010）

ジョクジャカルタの西約80kmのゴンボンに築かれたこの要塞は，硬質レンガで築かれた八角形平面の多角形要塞である。長年の星形稜堡式から劇的に変化した当時の最先端要塞がここに築かれたのは，ジャワ戦争勃発前の不穏な情勢に対応しようとしたものだろう。現在この要塞は，第二次世界大戦中の戦車も展示するテーマパークとして使われている。

オランダの野望に最後に立ち向かったのが，スマトラ島北端のアチェ王国である。1873年のオランダの宣戦布告で始まったアチェとの戦争は30年後のスルタンの降伏でも終わらず，イスラーム指導者の抵抗が一応下火になるまでに40年以上も費やした長いものだった。この戦争を象徴する遺跡は，バンダアチェのバイトゥラフマン・モスクである。王都の金曜モスクであるこの場所で1873年に最初の激戦が起き，オランダ軍の将軍が戦死した。翌年再度攻め込んだオランダ軍によって，このモスクは王宮と共に焼き払われた。しかしそれは長い戦争の始まりになっただけで，イスラーム教徒住民の反感緩和を意図して5年後に再建工事がなされた。1881年に竣工した新モスクはまったく異なったインドのムガール様式を模倣した近代建築であったため，長年住民は使用を拒んだとされる。

このモスクの約1km南には，広いオランダ軍将兵墓地が残っている（約300×200m，図4）。ここに見られる墓の大部分は，上記の将軍を含む2,200基のオランダ軍将兵墓である。オランダ国外にある最大のオランダ人墓地であり，アチェ戦争にどれほどオランダ植民地軍が犠牲を費やしたかを容易に知ることができる。もちろん数十倍以上と考えられるアチェ側犠牲者の墓は，ここには存在していない。

以上のオランダ軍が築いた要塞の多くは，第二次世界大戦中に日本軍にも使用された。またジャワとスマトラの要塞は，独立戦争でも利用されたものが多い。

図4　バンダアチェのオランダ軍将兵墓地
（©sigam2005）

## 2　第二次世界大戦の戦跡

インドネシアは，第二次世界大戦での日本軍の東南アジア占領の主な目的地だった。石油・ボーキサイト・錫・ゴムなどの天然資源の確保が日中戦争継続の重要条件とされ，「南方資源地帯」とはオランダ領東インドとほとんど同義語であった。オランダ本国がドイツに占領されて以後，日本はオランダ植民地政府と資源産品の安定供給交渉を行なったが，1941（昭和16）年6月の交渉決裂が戦争拡大の契機となった。

日本軍は開戦1ヵ月後の1942年1月11日には，カリマンタン島東部のタラカンとスラウェシ島北部のメナド攻撃を始め，最重要のジャワ島はわずか9日間で占領してオランダ領東インド政府を壊滅させた。曲がりなりにも形式的な独立を認めたフィリピンやミャンマーと異なり，結果的には1945年の敗戦まで日本軍は軍政を続けた。大部分の地域は連合軍の侵攻を想定した防衛築城がなされただけだったが，オランダ領ニューギニア（イリアン）北海岸からカリマンタン島東部にかけてのいくつかの地域では連合軍との間で激戦が起きている。

また，1945年8月17日には日本軍に協力した民族指導者のスカルノとハッタが独立宣言を行ない，ジャワとスマトラを中心に再植民地化を図るオランダとの間で独立戦争が5年間続いた。

(1) ジャワ・スマトラの防御遺跡

連合軍の上陸を想定して建設された海岸要塞と，爆撃への対処として築かれた地下壕に分かれる。

前者はインド洋方面からの攻撃の可能性を考えたため，マレー半島と共に陸軍25軍の支配地とされていたスマトラ島の海岸部に多い。最北端のアチェ地方は，重点的に防御施設が多くの海岸で建設された。バンダアチェの沖合20kmにあるウェ島東側のアノイ・イタム海岸には，コンクリート製のトーチカがいくつも残っており，錆びた砲身が横たわっているものも見られる。また東に約100km離れたシグリ地方の砂浜海岸にも，いまだに残されたコンクリート製の箱型トーチカは少なくない（図5）。アチェ地方で日本軍が建設した防御施設はかなり多かったが，2004年に起きたインド洋大津波でその大部分が忘失したと思われる。

図5　スマトラ・アチェ地方海岸の日本軍トーチカ
（インド洋大津波で消滅）

海岸要塞は，スマトラ南部のインド洋岸にも見られる。ブンクル地方南部のマンナには，口径18cm砲身長7.1mの鋼鉄砲が完存している。長い砲身の基部は地中に埋め込まれた二段円筒形の砲座に嵌め込まれ，方位角や仰角の変更が容易になっている。この砲は海岸砲に転用された牽引式カノン砲で，1943年に設置された。砲座と砲身は離れて残されていたが，史跡指定後に復元されている。

同様の海岸要塞が，スマトラとジャワ間のスンダ海峡の小島サンギャン島に残っている。ここには日本海軍が，水面砲台として建設した可能性の高い施設群である。石とコンクリートで固めた掩蔽監視壕が上位に，また砲身が残存する同様のトーチカ（図6）が2基以上中位に残存している。ほかにも建物の跡，そして建設中に災害にあったインドネシア人労働者のための「原住民労務者之碑」と記した自然石などが残っている。この時代の戦争遺跡としては残存状態が良いため，史跡指定の可能性を持っている。なおこの島から70kmほど南のジャワ島側海岸にも，箱型トーチカが少し前まで見られた。

図6　サンギャン島の日本軍トーチカ跡

また中部ジャワのジョクジャカルタ西約40kmのプルウォレジョ県南部低丘陵地帯にも，一群のトーチカ遺構が確認されている。ここは南部海岸から僅か6kmほどの位置のため，同様の上陸を迎撃する防御築城だったと思われる。

地下壕は，日本占領下のインドネシアではどこでも見られる遺構である。「日本洞窟」という呼

び名は，普通名詞化した存在とさえ言える。代表的なものは 25 軍司令部が所在したスマトラ島西部のブキッティンギと，16 軍司令部があったジャワ島西部のバンドゥンのものである。しかし海軍の軍政下にあった東部インドネシアでも，バリ島のクルンクン県の幹線道路脇に口を開けているものがある。またスラウェシ島北部トンダノ湖周辺には，内部に 50 部屋を持つ大規模な地下壕も確認されている。

バンドゥンは 19 世紀末にオランダが築いた高原避暑都市で，行政・軍事を含めて植民地支配の中枢施設も存在していた。中心部から北に 10km ほど離れた町を見下ろす景観地ダゴ丘に，近接するオランダ洞窟と日本洞窟と呼ばれる地下壕が現在森林公園内観光地になっている（図 7・8）。オランダ洞窟はもともと 1918 年に建設された水力

図 8　バンドゥンの日本洞窟（© Herdanto）

発電用のトンネル網だったが，日本軍の侵攻が近づいた頃には軍事目的に転用され居住房も建設された。さらに独立戦争時期には，植民地軍の火薬庫になった。日本洞窟はやや町よりに位置して，開口部の形状は馬蹄形のオランダ洞窟に対して半円形に近い。17 軍司令部用に開鑿されたと思われるが，両者の距離はわずか 200m ほどしか離れていない。バンドゥンという町の性格，そしてダゴ丘の地形的特性が，似た位置に異なった支配者の地下壕を築かせたことになり興味深い。

### （2）北東部の戦地跡

連合軍の反撃は，インド洋岸とは正反対の，ニューギニア島で起きた。1944 年 4 月，北海岸の首邑ジャヤプラ（旧ホーランディア）に連合軍は上陸した。上陸地点のハマディ海岸には 70 年代までは，遺棄された上陸用舟艇や野戦埠頭の残骸が残されていた。

そこから連合軍は西に 500km 離れたビアク島を翌月攻撃した。激戦の跡を偲ばせるような両軍の銃砲類が，空港内に展示されている。

1944 年 9 月には連合軍の攻撃は，マルク諸島北端のモロタイ島に及んだ。この島を占領することで，連合軍はフィリピン中部レイテ島への上陸が可能になった。連合軍の上陸地点であり激戦地の南部には，第二次大戦博物館が現在建てられている。地元では，連合軍のマッカーサーおよび 1974 年まで潜伏していた日本軍高砂義勇隊の台

図 7　バンドゥンの「オランダ洞窟」

湾人スニオン（中村輝夫）の記念碑を建てる計画がある。

連合軍は主攻をフィリピンへ向けた後，オーストラリア軍中心の助攻として1945年5・6月にカリマンタン島北部の石油積み出し港タラカン，そして東部の油田バリクパパンを攻撃した。これらは日本軍の最初の攻撃地点だったが，また連合軍の最後の攻撃地点ともなった。現在タラカン島南部には，いくつものトーチカと口径10cm程度の要塞砲が残っている。これらは形状から見て，日本軍の侵攻に備えたオランダ植民地軍が築いた可能性が考えられる。

### (3) 独立戦争の遺跡

日本の敗戦後から5年間続いたインドネシアの独立戦争は，基本的にゲリラ戦の連続であった。そのためインドネシア側またオランダ側共に新しく強固な防衛施設を建設することはほとんどなく，独自の戦争遺跡として残るものは見られない。多くの犠牲者を出して生み出された独立インドネシアは，ほぼすべての自治体に正規軍人の戦死者を葬った英雄墓地を作っている（図9）。これ

図9　ジャカルタの独立戦争英雄墓地

が独立戦争の記憶を呼び戻す最大のモニュメントだが，そこにはインドネシア側に参加した約1千人の旧日本軍関係者（日本人・台湾人・韓国人）のものも少なからず含まれている。

#### 参考文献

坂井　隆「インドネシアの戦争遺跡」十菱駿武・菊池　実編『しらべる戦争遺跡の事典』柏書房，2002，pp.321-324

坂井　隆「インドネシア」十菱駿武・菊池　実編『続しらべる戦争遺跡の事典』柏書房，2003，pp.329-333

# フィリピンの戦争遺跡とその活用

田中和彦

## 1 はじめに

1984年以来，ルソン島北東端のカガヤン（Cagayan）州で考古学調査，研究を行なってきた筆者が，陸路マニラ（Manila）からカガヤン州へ向かう時，必ず越さねばならない峠がある。現在，ダルトン（Dalton）峠と呼ばれ，第2次世界大戦中は，バレテ（Balete）峠と呼ばれていた峠である。

マニラから国道5号線を北上していくと，ヌエバ・エシーハ（Nueva Ecija）州，サン・ホセ（San Jose）までは，平坦な道であるが，サン・ホセの町を過ぎてしばらくすると山道となり，その山道を登り切った所がバレテ峠である。この峠を越えれば，道は下り坂となり，全長約250km，幅約50kmのカガヤン渓谷に入る。そうした地勢学的点から，バレテ峠は，第2次世界大戦末期に日本軍とアメリカ軍が激しい戦闘を行なったところの一つとなっている。

本稿では，第2次世界大戦における日本軍のフィリピンにおける戦闘について概観を行なった上で，このバレテ峠に建つ戦争碑を紹介する。その上で，ルソン島北部で戦争に従事しながら，幸運にも戦後日本に帰ることができた何人かの元日本兵による記録とアメリカ軍が日本軍の退却後に撮影した写真によって，この峠をめぐる戦闘前の状況と戦闘後の状況を紹介し，日本軍のルソン島における戦闘について考えてみたい。

## 2 フィリピンにおける日本軍の戦闘[1]

ハワイの真珠湾を攻撃したのと同じ日である1941年12月8日の午後，日本軍の航空部隊は，マニラ北西77kmにあるクラーク（Clark）飛行場を爆撃した。また，12月10日にも，マニラ南方の飛行場とマニラ湾の艦船群にも爆撃を加え，在フィリピンのアメリカ空軍をほぼ全滅させた。その上で，日本軍は，12月22日にリンガエン（Lingayen）湾に，同月24日にラモン（Lamon）湾に上陸し，翌1942年1月2日には，マニラを無血占領した。これに対してアメリカ・フィリピン軍は，バタアン（Bataan）半島に退却し，ジャングルの中でゲリラ戦を展開し，日本軍は，約2千名の死傷者を出した（第1次バタアン戦）。そこで，日本軍は，砲兵隊を含む兵員を増強して戦い（第2次バタアン戦）[2]，アメリカ・フィリピン軍を降伏させ，残る兵をマニラ湾口のコレヒドール（Corregidor）島[3]に追い詰め5月6日に降伏させた。翌5月7日夜，ウェーンライト（Wainwright）中将は，マニラからラジオを通じてフィリピン全域のアメリカ・フィリピン軍に降伏を命じ，フィリピンは，日本軍の制圧するところとなった。ただし，アメリカ軍の最高指揮官のダグラス・マッカーサー（Douglas MacArthur）は，第2次バタアン戦が始まる前にコレヒドール島からオーストラリアのダーウィン（Darwin）に逃れた。そこで記者会見を行なったマッカーサーはフィリピン開放のため，「アイ・シャル・リターン」（「私は，戻る。」）と述べた。

マッカーサーが自身の言葉の通りにフィリピンに戻ってきたのは，2年半後の1944年10月20日であった。この日，アメリカ軍は，レイテ（Leyte）島のタクロバン（Tacloban）に上陸した（図2-1・2）[4]。これに対して日本軍は，アメリカ海軍艦船を撃滅するために，残っている戦艦，重巡洋艦を結集して，10月24日，25日に決戦を挑んだ。レイテ海戦（3つの艦隊による4つの海戦からなる）である。しかしながら，日本軍は，レイテ湾に向かう途中のシブヤン（Sibuyan）海で戦艦「武蔵」[5]を撃沈され（図2-3），さらに多くの戦艦と重巡洋艦も撃沈され，戦闘艦隊を失うこととなった。同じ10月25日，マニラ近郊のクラーク飛行場，マバラカット（Mabalacat）基地[6]（図2-4）を発進した神風特別攻撃隊「敷島隊」は，フィリピン東方海上でアメリカ機動部隊に体当り攻撃をかけ，護衛空母「セント・ロー」を撃沈し，いわゆる特攻の始まりとなった。一方，レイテ島の陸上戦においては，上陸してきたアメリカ軍に対して大苦戦をしていた日本軍守備部隊の第十六師団に対して，援軍として第一師団が11月1日，レイテ島西岸のオルモック（Ormoc）に上陸した。彼らは，北部のカリガラ（Carigara）平野を目指したが，途中のリモン（Lemon）峠でアメリカ軍第24師団に遭遇し，激戦となり，12月中頃には，全滅した。そして，12月25日，マッカーサーは，レイテ作戦の終結の声明を出した。

　そして，翌1945年1月9日，アメリカ軍は，ルソン島リンガエン湾に上陸し，2月3日には，マニラに突入し，市街戦を開始し，約20日間続いた市街戦で，市民9万名が死亡したとされる。その後，北に逃げる日本軍を追撃したアメリカ軍は，バレテ（Balete）峠とサラクサク（Salaksak）峠での激戦（バレテ峠では，2月下旬から5月23日まで，サラサク峠では，3月初めから5月26までの戦い）を制した後，カガヤン渓谷になだれ込み日

図1　フィリピンの第2次世界大戦関連の主要戦争遺跡の分布

1. レイテ島タクロバンに上陸するマッカーサーと幕僚たち
（註1 池田編・太平洋戦争研究会著1995, p.103,
文殊社・近現代フォトライブラリー提供）

4. パンパンガ州・マバラカットの
神風特別攻撃隊兵士の像

（吉田伸司氏撮影）

2. レイテ島タクロバンに建つ
マッカーサーと幕僚たちの像
（筆者撮影）

5. パレテ峠の北方バヨンボン付近の
日本軍病院内で自決した，
または殺害された重傷者と重病者
（1945年6月8日撮影）

（註1 森山著・太平洋戦争研究会編2005, p.127,
文殊社・近現代フォトライブラリー提供）

3. シブヤン海海底の戦艦武蔵
（ポール・アレン氏投稿画像より）

図2　フィリピンの戦争遺跡と戦争碑など

フィリピンの戦争遺跡とその活用　145

本軍を潰滅させた。

フィリピンにおける日本軍の戦没者は、陸海軍合わせて49万8,600名（厚生省昭和39年計算）であるが、フィリピン人犠牲者は、ゲリラ部隊を含めて約100万名とされている。

### 3 バレテ峠の戦争碑（口絵）

坂を登り切った道は、山頂からやや下った所で、灰色の山肌を露出させた山の斜面に沿って、回り込むように大きく弧を描く。この弧の一番張り出した所の山と反対側に、カガヤン渓谷地方である第2地方（Region 2）を示す"2"の数字を頂部に持つ碑がある。第2地方の碑の手前にBALETE PASSという文字が鋳出された金属板を埋め込んだコンクリート製の縦に長い台形の碑（口絵）がある。この峠の戦闘に従軍したアメリカ軍第25師団の兵士によって建てられた碑である。この峠の戦闘による日本軍の戦死者が7,403名に上ること、アメリカ軍第25師団の兵士の死傷者は2,365名に及んだことが記されている。

### 4 バレテ峠における戦闘前の状況

アメリカ軍がマニラに突入する前の1945年1月に、マニラからバレテ峠を越えてカガヤン渓谷方面へ逃れる人々と共に、兵士としてこの峠を越えたのが阿利莫二氏である。彼は、峠越えの様子と峠を越えた翌朝、同僚が冷たくなっていたことを以下のように記している。

「バレテ峠への上り坂に入った頃から隊伍も崩れ、三々五々の動きになる。夜ともなると、冷えこんで寒い。〈中略〉折あしく冷たい霧雨がしとしとと降り出す。これが体力の限界と重なり、堰を切ったように犠牲者が出る。〈中略〉

当時五号道路では、戦闘部隊、病院、貨物廠、そして老人やいたいけな子どもを抱えた邦人が、雪崩をうって北へ北へと動いていた。その人波をかきわけるように、兵員を満載したトラックが、泡をくらったようにエンジンを唸らせる。なぜ自分たちだけが、こんなに歩かされるんだ。腹が立つより泣きたくなる。〈中略〉バレテ峠に近づくと、人と車の流れが渋滞し、ラッシュのような混雑。

夜半に（峠を越えた町、おそらくサンタ・フェ（Sta Fe）に）[7] 着き朝になり陽が昇った。眼がさめたら、隣の同僚が冷たくなっている。学友の野本圭一郎である。白くすき透ったような皮膚、口は半ば開かれ、朝日が梢ごしにきらきらと肉の落ちた頬を撫でている。

「これが死か」

あまりにもあっけない。うそのよう。次から次と同僚の悲報が届く。しかし、友の死を悼むゆとりすらない。」[8] と。

### 5　300kmを歩いてバレテ峠に向かう日本軍の兵士たち

砲兵大尉としてルソン戦に従軍し、1945年3月末、ルソン島東北端、アパリ（Aparri）港近くにいた山本七平氏は、1944年12月下旬、ルソン島北海岸の町ゴンサガ（Gonzaga）よりさらに東の浜に上陸し、300km南のバレテ峠に向かう日本兵たちを見た。その時のことを以下のように記している。

「十師団の主力がゴンザガ[9] よりさらに東の海浜に、夜間、まるで敵前上陸のような形で上陸して来た、という噂を聞いたのは、十九年十二月二十四日だったと思う。揚陸援助の命令が来たのが二十五日（？）。アパリ正面にもう一個師増強されるのかと思ったらそうでなく、陸路をバレテ峠の方へ行くらしいという。〈中略〉

すでに雨期、しかも昼間は行動不可能、夕方から明け方にかけて、全身濡れねずみになりながら、彼らは続々と南下していく。雨に

打たれてさえ，はっきりわかる，若々しい元気な現役兵。」[10] と。

このあと，山本七平氏は，一月中旬に3tの砲車と前車を「船曳き人夫」のように曳いて300km南のバレテ峠に向かう砲兵たちに出会った時のことを次のように記している。

「まさか「砲兵抜きではあるまいに」などと言っていたところ，一月中旬の珍しく雨のふらぬ静まりかえった深夜，横にいたO伍長がいきなり「砲兵だ」と言った。耳をすますと「コト……コトコト……コト……」というあの独特の車輪の音がする。〈中略〉

「コトコト」が近づいてきた。O伍長がヤシ油の灯火に，私は，古タイヤを切って作ったタイマツに火をともした。〈中略〉

暗闇の中にかすかに見えるのは，四年式十五榴（一一五ミリ榴弾砲）らしい。馬も見えず，人も見えず，タイマツが照らし出したものは，前述の，轅桿端を小わきに抱えたまま，死んだように地面に膝をついている一兵士だけである。そのとき，そのやや前方から人影が近づき，その影が拍車の音を立て，不動の姿勢で私に敬礼した。驚いた私はあわてて答礼をした。どう考えても相手の方が上級者のはずである。彼は言った。「おたずねしたい。この付近で軍馬は徴発できぬか」。「エ，エー」驚いた私は，尻上りの変な声を出した，「グンバァ」。相手の言っていることが余りに非常識だったからである。だがそう言ってから，これは余りに失礼と気づき，相手を家に招じ入れた。

暗い灯火の下で，長い船艙生活と今日までの臂力搬送（人力曳行のこと）の指揮で，すっかり憔悴し切った髭だらけ垢だらけの顔で，目だけ光らせながら彼は言った。船腹に余裕がないから馬は積載できぬ。現地で徴発せよと言われて来たと。だが，ゴンザガ東方の海岸に上陸してみると，馬はもちろん，人の子ひとりいない。上陸以来，はじめて会ったのが貴官であると。」[11]。

もちろん，馬などいるはずもなく，山本たちができたのは，湯を沸かして彼らの水筒を満たしてあげることだけだった。そして，彼らは出発した。

その後，300kmの道を歩いてバレテ峠に到着した第十師団の兵士たちの戦いについては，7,000余名の死者が出たことを知るのみである。

## 6　バレテ峠陥落後の状況

そして，バレテ峠が陥落した後，バレテ峠の北方のバヨンボン（Bayombong）[12]にあった日本軍病院内では，部隊が北方へ退却する際に，退却の足でまといとなる重傷者や重病者が自決または殺害されたことがアメリカ軍の残した写真（図2-5）[13]からわかっている。

## 7　おわりに

本稿では，フィリピンにおける日本軍の戦闘を概観し，第2次世界大戦末期の激戦地，ルソン島バレテ峠とその戦争碑を紹介し，元日本兵の記録によって同地における戦闘前の状況を見，アメリカ軍が日本軍の退却後に撮影した写真によって同地周辺での戦闘後の状況を見た。戦争遺跡に対する理解が，戦争時に現地に居た者の記録や写真によって深められることを示した一例である。

また，マニラから兵隊に歩いてバレテ峠を越えさせたり，ルソン島北部のゴンサガ東方の海岸から300kmを歩かせてバレテ峠の戦闘に兵隊を向かわせたりする日本軍のやり方は，兵隊を物のように考えていると言わざるをえないし，計画の不十分さと場当たり的対応が露呈されていると思う。また，重病や重傷で動けない兵士たちに自害を強要したり，彼らを殺害したりすることは，生きている兵士たちの自己保身でしかないといえる。また，多くの兵士が病死，餓死

によって亡くなった。

　これらのことをどのように考えたらよいのであろうか。これらの点を，ルソン島北部で最前線の戦闘を経験しながら，幸運にも生きて日本に帰り，戦後憲法学者となった久田栄正氏は，「ただあえていえば，ルソン島で死んだ兵士たちは無駄死だったという視点が必要だと思うのです。本土上陸阻止の目的を達成したから無駄死ではないといっても，死者はけっして喜びません。私のまわりで死んでいった兵隊は，こんな馬鹿な戦争で死ねるかといって死んでいった。「本土上陸を阻止した」という形で，あの戦闘を美化することは許されない。戦争目的からすれば無駄死だったという事実をおさえ，そういう無駄死に追い込んでいった者たちの責任，指導者たちの戦争責任の問題を追及しなければならない。そのうえで，ルソンのあの多大な犠牲は，平和憲法を生み出す大きな礎になったのだ。こう考えるべきだと思うのです。ルソンで死んだ私の部下や，多くの兵士たちの死は，平和憲法のためには無駄ではなかった，と。私はこの点を戦後，ずっと訴えて，憲法学の研究・教育に関わってきたのです。」[14]　と述べておられる。心に留めるべき意見として受け止めたい。

　最後に私の父，田中和美は，鹿児島県姶良郡（現　霧島市）福山町の農民の子として生まれたが，その次兄，田中元美は，フィリピンで戦死し，その遺体は戻ることがなかった。長男（ハルピンで戦死）と次男の二人の息子を戦地に送り出した祖父，田中元右衛門の気持ちは，いかばかりであったかと19歳と17歳の二人の息子を持つようになって思うようになった。すでに亡くなった祖父にその気持ちを聞くことはできないが，生前，遺族会の役員をしていたことが戦死した息子たちへの思いを示していると思う。叔父を含めてフィリピンで第2次世界大戦によって亡くなったすべての人々の冥福を祈り筆を擱きたい。

註

1) この部分の記述は，池田清 編・太平洋戦争研究会 著『図説太平洋戦争』河出書房新社，1995および太平洋戦争研究会 編・森山康平 著『図説太平洋戦争　16の大決戦』河出書房新社，2005に基づいて行なった。

2) バタアン半島の戦闘については，サマット（Samat）山山頂にある英雄記念碑とマリベレス（Mariveles）にある「死の行進」出発点の碑と看板が早瀬晋三氏によって紹介されている。早瀬晋三『戦争の記憶を歩く　東南アジアのいま』岩波書店，2007, pp.163-169

3) コレヒドール島における戦闘については，本特集号に深山絵実梨氏による論考がある。また，前掲註2の早瀬晋三氏の本において，コレヒドール島にあるマッカーサー「アイ・シャル・リターン」像，米比兵友好の像，フィリピン人英雄記念館のレリーフ，日本平和庭園のコレヒドール島戦没者慰霊之碑が紹介されている。前掲註2早瀬2007, pp.169-172

4) レイテ島タクロバンの郊外には，マッカーサーらの上陸時の姿を形にした像があり，筆者はそこを訪れたことがある。

5) シブヤン海の海底1,000mに沈む戦艦「武蔵」については，今年3月4日付の朝日新聞朝刊にその船首の画像が掲載された。

6) クラーク飛行場，旧マバラカット基地のはずれには，現在，神風特別攻撃隊兵士の像がある。

7) 括弧内は，筆者による補足である。

8) 阿利莫二『ルソン戦―死の谷』岩波新書，1987, pp.19-21

9) 山本七平氏は，その著書の中で「ゴンザガ」としているが，この地名の読みは，「ゴンサガ」であろう。ただし，引用部分なので，訂正せずにそのままとした。

10) 山本七平『一下級将校の見た帝国陸軍』文春文庫，1987, pp.102-103

11) 前掲註10, pp.103-105

12) 前掲註1森山文献，p.127の写真の解説で，ビャンボン付近とされているが，バヨンボン（Bayombong）の誤りであろう。

13) 前掲註12と同じ写真

14) 水島朝穂『戦争とたたかう―憲法学者・久田栄正のルソン戦体験』岩波現代文庫，2013, p.318

フィリピンの戦争遺跡

# コレヒドール島

## 深山絵実梨

　太平洋戦争の激戦を現在に伝えるフィリピン，コレヒドール島（カビテ州）は，首都マニラから西方48kmの洋上に浮かぶ小さな島である。スペイン統治時代には検問所として，第二次世界大戦終結までは要塞として，首都マニラへの戦略上の要衝であった。司令官マッカーサーが"I shall return"の言葉を残しオーストラリアへ脱出したことでも知られる。現在，コレヒドール島は島全体が国立公園に指定され，多くの観光客が訪れるフィリピンでも代表的な戦争遺跡である。

　コレヒドール島がアメリカによって要塞化された第一次世界大戦前後の日米関係は良好で，建築用の鉄筋用鋼材がアメリカから日本へ，セメントが日本からアメリカへ交換的に輸出入されていた。したがって，現存するコレヒドール島の米軍関係建築物は日本の浅野セメント（現，太平洋セメント）製である。一方，日本では，アメリカ式の鉄筋コンクリート建造物が多く作られるが耐震性が低く，関東大震災によってそのほとんどが倒壊することになる。

　コレヒドール要塞島は，1942（昭和17）年開戦直後の旧日本軍による攻撃と，1945年2月のアメリカ軍による奪還作戦の砲撃で瓦礫と化した。島内にはアメリカ軍の兵舎や映画館，病院，教会の残骸と，57の砲台，マリンタトンネル（日本名：桜隧道）が残されている。島内には，いたるところに弾痕や砲撃によるクレーターが残り，この地における苛烈な戦闘が浮かび上がる。しかし，最重要軍事施設であるマリンタトンネルは，旧日本軍の攻撃にも，そして後の彼らの玉砕の大爆発にも耐え，修復を経て在りし日の姿を伝えている。

　島内にはアメリカ政府による太平洋戦争記念館，旧日本軍の遺族による慰霊碑や，シブヤン海海戦で撃沈された戦艦武蔵乗員集結地の碑，フィリピン独立を支えた人物を記念したフィリピン英雄記念碑などが建立され，日・比・米の祈りの場となっている。

　コレヒドール島では原則的に，日本人にはフィリピン人日本語ガイドが，それ以外の国籍の観光客には英語ガイドが付き島内を見学することができる。日本人向けガイドの場合，旧日本軍関連の箇所（慰霊碑などを含む）を必ず見学し，ガイドが持参したお線香を上げることがある。一方，英語ガイドの場合，緒戦と奪還戦における米比の奮闘とバターン死の行進の悲劇が強調される。このようにガイドによって見学する場所やルート，説明が異なるなど，日・比・米はもちろん，島を訪れる様々な立場の人に対して，普遍的な体験は提供されない。こうしたことから，一度の訪問でフィリピンの人々のコレヒドール島に対する，また太平洋戦争に対する認識を理解することは難しい。筆者は未だ英語によるガイドの機会を得ていないが，是非双方のガイドを聞き，フィリピンの人々の「戦争の記憶」と「観光資源」としてのコレヒドール島に対する考えに触れてみたい。

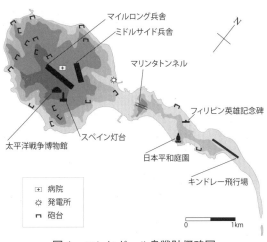

図1　コレヒドール島戦跡概略図

タイ・ミャンマーの戦争遺跡────

# 泰緬鉄道

## 坂井　隆

　泰緬鉄道とは，第二次世界大戦中の1943（昭和18）年に日本軍が建設したタイとミャンマーを結ぶ鉄道である。タイ中部西端のカンチャナブリ近くのノン・プラドゥッとミャンマー南東部モン州のタンビューザヤッ間415kmを繋いだ狭軌（1m軌間）路線で，連合軍の反抗正面にあたるミャンマーでの兵站確保を目的とした。映画『戦場にかける橋』（1957年）ではそこで使役された連合軍捕虜がクローズアップされたが，実際の労働者の大部分は両国のみならず日本軍が占領していたインドネシアなどからの低賃金労務者であった。たびたびの連合軍の爆撃だけでなく，劣悪な食料・衛生環境によって彼らの数多くが死亡していった（「汗の兵士」とミャンマーでは呼ぶ）。犠牲者は連合軍捕虜が2割ほどの約1万2千人だが，総数20万人以上の労務者では半数に達すると言われる。

### 1　タイ側の戦跡

　路線全体の70％ほどはタイ側になり，現在でも多くの戦跡が残されている。映画のモデルになった橋はメクロン川の鉄橋（「クワイ川」は誤記）だが，現在のものは戦後に修復された部分を含んでいる。しかし大部分の路線は支流のクワエ・ノーイ川に沿い，ナムトッ以南の南部では河岸段丘沿いに築かれた多くの木橋が残っている。

　犠牲者が集中したとされるヘルフィアー（業火）峠は硬い岩盤を単純な工具で無理に切り開いた場所で，わずかに残るレール跡と共に資料館が設置されて戦跡観光の中心地になっている。また，カンチャナブリには泰緬鉄道博物館とJEATH戦争博物館などの展示施設があり，さらにナムトッ北側のサイヨッ国立公園内には実際に走っていた日本のSLも展示されている。連合軍墓地はカンチャナブリ（7,000墓）とチュンカイ（1,700墓）にあるが，そこにはアジア人労務者の墓は含まれていない。

　なおクワエ・ノーイ川の国立公園内サイヨッ岩陰遺跡で，戦後になってオランダ人考古学者ファン・ヒークルンはホアビニアン式中石器を発見している。

### 2　ミャンマー側の戦跡

　最近までの政情により，ミャンマー側では訪問者と受入れ施設は圧倒的に少ない。しかし起点のタンビューザヤッには，1両の日本製SLがタイ側に向かって停車したまま残されている。

　ここにはタイ側と同様に連合軍墓地（3,600墓）もあるが，それとは別に全ての犠牲者を供養している仏教寺院が近傍に位置している。鉄道路線設計図を保存するこの寺院の横には犠牲者供養の仏塔が建てられており，その脇には日本軍の建設部隊長が建てた殉難者碑が残っている。

**参考文献**

リンヨン・ティッルウィン『死の鉄路』毎日新聞社，1981
逸喜「泰緬鉄道を行く」『歴史群像』130，学研，2015

図1　タンビューザヤッの起点レール

図2　タンビューザヤッに残る日本製機関車

## 執筆者紹介 （執筆順）

**伊藤 純郎（いとう じゅんろう）**
筑波大学教授

**時枝 務（ときえだ つとむ）**
立正大学教授

**趙 金勇（チャオ ジンヨン）**
台湾中央研究院
考古学研究センター研究員

**金井 安子（かない やすこ）**
調布市郷土博物館

**工藤 洋三（くどう ようぞう）**
元徳山工業高等専門学校教授

**楢崎修一郎（ならさき しゅういちろう）**
厚生労働省社会援護局
人類学専門員

**山田 朗（やまだ あきら）**
明治大学教授
明治大学平和教育
登戸研究所資料館館長

**稲垣 森太（いながき しんた）**
奥尻町教育委員会

**Vo Minh Vu（ヴォ ミン ヴ）**
ベトナム国家大学
ハノイ校講師

**伊藤 厚史（いとう あつし）**
名古屋市教育委員会

**幅 国洋（はば くにひろ）**
戦争遺跡保存
全国ネットワーク事務局長

**菊池（阿部）百里子（きくち（あべ）ゆりこ）**
大学共同利用機関法人
人間文化研究機構特任助教

**木立 雅朗（きだち まさあき）**
立命館大学教授

**瀬戸 哲也（せと てつや）**
沖縄県立埋蔵文化財センター

**丸井 雅子（まるい まさこ）**
上智大学教授

**帖地 真穂（ちょうち まほ）**

**新垣 力（あらかき つとむ）**
沖縄県立埋蔵文化財センター

**坂井 隆（さかい たかし）**
国立台湾大学芸術史研究所
副教授

**出原 恵三（ではら けいぞう）**
元高知県文化財団
埋蔵文化財センター

**歩 平（ブ ピン）**
中国社会科学院近代史研究所
研究員

**田中 和彦（たなか かずひこ）**
上智大学非常勤講師

**上田 耕（うえだ こう）**
南九州市教育委員会

**辛 珠柏（シン ジュ ベク）**
韓国延世大学校HK研究教授

**深山絵実梨（みやま えみり）**
早稲田大学大学院博士課程

**山本 正昭（やまもと まさあき）**
沖縄県立埋蔵文化財センター

## 編著者略歴

### 菊池　実（きくち　みのる）

中国・ハルビン師範大学専任講師

1954年群馬県生まれ。國學院大學大学院文学研究科博士課程前期日本史学（考古学）専攻修了。2013年，博士（史学，明治大学）。

2015年1月まで公益財団法人群馬県埋蔵文化財調査事業団に勤務。

2007年，藤森栄一賞受賞。

群馬県立女子大学リサーチフェロー，NIPPON語学院・NIPPON実学院非常勤講師，新潟大学非常勤講師。

文化財保存全国協議会常任委員，戦争遺跡保存全国ネットワーク運営委員，空襲・戦災を記録する会全国連絡会議全国幹事，ぐんま教育文化フォーラム共同研究員。

主な著書に，単著『近代日本の戦争遺跡研究―地域史研究の新視点―』（2015年，雄山閣），『近代日本の戦争遺跡』（2005年，青木書店），『戦争遺跡の発掘―陸軍前橋飛行場』（2008年，新泉社），共著『陸軍岩鼻火薬製造所の歴史』（2007年，みやま文庫），編著『ソ満国境関東軍要塞はいま』（2001年，かもがわ出版），『ソ満国境関東軍要塞遺跡群の研究』（2001年，六一書房），『しらべる戦争遺跡の事典』（2002年，柏書房），『続しらべる戦争遺跡の事典』（2003年，柏書房）など多数。

### 菊池　誠一（きくち　せいいち）

昭和女子大学・大学院教授

1954年群馬県生まれ。学習院大学大学院人文科学研究科修士課程修了，筑波大学大学院人間総合科学研究科博士後期課程単位修得退学。2002年，博士（学術）。

群馬県内の県立高校教員を経て，ハノイ総合大学留学（1992-95年）。帰国後，宇都宮大学，昭和女子大学非常勤講師。1999年に国際協力事業団（現，JICA）派遣でベトナム・ホイアン駐在。2000年から昭和女子大学専任講師を経て助教授，教授。2011年国際文化研究所副所長。

2013年12月，ハノイ国家大学学術功労賞受賞。

東南アジア考古学会会長，日本遺跡学会副会長。

主な著書に，単著『ベトナム日本町の考古学』（2003年，高志書院），*Nghien cuu do thi co Hoi An*（ベトナム語出版，2010年，ハノイ），編著『朱印船貿易絵図の研究』（2014年，思文閣），共編著『近世日越交流史―日本町・陶磁器』（2002年，柏書房），共著『ベトナム町並み観光ガイド』（2003年，岩波アクティブ新書），訳書『ベトナムの考古文化』（1991年，六興出版）などがある。

---

季刊考古学・別冊23

## アジアの戦争遺跡と活用

定価　二、六〇〇円＋税

発行　二〇一五年八月一〇日

編者　菊池　実・菊池誠一

発行者　宮田哲男

印刷・製本　株式会社ティーケー出版印刷

発行所　株式会社　雄山閣

〒102-0071　東京都千代田区富士見二―六―九

電話　〇三―三二六二―三二三一

振替　〇〇一三〇―五―一六八五

URL http://www.yuzankaku.co.jp

e-mail info@yuzankaku.co.jp

ISBN 978-4-639-02372-2 C0321

© Minoru Kikuchi & Seiichi Kikuchi 2015　Printed in Japan　N.D.C.205　150p　26cm